中国经济文库
应用经济学精品系列

中国经济文库 · 应用经济学精品系列（二）

2017年天津市科技发展战略研究计划重点项目
（17ZLZDZF00510）

全国先进制造研发基地建设路径研究

刘洪银
李慧燕 ◎著

The Research on Construction Path of National Advanced Manufacturing R&D Base

中国经济出版社
CHINA ECONOMIC PUBLISHING HOUSE
北 京

图书在版编目（CIP）数据

全国先进制造研发基地建设路径研究/ 刘洪银，李慧燕著.
—北京：中国经济出版社，2019. 11
ISBN 978-7-5136-5688-7

Ⅰ. ①全… Ⅱ. ①刘… ②李… Ⅲ. ①制造工业—工业基地—建设—研究—中国 Ⅳ. ①F426. 4

中国版本图书馆 CIP 数据核字（2019）第 082254 号

责任编辑　宋庆万
责任印制　巢新强
封面设计　华子图文设计公司

出版发行　中国经济出版社
印 刷 者　北京艾普海德印刷有限公司
经 销 者　各地新华书店
开　　本　710mm×1000mm　1/16
印　　张　15. 5
字　　数　205 千字
版　　次　2019 年 11 月第 1 版
印　　次　2019 年 11 月第 1 次
定　　价　56. 00 元
广告经营许可证　京西工商广字第 8179 号

中国经济出版社 **网址** www. economyph. com **社址** 北京市东城区安定门外大街 58 号 **邮编** 100011

目　录

1 引 言

1.1 背景和意义

随着第四次科技产业革命浪潮的到来，发达国家先后制订并实施了先进制造业发展计划，如德国“工业 4.0 ”计划和美国“先进制造领先战略”。2015 年 4 月，国家发布了《京津冀协同发展规划纲要》，将天津市定位为“一基地三区”，即“全国先进制造研发基地”“北方国际航运核心区”“金融创新运营示范区”“改革开放先行区”。7 月 13—14 日，中共天津市第十届委员会第七次全体会议审议通过了《天津市贯彻落实〈京津冀协同发展规划纲要〉实施方案（2015—2020 年）》，首次公布了天津市在京津冀协同发展中的功能定位。京津冀协同发展定位与《天津市城市总体规划（2005—2020）》确定的“国际港口城市、北方经济中心和生态城市”定位存在较大差异。其中，全国先进制造研发基地建设成为新的亮点。先进制造业是具有新技术、新产业、新业态、新模式特点的智慧型产业，“全国先进制造研发基地”是天津“一基地三区”建设的重心。科技研发、成果转化和产业化是先进制造产业形成的路径。科技创新是先进制造研发基地建设的驱动力。

2015 年 12 月 24 日，科技部印发了《天津国家自主创新示范区发展规划纲要（2015—2020 年）》，确定了天津示范区“一区二十一园”的发展新格局，要将天津示范区建设成为创新主体集聚区、产业发展先导区、转型升级引领区和开放创新示范区。为此，天津示范区将打造高端装备制造、新能源与新能源汽车、新一代信息技术、生物医药四大先进制造业产业集群，加快先进制造业向智能化、服务化转型，打造研发转化新高地。示范区的创建为先进制造研发基地的建设提供了支持条件。

与世界先进水平相比，我国制造业大而不强，在自主创新能力、资源利用效率、产业结构水平、信息化程度、质量效益等方面差距明显，亟须转型升级和跨越发展。为此，2015 年 5 月 8 日，国务院印发了《中国制造 2025》通知，要求实施“中国制造 2025”发展计划，抓住历史机遇，按照“四个全面”的战略布局要求，实施制造强国战略。以智能制造为主攻方向，强化工业基础能力，提高综合集成水平，促进产业转型升级，力争到 2025 年，中国迈入制造强国行列，到新中国成立 100 年时，我国建设成为引领世界制造业发展的制造强国。

按照《京津冀协同发展规划纲要》和《中国制造 2025》，“十三五”期间，天津市将全国先进制造研发基地建设作为制定和实施创新驱动发展战略的着力点。计划到 2020 年，天津先进制造业比重提高到 70%以上，高技术产业产值占制造业的比重提高到 25%以上，基本建成全国先进制造研发基地。为达成这一目标，需要借助于京津冀科技资源优势，实施先进制造业和科技服务业行动计划，大力发展新兴产业和包括研发服务、技术转移服务和科技金融在内的生产型服务业，带动京津冀区域产业升级转型。

在京津冀协同发展背景下建设先进制造研发基地既需要充分利用、吸纳和集聚京冀科技人才、科技成果、科技信息等创新资源，又需要突破现有的体制机制短板约束，制定具有引导激励作用、能够促进科技研发和成果转化的政策。创新中心、创新联盟、创新共同体建设需要整合各类创新资源，实现共同利益。这既需要发挥市场的决定性作用，也需要政府干预科技资源配置，克服科技创新领域的市场失灵。本书以问题为导向，立足于现状和短板，统筹学术探索和咨政研究，科学把握先进制造研发基地建设的规律，从京津冀协同发展视阈探讨全国先进制造研发基地的建设问题，研究成果可以为制造业发展和政策制定提供参考，具有一定的理论价值和实践意义。

1.2 文献综述

1.2.1 对先进制造研发基地评价方面的研究

目前，对于全国先进制造研发基地的建设能力和建设水平评价方面的研究比较少。席枫和李家祥（2016）根据《中国制造 2025》的总体要求和先进制造研发基地的功能要求，从全国先进制造研发基地的规模增长、产业结构、创新能力、质量效益、智能制造、绿色发展六个层面构建了一个由 6 个一级指标、19 个二级子指标构成的全国先进制造研发基地建设综合评价指标体系，突出了指标体系的系统性、实用性和针对性。在指标体系构建过程中，各指标权重的赋值选择了德尔菲法。该文对全国先进制造研发基地评价指标体系的构建具有一定的突破性，但并未进行进一步的指标测算和评价分析。

更多学者的研究是构建指标体系对部分省/自治区/直辖市制造业发展水平、制造业生产基地建设水平进行定量研究和评价。张金华和俞金红（2002）从产业投入、产业产出、产业技术进步水平、产业市场绩效四个方面和 11 个二级指标的角度，利用主成分分析法定量分析了江苏省制造业的竞争力水平。陈瑛等（2005）对长三角地区 15 个城市的经济总量、先进制造业比重、工业总产值、外资贡献率、贸易依存度 5 个经济指标进行了比较，发现了每一个城市在世界级先进制造业基地的建设中处在不同时期的结论。其中，上海、苏州 2 个城市已具备了世界级先进制造业基地的雏形；杭州、宁波、南京、常州、无锡 5 个城市基本具备了建设世界级先进制造业基地的条件；其余城市目前的经济指标不太理想，但可以考虑向成为某一行业的世界制造中心发展。李廉水、周勇（2005）建立了新型制造业的三维评价指标体系，从经济创造能力、科技竞争能力和资源环境保护能力三个方面，运用主成分分析法对中国30个地区的制造业新型化程度进行了评价。侯峻等（2007）也从三个方面对中国30个城市的新型制造业发展进行了评价。在充分考虑指标体系设立的功能要求、设置原则以及先进制造业内部结构体系的基础上，龚唯平等（2010）针对先进制造业建立了一个由4个一级指标和20个二级指标构成的指标评价体系。从先进制造业的相关影响因素入手，郭巍等（2011）归纳了关于制造业竞争力评价的国内外研究成果，从五个方面构建了一个由25个二级指标构成的先进制造业评价指标体系，并运用层次分析法赋予了各指标相应的权重。李廉水等（2014）对灰色关联法进行改进，基于FAHP-熵权组合赋权的灰色关联投影法对评价指标进行赋权，对2003—2011年中国东、中、西部地区制造业综合发展能力进行了评价和比较分析，并基于测算结果提出了区域制造业综合发展的政策建议。张晓芹和王宇（2018）构建了经济效益、科技创新能力、能源节约能力、环境保护能力和社会服务能力5个一级指标，19个二级指标以及29个三级指标的中国新型制造业评价指标体系，并利用熵值法对佛山市新型制造业的发展状况进行了综合评价。郑秋锦等（2017）利用福建省2010—2015年的数据，运用Malmquist-DEA方法，测算先进制造业的技术效率，并利用面板向量自回归（PVAR）模型，研究技术创新对产业升级的影响，发现R&D经费内部支出、技术人力资本水平、专利授权率均对产业升级具有积极影响，其中，R&D经费内部支出和专利授权率对产业升级存在明显的滞后影响，而技术人力资本对产业升级存在即时性影响，产业升级无论从短期还是长期来看，都具有显著的历史演绎路径，即过去的产业升级状况会对未来的产业升级状况产生重要作用。相关的还有王怀明等（2009）、王怀明（2010）、陈涛和郑伟（2010）、唐德才等（2016）的研究，主要研究情况见表 1-1。

表 1-1 学术界对制造业发展水平评价的主要研究情况

学者	评价指标体系	评价方法	年份
席枫、李家祥	规模增长、产业结构、创新能力、质量效益、智能制造、绿色发展 6 个一级指标，19 个二级指标	层次分析法	2016
张金华、俞金红	产业投入、产业产出、产业技术进步水平、产业市场绩效四个方面，11 个二级指标	主成分分析法	2002
陈瑛等	经济总量、先进制造业比重、工业总产值、外资贡献率、贸易依存度 5 个经济指标	—	2005
李廉水、周勇	经济创造能力、科技竞争能力、资源环境保护能力三个方面	主成分分析法	2005
侯峻等	经济创造能力、科技竞争能力、资源环境保护能力 3 个主指标，40 个子指标	主成分分析法	2007
龚唯平等	先进制造技术发展程度、先进制造模式发展程度、先进市场网络组织发展程度、经济发展创造能力	—	2010
郭巍等	制造技术、制造管理、制造模式、经济效益和社会效益五个方面，25 个二级指标	层次分析法	2011
李廉水等	经济创造能力、科技创新能力、环境资源保护能力 3 个主指标，18 个子指标	基于 FAHP-熵权组合赋权的灰色关联投影法	2014
张晓芹、王宇	经济效益、科技创新能力、能源节约能力、环境保护能力和社会服务能力 5 个一级指标，19 个二级指标，29 个三级指标	熵值法	2018
郑秋锦等	R&D 经费内部支出、技术人力资本水平、专利授权率三个维度	Malmquist-DEA 方法	2017
王怀明等	经济创造、科技创新、能源利用和环境保护 4 个主指标，26 个子指标	因子分析法	2009
王怀明	经济创造、科技创新、能源利用和环境保护 4 个一级指标，21 个二级指标	主成分分析法	2010

续表

学者	评价指标体系	评价方法	年份
陈涛、郑伟	经济创造能力、科技创新能力、环境资源保护能力三个维度，26 个子指标	主成分分析法	2010
唐德才等	经济创造能力、科技创新能力、资源节约能力、环境保护能力、社会服务能力五个维度，30 个二级指标	偏好比率法、信息熵组合赋权和灰色关联投影法综	2016

1.2.2 全国先进制造研发基地短板研究

目前，国内少有学者对全国先进制造研发基地进行系统的研究，通过很多学者的研究发现，天津制造业基地经过多年建设已初步形成规模优势和区域优势，但在推动天津市制造业向“制造强市”“创新强市”迈进的过程中，依然存在不少困难。席枫（2016）认为，与世界先进水平相比，全国先进制造研发基地还存在差距，基地建设的指标评价体系仍不完善，生产者服务业对基地建设的支持力度不足。徐全军（2016）认为，天津制造业自主创新能力有待提升、智能化程度不高、产业链条延伸不足，其中，高端装备制造业、航空制造业等组装制造占比较大，高端制造、自主研发、标准认证等自主品牌与高端服务不足。李朝兴（2016）认为，天津制造业基地的传统产业比重较大，石化、钢铁、有色、建材、轻纺等产业占全市工业比重超过 50%，高新技术产业占比只有 30.3%，新兴产业培育不足。杨玉秀（2016）认为，天津市发展先进制造业存在一些劣势，产业链不完整，仍处在产业链的低附加值端，传统制造业所占比重大，制造业转型升级时间较长，高端技术人才缺乏，人才培养和吸纳能力较弱。余桂玲（2016）认为，天津先进制造业发展过程中暴露出诸多短板：信息技术与产业结合不紧密，产业技术创新水平弱化，产业融合程度低，高新技术产业比例低，等等。这些短板严重影响了产业的发展。

高峰和贾蓓妮（2016）分析了天津市先进制造产业发展的优势和薄弱环节，指出大津市创新驱动先进制造业发展还面临着产业聚集度偏低、企业影响力不大、研发支撑作用不强、产业生态环境不优等方面的问题。唐茂华（2016）认为，天津建设全国先进制造研发基地的基础比较好，但是在产业能级、产业聚集、创新能力、金融支持、服务支撑、人才支撑等方面仍有不足。刘欣然（2016）从产业组织结构、创新能力、企业国际竞争力、企业发展环境方面对天津建设先进制造业研发基地存在的问题进行了阐述。杨畅、李家祥（2017）认为，虽然天津制造基地规模不断扩大，但其国际影响力并未得到显著提升，还存在着基地的先进影响力不足、高端研发能力薄弱、科技影响力有待进一步培育、制造业结构亟待优化、重点产业协同影响力需进一步加强、生产者服务业发展滞后、资本影响力尚需进一步扩张等多方面的不足。薄文广（2017）认为，天津先进制造研发基地建设还存在一些不足：企业创新能力较低，产学研结合不紧；有竞争力的引领型产业和领军型企业较少；软服务支撑环境较弱，与硬制造融合度较低。孙明华（2018）认为，当前天津落实全国先进制造研发基地建设面临一些问题：企业自主创新投入不足，核心技术掌控力不强，价值链关键环节缺失，生产者服务业发展较慢，京津冀三地产业同构，分工协作效率不高，人才流失，高端人才紧缺。励贺林（2018）认为，天津市产业结构存在比较突出的偏旧、偏重问题，新旧动能转化衔接不畅，传统工业制造领域的技术水平低，创新能力基础薄弱，行业产能过剩问题严重。

1.2.3 全国先进制造研发基地建设路径研究

国内学者对全国先进制造业发展路径问题进行了大量的探索和研究。席枫、董春美（2016）通过对国内外先进制造业发展的文献资料进行研究，分析了我国先进制造业的战略选择及实现路径，梳理了全国先进制造研发基地建设的新定位、新常态与天津市地方政府的新努力，建立了全国先进制造研发基地建设的 INPUT-BCC 效率评价模型。通过计量模型分析发现，基地建设处于规模报酬递增阶段，加强建设仍然可以改进基地建设效率，并从实现我国先进制造业战略突破的角度，提出了促进我国先进制造业发展的对策和建议。李文增（2016）通过对供给侧结构性改革的研究，结合全国先进制造研发基地建设的基本内涵、基本思路和重点任务，提出了天津应加快基地产业结构和投资结构调整，搞好财税金融政策对基地建设的支持，促进创新成果转化，将京津冀协同发展战略特别是全国先进制造研发基地建设融入“一带一路”倡议。高峰和贾蓓妮（2016）提出应全面发挥科技创新在天津市先进制造业发展中的支撑引领作用，升级科技小巨人企业，推动“四链融合”，提升京津塘科技新干线的活力与影响力。唐茂华（2016）认为，天津应把智能制造作为产业转型发展的主攻方向，加快传统产业改造升级，发展壮大新兴产业，构建科技创新体系、生产服务体系、金融支持体系和人才支撑体系，力争在产业整体规模、产业聚集度、关键核心技术、企业主体数量和实力、制造品牌质量上实现新突破。李金华（2016）在德国“工业 4.0”和“中国制造 2025”背景下，指出了中国制造强国的六大行动路径：优化制造业结构；自主创新；打造质量顶级、精专制造和国际著名的系列化品牌；推行精准主义和标准主义，构建世界领先的中国制造标准体系；推动校企双轨教育和培养；建设新兴先进制造产业集聚区。薄文广（2017）提出，应以深化京津冀协同发展为首要任务，以优化结构为主线，以扩大对内、对外开放为抓手，以强化产业链条和价值链条为路径，以优化生态环境为支撑，以创新机制体制为保障，加快天津先进制造研发基地的建设和发展。

另有部分学者着重分析了信息化、大数据对先进制造研发基地建设的作用及对策。杨欣等（2018）根据工业云的特点和作用，分析了工业云对天津先进制造研发基地的作用，天津应进一步聚集创新资源、整合制造产能、发挥产业优势，推动天津先进制造研发基地建设。周鹏等（2018）认为，工业大数据对生产线自动化、生产车间数字化、制造工厂智能化等具有显著的推动作用，结合天津制造业实际，要求天津制定工业大数据发展规划，并制订行动计划，建设工业大数据公共服务云平台，建设一批工业大数据示范项目，出台产业、基金、人才、税收等扶持政策。

还有的学者将研究视角放在京津冀协同发展上。李峰等（2015）以电子信息制造产业为例，分析了京津冀三地电子信息制造产业协同发展的制约因素，提出三地可以通过构建顶层协同制度、错位发展、重塑拓展产业链、构建创新共同体，实现电子信息产业区域战略协同发展。臧维等（2015）通过对2005—2012年京津冀三地相关数据进行分析认为，三地产业创新环境的有序度优于创新主体的有序度，二者虽均有增长，但是创新体系整体协调度较低，基于以上研究提出了营造京津冀政策和资金的协同发展环境、注重京津冀高新技术产业互补性发展、探索京津冀高新技术产业间资源高效流动等发展建议。余桂玲（2016）基于京津冀协同发展的视角，提出天津应通过制度创新，推进三地产业融合，大力发展生产服务业，优化产业结构等。颜廷标（2016）基于对京津冀协同创新落差及可行性的分析，构建了集协同创新机制、协同创新载体、协同创新内容于一体的协同创新模式，旨在化解、减少协同创新的障碍，加快构建京津冀协同创新共同体。赵云峰、许爱萍（2017）认为，京津冀三地先进制造业产业门类较全，已经具备一定的协同发展基础，但区域间产业发展不平衡、产业同质化竞争严重、产业链相对较短等问题比较突出，京津冀要发挥三地科技创新资源的优势互补作用，深入推动产业链的交叉与融合，形成具有鲜明特色的京津冀先进制造业增长极；破除制度障碍，推动科技创新资源的深度融合；优化产业生态体系，加速三地科技创新系统协同，形成先进制造业产业集群；优化产业发展环境，创造服务配套优势。王得新（2018）通过对京津冀区域产业体系建设呈现出的积极因素进行分析，进一步总结了产业链与空间链衔接不畅、融合度不高等问题，提出应紧紧围绕实体经济提高区域创新发展能力，优化区域价值链与空间链衔接；紧抓疏解北京非首都功能的“牛鼻子”，同步提高制度一体化与要素市场一体化；确保高水平建设雄安新区，优化城市产业空间结构等一系列措施；进一步理顺京津冀三地产业发展链条，打造基于制造业的价值链，形成日趋合理的发展格局。于明言（2018）对比了天津与北京、上海、深圳的城市功能定位、经济总体规模、工业总体规模、城市研发投入，提出天津应完善先进制造研发创新体系，加快承接北京科技成果研发转化，推动传统制造产业转型升级，聚焦“两化”融合，重点发展智能制造，着力培养一批领军企业和知名品牌。孙明华（2018）同样基于京津冀协同发展的视角，提出天津应通过企业加大自主创新投入，推动系统化、集成化创新，加快技术改造，推动企业智能化转型，推动先进制造业与生产服务业的融合；应打造产业集群，优化营商环境，加强人才培养等，落实全国先进制造研发基地建设。

全国先进制造研发基地建设离不开技术创新。Cantwel 和 Tolentino 在 20 世纪 90 年代初期从技术累积论出发，解释了发展中国家和地区的对外直接投资呈现加速增长的趋势，共同提出了“技术创新产业升级理论”。Humphrey 和 Schmitz 等（2002）提出了四种产业升级方式，即工艺（技术）升级、产品升级、功能升级与价值链升级。Kaldor（1961），Kuznets（1973），Vitola 和 Davidsons（2008）认为，产品升级是指由低附加值产品向高附加值产品转移，或者是从贴牌生产（OEM）向自主设计生产（ODM）与自主品牌生产（OBM）转移升级。Kaplinsky 和 Morris（2001）提出发展中国家的企业或产业集群会沿着“流程升级、产品升级、功能升级、链际升级”的方向顺次推进。祝尔娟（2007）从创新模式、创新环节、创新阶段和创新体系四个方面，探讨了在技术引进、消化、吸收的基础上提升自主创新能力的方法。张贵等（2011）认为，中国高新技术产业进行自主创新必须以产业链创新为核心，有效推进高新技术产业的高效整合，提升其自主创新能力。洪银兴（2014）认为，产业结构调整要顺应经济结构战略性调整，市场和创新将成为现阶段产业结构转型升级的两大杠杆。陈文锋和刘薇（2015）构建了“发展阶段—特征—动力机制”研究框架，对战略性新兴产业演进阶段进行定量识别，实证研究发现七大战略性新兴产业发展特点不同，提出了应针对不同战略性新兴产业的发展，实行差别化和方向性的支持政策。刘雅君（2016）基于供给侧对东北制造业进行的实证研究，提出了应从供给侧角度构建其制度变革、科技创新、产品质量、产业改革以及劳动力供给的驱动力，优化东北制造业振兴机制。李家祥（2016）提出高端装备、新一代信息技术、航空航天等十大先进制造业产业集群应贯彻创新理念。天津市要坚持理论创新、制度创新、科技创新和文化创新，尤其是要突破制约高端装备制造业的工业机器人、3D 打印和新能源汽车三大新技术。

1.2.4 先进制造业产业集聚方面的研究

关于产业集聚的研究最早可追溯到古典经济学家亚当·斯密，他认为生产性劳动、资本、土地与贸易共同促进产业发展，并将专业化分工思想应用到产业集聚。创新经济学之父约瑟夫·熊彼特从企业持续创新方面分析研究了产业的成长。大卫·李嘉图比较优势理论的提出为各国发展本国优势制造业等产业提供了理论指导。“产业区”概念和理论最早由马歇尔在 1890 年根据工业聚集现象提出，他研究发现，聚集能够促进专业化投入和服务的发展；企业聚集于能够提供特定产业技能的劳动力市场所在的区域，该区域内工人失业率低，劳动力短缺的可能性小；产业聚集使企业能从技术、信息等溢出中获益。之后，国外更多的学者开始关注产业聚集影响因素与动力机制方面的研究。韦伯（1909）主张从生产要素成本的角度考虑要不要集聚，提出了“聚集经济”，并从微观企业区位选址角度提出了产业区位理论。Porter（1990）就产业集聚概念、特征等问题展开研究，极大地推动了产业集聚理论的发展。Krugman（1991）从经济地理学的视角，建立了一个基于规模经济与运输成本相互作用的制造业区域聚集的计量模型，分析产业集聚的原因。Best（2001）认为，企业专业化、知识溢出、技术多样化、水平整合与再整合是产业集群的四种动力因素，它们依次驱动产业集群发展。Dayasindhu（2002）对印度软件集群进行实证分析，研究发现：产业集群竞争力的关键因素是嵌入性和知识转移。Klepper（2010）通过研究底特律汽车产业和硅谷集成电路产业的起源和发展特点，认为组织再造与传承是两个地区行业聚集的主要力量。Kadokawa（2013）基于1997—2004年新制造厂选址决策的问卷调查结果，对22个日本制造业进行分析，发现集聚优势是一种潜在的区位因素。Delgado等（2014）关注区域集群对产业发展、产业集聚和区域经济发展的影响，通过实证研究发现集群环境强大的地方有利于区域产业的集聚，而且如果一个区域内存在强大的集群会增加其他产业和集群的增长机会。Hervas-Oliver（2017）对1727年创办的卡斯特利翁（西班牙）瓷砖集群的演变和组织再造进行了追踪，研究结果表明，区域内存在着产业集聚和社会合作力量，并与知识传承一起推动某区域产业集群的形成。Turkina和Assche（2018）研究发现，知识密集型集群的创新主要得益于企业间的横向联系，而劳动密集型集群的创新主要得益于企业间强有力的纵向联系。Abdesslem和Chiappini（2018）利用公司层面数据，通过Logit模型分析了法国产业集群政策的选择过程，并进一步分析了产业集群政策对法国光电产业生产力、出口、就业和资本的影响。

20世纪80年代中后期，我国学者开始对产业集聚现象进行研究，而系统地对先进制造产业集聚的研究始于20世纪90年代。王荣来和赵洁川（1991）对产业带集聚经济效益进行了研究，将产业带经济效益分为伴随型集聚经济效益、经营规模型集聚经济效益和随机型集聚经济效益三种，并进一步探究了不同地域产业带集聚经济效益产生的途径。王旭章

（1998）以苏州新区为例，系统分析了区域经济主导产业市场选择准则、产业集聚方式、产业区域性扩散与外部经济效应等经济关系。杨宝良（2003）指出规模经济等经济外部性对于制造业地理集聚的形成与稳定具有决定性作用。刘恒江和陈继祥（2005）对产业集群动力机制展开研究，遵循产业集群“生产要素—动力机制—竞争优势”的发展逻辑，提出了产业集群内部治理（自主发展）与集群政策（外部引导）相结合的“从下到上”的产业集群发展新模式。朱洪倩（2006）通过梳理产业集聚形成的影响因素、产业集聚的经济效应及其与先进制造业基地的关系，通过定量分析，提出了产业集聚向先进制造业基地演化的路径。郭长义、安玉兴（2009）基于产业集聚，研究了辽宁先进制造业集聚区的发展路径。牟绍波和王成璋（2008）从集群文化的内核层、次内核层和外围层，详细探讨了集群文化对产业集群持续成长的作用机制，提出集群文化是推动产业集群持续成长的关键动力。陆文聪等（2013）构建了人力资本集聚视角下的知识密集型产业集群发展动力机制模型，探讨了知识密集型产业集群发展的动力构成要素和作用机制。赵玉林和汪美辰（2016）研究发现，先进制造产业集聚度低，不仅制约了产业竞争优势的提升，还极大制约了产业融合对产业发展的贡献。林苍松和张向前（2018）建立了先进制造业基地动力机制钻石模型，并结合中国制造业发展现状，以培育具有全球影响力的先进制造业基地为主要目标和要求，构建了以人力、资本和技术为基础动力，以市场需求为根本动力，以政策为关键引导动力，以制度为保障动力的先进制造业基地动力机制模型。陈炎飞（2018）从产业特性和区域特征两方面，实证分析了影响江苏产业集聚的因素。国内学者从不同视角对制造业升级的动力机制进行研究，取得了丰硕的成果，为本书的研究奠定了基础。

1.2.5 先进制造业与生产者服务业融合发展研究

国外学者对制造业与服务业关系方面的研究已经比较完善，国内学者

21世纪初才开始对此展开研究。目前，国内外学者的研究大致可以分为以下两个方面。

第一，生产者服务业与制造业互动关系、融合发展方面的研究。大量学者研究认为，生产者服务业与制造业间互相提供供给和需求，关系日益紧密，二者融合互动发展。先进制造业的迅速发展促进了生产者服务业的发展，生产者服务业的完善促进了先进制造业的可持续性发展，而且经济发展水平的提高将加深生产者服务业和制造业之间的互动程度。二者互动融合发展论题的理论基础是产业关联理论。Clark（1940）证实了随着经济发展水平的提高，劳动人口从农业转到制造业，再从制造业转到服务业的规律，进一步确定了从三次产业的角度研究产业内在关联及其变动规律的理论范式。随着对新技术的不断研究及其应用推广，制造业生产的组织形式日益复杂，生产者服务业的内容不断完善扩充，作用日益突出。大量研究进一步从关联互动、产业分工、创新推动、竞争策略等视角出发，分析制造业与生产者服务业互相融合的复杂关系。Francois（1990）指出，随着市场不断扩张，厂商数量和生产规模会相应扩大，促使生产专业化程度进一步提高，有利于获得专业化经济和规模经济效应，因此生产者服务业与制造业具有互动发展的关系。随着生产者服务业和制造业不断发展成熟，制造业生产过程中对中间服务性投入的需求也就越来越多，并且信息技术的广泛应用使得二者融合度越来越高，边界逐渐变得模糊，信息技术成为服务业与制造业相互融合的“黏合剂”。Coffey（1991）将生产者服务业看作制造业内部服务项目外部化的结果，生产者服务业能够有效降低成本，一定程度地减少不确定性，是大型跨国公司提升核心竞争能力，发展高附加值业务的重要策略。Quinn（1992）运用“蛛网”概念对制造业和生产者服务业之间基于效益流动的网络关系进行了分析。Harrington（1995）研究发现，美国生产者服务业与制造业之间有着明显的前向关联效应。Hertog等（2000）认为，生产者服务业不仅在生产过程中扮演着

“润滑剂”和“黏合剂”的角色，更是重要的“生产力”和创新过程的“推进器”。Wong 和 He（2002）研究认为，知识密集型服务企业与制造业相互促进，而且对新加坡实证研究后发现，知识密集型服务企业在为制造业提供服务的同时，也促进了其内部创新。Porter（2003）提出，高端制造业的发展与高端服务业的匹配分不开，而高端服务业的发展在很大程度上取决于高端制造业对它的需求程度。也有学者利用投入产出数据进行分析，如胡晓鹏等（2009）以上海、江苏、浙江投入产出数据表为依据，得出了制造业与生产者服务业之间存在区域性正向非对称共生状态的结论。

大量学者研究认为，制造业是服务业发展的基础，服务业的发展依附于制造业。Rowthorn 和 Ramaswamy（1999），Guerrieri 和 Meliciani（2003）等从需求的角度出发，认为制造业是服务业发展的基础，服务业则是制造业的补充，因此服务业特别是生产者服务业的发展依附于制造业的发展。Walker 和 Gmbel（1988），Selya（1994）认为，生产者服务业的快速发展提升了制造业整体的竞争力水平，提高了企业的生产效率及比较优势，并推动着整个社会实现经济增长。Daniels（1989）认为，高效率的生产者服务业是提升制造业劳动生产率的重要前提和根本保障。Markusen（1989）将生产者服务业作为中间投入，通过引入模型分析生产者服务业促进制造业发展的机理：具备知识密集度特征的生产者服务需要在初期进行大量投资，一旦发展到一定阶段，拥有知识后，其使用成本就会大幅度降低，因此中间性服务投资具有规模报酬递增的特征，生产者服务业提供的专业化服务通过降低制造业成本，提高了其效率。在其后的另一篇文章中，Markusen 等（2005）进一步强调了生产者服务业作为制造业中间投入所具有的规模报酬递增性和知识技术密集性的特征。Farrell 和 Hitchen（1990）认为，如果某地区的生产者服务业发展欠缺，必然会影响该地区制造业的发展壮大，并阻碍其向更高层次提升。Klodt（2000）进一步指出，生产者服务业是提升制造业竞争力的根本保障，制造业劳动生产率与产品竞争力整体提高的重要前提是高效率的生产者服务业。Eswaran 和 Kotwal（2002）则认为，服务部门的规模扩大，除了可以通过优化分工程度和提高专业化促进制造业发展外，还能通过降低中间服务的成本促进其发展。Pilat 和 Wölfl（2005）在研究中发现，生产者服务业的发达程度决定制造业部门竞争力的强弱。Richard 和 William（2011）通过对中国香港制造业的研究，发现知识密集型服务业担当着信息传播者和创新提供者的角色，它有助于提升香港制造业的资源分配和科研能力。张益丰、黎美玲（2011）认为，先进制造业集聚与生产者服务业集聚、专业技术人才集聚是相辅相成的关系，生产者服务业集聚能有效推动先进制造业集聚。张振刚、陈志明和胡琪玲（2014）进一步指出，制造业效率提升与生产者服务业的发展具有动态演变的特征，生产者服务业的产业规模、产业信息化程度、产业水平对制造业效率有显著的正面影响，其中对制造业效率提升影响作用最大的是产业规模扩张。

国内也有很多学者以某一地区为例，对先进制造业和生产者服务业的关系进行了研究。吴郡（2015）以天津为例，对制造业和生产者服务业现状进行了分析，总结出天津市制造业与生产者服务业存在着双向互动关系。席枫等（2016）分析了生产者服务业和先进制造业协调发展的内在逻辑，构建了天津先进制造业、生产性服务业和先进制造业研发转化能力之间的多元对数线性回归模型，其实证研究发现，生产者服务业与先进制造业存在正向相关关系。万里洋（2016）采用 VAR 计量经济模型，对山东省 2000—2014 年的数据进行了分析，发现山东省知识密集型生产服务业是先进制造业的发展动力，先进制造业对知识密集型生产服务业的拉动作用比较微弱，二者的互动发展关系并不明显。火统梅（2017）以浙江省为例，对生产者服务业和制造业协调发展的关系进行实证分析，用生产者服务业投资额、制造业从业人数、先进制造业发展水平三个变量建立了二元线性回归模型，说明生产者服务业投资、先进制造业从业人数对全省先进制造业发展水平的促进作用非常明显。江曼琦等（2014）对上海的研究表明，技术密集型制造业与生产者服务业之间存在显著的空间协同集聚关系。曹东坡等（2014）认为，上海高端服务业和长三角地区先进制造业的协同机制包括空间分布上协同定位、发展模式上协同演化、升级动力上协同创新三个维度。作者基于系统协同理论的实证分析表明，上海高端服务业和长三角地区先进制造业正处于协同发展状态，且在 2006 年之后的趋势更为明显，但先进制造业子系统有序度较低成为制约复合系统协同度提升的重要原因。郑蔚等（2016）以四大自贸区所在省/直辖市上海、天津、广东、福建为例，运用投入产出分析法分析了 2002 年、2007 年、2012 年的投入产出表数据，探讨了先进制造业和生产者服务业的产业互相融合效应的区域差异。经过研究发现，上海已经显现出生产者服务业对经济发展的引领作用，而其余三个省/直辖市目前仍以单向依靠先进制造业的发展和带动为主，尤其是广东的带动作用和市场反应最为显著；与生产者服务业的内部融合相比较，四省/直辖市先进制造业与生产者服务业的互相融合效应更加突出，在生产者服务业的内部融合以及先进制造业和生产者服务业的相互融合中，天津具有突出优势。周景丽（2017）以山东大力发展先进制造业、实现工业的转型升级为研究背景，探讨了该省先进制造业与现代服务业相互融合背后的动因，提出了基于制造业价值链的分化重组、专业化分工的服务业外包机制、信息技术的交互创新三方面因素，结合该省近年来的发展实践，对二者融合的动因进行了深入的研究。乔如娟和千庆兰（2017）运用灰色关联度方法，测算了东莞市先进制造业与现代服务业组成要素间的关联度以及近 10 年间的耦合度变化，并将研究结果与全国 25 个主要城市的先进制造业与现代服务业的耦合度变化进行对比。研究结果表明，东莞市先进制造业与现代服务业构成要素具有中等或较高的关联性，而在 2004—2013 年，该市先进制造业与现代服务业耦合度属于磨合发展阶段，且耦合度在这 10 年间的波动变化在区域内部一定程度上具有相似性。

第二，生产者服务业与制造业互动关系的内在机理及共生作用机制方面的研究。加入世界贸易组织后，我国传统制造业面临挑战和发展困境，亟须生产者服务业为其发展提供转型升级的强大动力，因而大量涌现出对国内制造业与生产者服务业的内在机理的研究和分析。吕政等（2006）将生产者服务业的发展划分为种子期、成长期和成熟期三个阶段，深入研究了生产者服务业与制造业互动关系的内在机理以及生产者服务业对制造业作用的变迁，全面分析了我国生产者服务业发展面临的瓶颈。唐强荣与徐学军（2009）从生态学种群生长方程的角度对中国的产业数据进行分析后发现，生产者服务业、制造业之间存在共生发展作用机制，该作用机制与产业环境变化、制度变化、种群属性和密度的变化有关。高觉民等（2011）将研究范围进一步拓展到全国，并以要素分配为依据得出了相类似的结论。先进制造业生产过程中的服务外包，生产者服务的剥离，对生产者服务业的高度依赖，创新活动和高技术人才密集，生产智能化、自动化、网络化、信息化的高附加值和高经济价值潜力的产品等是先进制造业的核心特征。因此，从理论上来说，先进制造业与生产者服务业之间的融合性、渗透性、共生性将更为强烈。刘军跃等（2013）运用装备制造业系统与生产者服务业的耦合协调度共生评价模型，对我国 31 个省/自治区/直辖市装备制造业与生产者服务业的共生水平进行比较分析，发现两者之间存在明显的地区差异且发展不均衡。

1.2.6 研究述评

目前，关于全国先进制造研发基地建设方面的研究，仍然以定性分析为主，尽管席枫（2016）构建了全国先进制造研发基地建设水平的评价指标体系，但并未深入开展实证分析，评价指标体系还需要根据《中国制造2025》计划不断完善，以智能制造为主攻方向的研发设计等高端服务业指标衡量先进制造研发基地的建设质量。前期研究对科技服务业与先进制造业深度融合发展的关注不够，缺乏对京津冀协同发展视角的全国先进制造研发基地建设的环境分析，缺乏对研发基地建设机制体制的深入研究。从以往研究成果看，部分学者提出了天津市建设全国先进制造研发基地的短板，但尚未找到切实可行的有效路径。与以往研究不同，本书立足于京津冀协同发展视角，沿着现状评价、理论构建、治理对策、逻辑路线研究全国先进制造研发基地建设问题。实证分析方面，本书对天津市建设全国先进制造研发基地进行了 SWOT 分析，构建了全国先进制造研发基地建设能力和建设水平的评价指标体系，利用相关数据进行测算，并将天津与北京、上海、浙江、江苏、广东五省/直辖市进行了比较，发展了全国先进制造研发基地建设实证研究，为全国先进制造研发基地建设政策设计提供了现实依据；理论方面，揭示了全国先进制造研发基地建设体制安排和机制运行规律，为本书奠定了理论基础；治理方面，本书立足于京津冀协同发展背景，从先进制造业创新动能培育、研发设计服务、科技成果转化服务、科技金融服务、创新平台建设等入手提出了全国先进制造研发基地建设短板的破解路径和突破体制机制约束的政策安排，为全国先进制造研发基地建设政策的制定提供了咨询参考。

1.3　政策综述

1.3.1　“十五”至“十二五”期间，天津市先进制造业发展政策梳理

2001 年，《天津市国民经济和社会发展第十个五年计划纲要》提出，全面改造和提升工业，建设现代化工业基地，重点发展电子信息、汽车、生物技术和现代医药、石油专用管材和高档金属制品、石油海洋和精细化

工等骨干产业，初步建成以高新技术产业为主导，骨干产业为依托，滨海新区和一批工业小区为载体，具有较强科技成果转化能力、市场竞争能力和辐射带动能力的现代化工业基地框架。2006 年，《天津市国民经济和社会发展第十一个五年规划纲要》提出，加快构建现代制造和研发转化基地，重点发展电子信息、石油和海洋化工、汽车和装备制造、石油钢管和优质钢材、生物技术与现代医药、新型能源和新型材料等主导产业。2011 年，《天津市国民经济和社会发展第十二个五年规划纲要》提出，基本建成高水平现代制造业和研发转化基地，重点发展航空航天、石油化工、新能源、电子信息、汽车及装备制造、海洋科技等产业。天津市先进制造产业发展方向日益明确，建设先进制造研发基地的思路日益清晰。规划纲要相关内容详见表 1-2。

表 1-2　天津市“十五”计划至“十二五”规划纲要中先进制造业相关内容

时期	发展目标之一	重点发展的产业
“十五”时期	建设现代化工业基地	电子信息、汽车、生物技术和现代医药、石油专用管材和高档金属制品、石油海洋和精细化工
“十一五”时期	加快构建现代制造和研发转化基地	电子信息、石油和海洋化工、汽车和装备制造、石油钢管和优质钢材、生物技术与现代医药、新型能源和新型材料
“十二五”时期	基本建成高水平现代制造业和研发转化基地	航空航天、石油化工、新能源、电子信息、汽车及装备制造、海洋科技

为加快天津先进制造产业的发展，相关政府部门出台了多项政策，其中包括产业结构调整、创新服务体系、人才、科技金融等方面的政策。2012 年，天津市出台了《天津市科技小巨人发展三年（行动）计划（2013—2015）》。为落实该项计划，进一步提升小巨人企业发展的质量、效益和水平，培育一批科技小巨人领军企业，天津市先后启动实施了“科技小巨人领军企业重点培育工程”，积极组织实施科技小巨人领军企业重

大创新项目，加大对科技小巨人领军企业和“杀手锏”产品的培育。

2009 年，天津市出台了《天津市实施海外高层次人才引进计划的意见》和《天津市引进创新创业领军人才暂行办法》，每年设立 2 亿元专项资金，面向海内外引进科技人才。2012 年，天津市出台的《天津市“新型企业家培养工程”实施意见》提出，到 2020 年，培育 1000 名企业年销售额超亿元、创新能力处于国内同行业领先地位、善于经营管理的新型企业家，其中经营上市企业的新型企业家要达到 100 名。2013 年，《天津市创新人才推进计划实施方案》发布，目标是到 2020 年，重点培养和支持 100 名市级中青年科技创新人才，重点培养和支持 300 名 35 周岁以下的优秀创新青年人才，扶持 300 名能够运用自主知识产权或核心技术创新创业的优秀创业人才和具有创新精神的企业家，建设 150 个市级重点领域创新团队。2014 年，《天津市“千企万人”支持计划》及《〈天津市“千企万人”支持计划〉实施细则》发布。2015 年 6 月，天津市开始实施《天津市引进人才“绿卡”管理暂行办法》，向来津人才分别发放人才“绿卡”“A 卡”“B 卡”，其中“A 卡”主要面向六大领域、十二类高层次人才，包括航空航天等战略新兴产业、科技服务、信息服务、拥有自主知识产权和授权发明专利等急需的紧缺人才。

2014 年 5 月，天津市科委发布了《天津市科技服务业发展三年行动计划》，确定了未来三年科技服务业发展的重点方向和主要任务。大力开展“双万双服”活动，组织万名机关干部对口帮扶企业，重点帮助企业解决项目建设、经济运行、市场开拓、企业融资等问题。相关政策还有《千家民营科技型企业提质增效行动工作方案》《市科委关于落实〈天津市万企转型升级行动计划（2014—2016 年）〉的工作方案》《创建天津市新型工业化产业示范基地管理暂行办法》《天津市科技型中小企业信用贷款风险补偿办法（试行）》等。相关政策的实施，促进了天津市经济发展的转型升级，为天津市建设全国先进制造研发基地奠定了良好的基础。

1.3.2 天津市建设全国先进制造研发基地的政策梳理

1. 规划纲要与实施方案明确了全国先进制造研发基地建设的目标与方向

2015年3月，中央财经领导小组第九次会议审议研究了《京津冀协同发展规划纲要》；同年4月，中共中央政治局审议通过了《京津冀协同发展规划纲要》，明确提出了天津“全国先进制造研发基地、北方国际航运核心区、金融创新运营示范区、改革开放先行区”的定位。

天津市高度重视“全国先进制造研发基地”的建设，2015年，市政府批复《天津市建设全国先进制造研发基地实施方案（2015—2020年）》，明确提出到2020年基本建成全国先进制造研发基地，重点培育10个国内领先的高端产业，壮大具有比较优势的产业3个，培育发展新兴产业8个，改造现代石化、现代冶金两大传统产业，详见表1-3。

表1-3　天津市建设全国先进制造研发基地的发展重点和细分产业

发展重点	细分产业
重点培育国内领先高端产业（10个）	航空装备、航天装备、集成电路及专用设备、高性能服务器及云计算、海洋工程装备和高技术船舶、特高压输变电装备、大型工程机械、轨道交通、高档数控机床、自动变速器
壮大具有比较优势的产业（3个）	智能终端、基本片式元器件、生物医药与健康产业
培育发展新兴产业（8个）	节能与新能源汽车、新能源、新材料、节能环保、机器人、3D打印设备、高性能医疗器械、自主操作系统国产数据库和软件
着力改造传统产业（2个）	现代石化、现代冶金

2015年底，《天津国家自主创新示范区发展规划纲要（2015—2020年）》发布，旨在指导天津建设“国家自主创新示范区”的创新发展。2016年发布的《天津市工业经济发展“十三五”规划》再一次强调天津市要加快构建“10+3+8+2”先进制造产业体系，着力提升制造业的创新

能力，高标准建设国家自主创新示范区，构建和完善先进制造业的创新体系，推动大众创业万众创新等。“十三五”以来天津市全国先进制造研发基地建设相关政策梳理见图 1-1。

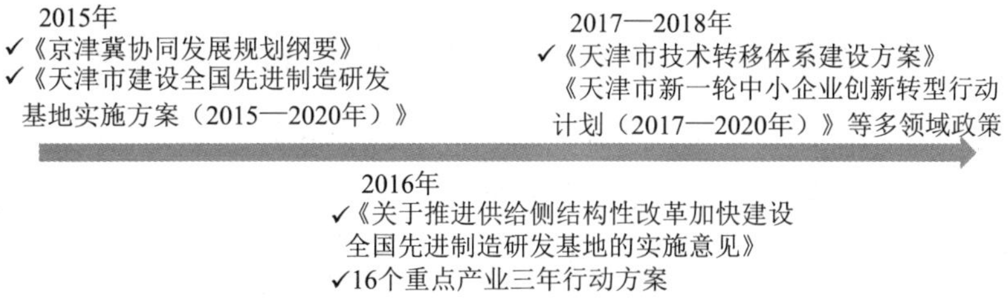

图 1-1　“十三五”以来天津市全国先进制造研发基地建设相关政策发布情况

2. 实施意见和行动方案助力全国先进制造研发基地建设

2016 年 5 月，《关于推进供给侧结构性改革加快建设全国先进制造研发基地的实施意见》（以下简称《实施意见》）获得审议通过。《实施意见》有力地推动了天津市的全国先进制造研发基地建设。为深入推进落实《实施意见》，全市成立了由市相关部门组成的先进制造研发基地建设协调小组，编制完成了高端装备、新一代信息技术、航空航天等 16 个重点产业的三年行动方案，其中 13 个行动方案已经发布（截止到 2018 年 7 月），建立了涉及 162 项具体工作台账。

各区深入学习《实施意见》，部分区还制定了相应的行动方案或实施方案。例如，2016 年，滨海新区人民政府公布了《关于贯彻落实〈天津市人民政府关于推进供给侧结构性改革加快建设全国先进制造研发基地的实施意见〉的实施方案》；2016—2018 年，西青区制定了《西青区创新驱动发展战略行动方案》《西青区工业企业创新驱动发展实施方案》《西青区鼓励高端制造创新驱动发展政策意见（支持高端制造创新 20 条）》。

3. 多领域扶持政策全方位支持全国先进制造研发基地建设

“十三五”以来，天津市出台了先进制造研发基地相关的政策措施 60

项，其中，面向企业的政策措施 35 项，面向高校和科研院所的政策措施 25 项。① 相关支持政策涵盖了支撑全国先进制造研发基地建设的科技服务、创新体系建设、两化融合、产业结构优化、营商环境改善、财政与金融支撑、人才培养与引进、国际合作等多个方面。

（1）科技服务方面。为促进高校、科研院所科技要素向企业转移，推动产业转型升级，2017 年，天津市修订了《天津市企业科技特派员工作实施细则（试行）》，制定了《天津市深入推行科技特派员制度行动方案》。为促进科技成果转化，2016 年 12 月，天津市科委按照《国务院办公厅关于印发促进科技成果转移转化行动方案的通知》要求，制定了《关于促进科技成果转移转化的行动方案》，确定了科技成果转移转化的总体目标和重点任务。在此基础上，2017 年 7 月，天津市第十六届人大常委会通过了《天津市促进科技成果转化条例》。2017 年编制完成的《天津市技术转移体系建设方案》则加强了对技术转移和成果转化工作的系统设计，更进一步推动了科技成果的转移和转化。

（2）创新体系建设方面。2017 年，天津市发布了《市工业和信息化委关于开展天津市制造业创新中心创建工作的通知》，要求对接国家制造业创新中心建设工程，重点围绕现代中药、动力电池、智能网联车、安全可控操作系统等优势领域，创建一批市级制造业创新中心。目前，现代中药创新中心已确定 6 家成员单位，并开始正式运营。2017 年，天津市先进制造业产业技术研究院正式获准成立，先进制造业产业研究院旨在构建“总院+研发机构、服务机构”的模式，探索科技成果转化的体制机制。天津市高度重视企业创新能力的提升，启动了《天津市科技型中小企业技术创新资金项目》《2018 年天津市科技领军（培育）企业认定及支持项目》《2018 年天津市重点新产品项目》等扶持项目。

① 天津市科技创新政策要点汇编［EB/OL］.（2018-04-20）［2018-05-01］. http：//www. tjnk. gov. cn/nkkjy/system/2018/04/20/025804989. shtml.

2016 年 4 月，天津市召开了“511 工程动员大会”，力争“用 5 年时间，建设 100 个领军企业联盟，形成 10 个超千亿的创新型产业集群”。2017 年，天河超级计算工程仿真集成设计技术创新联盟、天津市分布式发电与微电网产业技术创新战略联盟、天津市分布式发电与微电网产业技术创新战略联盟等 36 家创新联盟获得备案；2018 年，天津高端加工产业技术创新联盟、天津市磁悬浮技术创新联盟等相继成立。

为推动京津冀协同发展的进程，提高天津市全国先进制造研发基地的创新能力，天津制定了相关政策，承接北京创新资源的转移。2016 年，《支持国家级院所来津发展政策的实施细则》发布。经认定来津发展的国家级科研院所实施的科技项目，根据情况，择优给予财政资金支持，对落户在自主创新示范区和自由贸易试验区内的机构，优先予以支持，支持额度为 100 万~500 万元。2018 年，相继启动了《支持国家级院所来津发展项目》《天津市支持中关村创新资源来津聚集发展专项》，鼓励北京创新资源向天津转移。

（3）两化融合发展方面。天津市以加快工业化与信息化融合发展为抓手，引导企业探索云计算、大数据、互联网等信息技术在制造业重点领域和关键环节的深度应用，提升企业信息化条件下的创新研发、协同制造和经营管理能力，推动制造业的转型升级。2016 年 12 月，天津市发布了《天津市加快推进制造业与互联网融合发展实施方案》，着力构建制造业互联网“双创”新体系，培育和发展互联网制造新模式，强化融合发展基础和支撑。2016 年，天津市利用工业发展资金、信息化专项资金对天津光电集团等 31 家两化融合管理体系贯标企业、动力电池售后服务工业云等 6 家工业云、工业大数据及公共服务平台建设试点示范项目给予了支持引导。2016 年，海尔洗衣机互联工厂和天津中德应用技术大学入选中德智能制造合作试点示范项目，天津滨海工业云公共服务平台及应用推广项目获工业转型升级资金支持。2016 年，天津市首次批准市级试点单位 20 家，14 家单位被列入国家级两化融合试点企业，累计国家两化融合管理体系贯标试点单位达到40家；新增两化融合咨询服务机构7家，累计达到9家。同时，天津市将两化融合纳入万企转型升级子路径，2015年和2016年共完成了187家企业的转型升级工作。

2016年，天津市出台了《支持企业通过融资租赁加快装备改造升级实施方案及配套文件》，鼓励企业通过融资租赁方式购置先进研发生产和检验、检测设备，实施智能化改造，建设一批智能化工厂、智能化车间，搭建一批智能化检验、检测平台，改造一批智能化装备，提升一批智能园区，在有条件的企业开展“机器换人”，实现装备升级。2017年，天津光电安辰信息技术股份有限公司申报的“基于互联网的智能制造安全应用服务能力共享创新平台”、天津创投之家有限责任公司申报的“天津市国资系统创新创业服务平台”等7个项目被评为工信部2017年制造业“双创”平台试点示范项目。

（4）产业结构优化方面。2017年，为了加快以传统产业为主的创新转型，通过改革创新、整合优势、改造提升，推动中小企业新一轮结构优化、产业升级、动能转换和提质增效，天津市制定并实施了《天津市新一轮中小企业创新转型行动计划（2017—2020年）》。2017年，天津市审议通过了中欧先进制造产业园建设方案，中欧区域经济合作中心滨海新区分中心、中国—乌克兰巴顿焊接研究院、中德（欧）医疗器械及健康产业园等中欧合作项目相继落户滨海新区中欧产业园，瑞士柏中紧固件智能物流项目、瑞士欧拓隔音隔热系统项目、西班牙拉斯特公司智能设备项目等落户武清区中欧产业园。到2018年7月，天津市发布了高档数控机床、机器人、3D打印等13个产业三年行动方案，产业涵盖高端装备、新一代信息技术、航空航天、汽车与新能源汽车、现代石化、现代冶金等优势产业领域。

依据《新一代人工智能发展规划》《促进新一代人工智能产业发展三

年行动计划（2018—2020年）》和天津市《关于大力发展智能科技产业推动智能经济发展建设智能社会的实施意见》等文件，2018年，天津市发布了《天津市智能制造发展专项行动计划》，着力提升关键共性技术创新能力，加强智能装备关键性工艺设计能力，推进信息化和工业化深度融合，夯实网络基础，大力发展智能产品和服务，加快培育智能制造产业链集成商，建设和发展工业互联网，设定四个专项行动，围绕经济社会发展和国家战略需求，选择十大优势和战略产业作为突破点，加快智能制造转型升级。同年，《天津市关于加快推进智能科技产业发展若干政策》及其实施细则发布，重点支持企业智能化升级、工业互联网发展、机器人产业发展、集成电路产业发展、软件和信息服务业发展、大数据产业发展、新模式应用示范、智能科技领域军民融合发展、智能科技研发创新能力提升、培育引进骨干企业等。2018年，天津市还对《天津市市级高新技术企业认定管理办法》和《天津市技术先进型服务企业认定管理办法》进行了修订和完善。

（5）营商环境改善方面。2017年，天津市出台了《关于营造企业家创业发展良好环境的规定》，支持企业家以知识产权的形式保护创新成果，支持市科技领军企业和领军培育企业的企业家，支持顶尖高端科技人才创办科技型企业，支持国有企业开展科技成果转化工作，支持科技型企业"杀手锏"产品和重点新产品认定，支持经营业绩突出的"新型企业家"，支持民营企业家和企业技术人员申报职称。2018年6月，为落实《中共天津市委天津市人民政府关于营造企业家创业发展良好环境的规定》的实施细则，天津市出台了相关办法，如《天津市科技领军企业和领军培育企业认定支持办法（试行）》等。天津市继续深化"放管服"改革，全力推进市场准入负面清单制度改革试点。天津自贸试验区改革任务完成81项，169项制度创新落地实施，10项创新经验在全国复制推广。在全市开展的"双万双服"活动中，企业面临的12794个困难问题得以解决。各领域改革措施的落地实施激发了社会创业热情，预计新注册市场主体增长35.7%，其中民营主体增长36.7%。

（6）财政与金融支撑方面。为了加快全国先进制造研发基地建设，天津市加大了政策扶持力度，设立了天津市海河产业基金。市财政出资200亿元设立了引导基金。通过引导基金注资和市场化募集，形成了1000亿元规模的母基金群，撬动社会投资5000亿元，支持先进制造业重大项目建设和企业技术改造。出台了《天津市海河产业基金管理暂行办法》《天津市海河产业基金政府出资管理暂行办法》等8项制度，建立了全市（市级）基金投资备选项目库，按季度滚动更新，共筛选、汇总基金投资备选项目194个，总投资2124亿元，拟吸收基金投资917亿元。2015—2018年，《天津市天使投资引导基金管理暂行办法》《天津市天使投资引导基金实施细则》《天津市天使投资引导基金管理办法》相继出台，进一步推动了天津市天使投资引导基金工作，优化了投融资环境。2016年，《天津市科技小巨人企业产业并购引导基金管理暂行办法》（以下简称引导基金）发布，引导基金总规模5亿元，市财政每年安排1亿元，力求通过3~5年的时间推动一批科技小巨人企业发展壮大。

为盘活优势科技资源，降低企业创新投入成本，促进科技型中小企业创新发展，天津市实施了科技创新券制度，由政府向科技型企业免费发放权益凭证，以财政资金资助其向科研院所、高校及科技服务机构购买研发设计、检验检测、成果转化和科技咨询等科技服务。目前，已为近700家科技型企业兑现了创新券，兑现资金2000余万元，带动企业研发投入近5300万元，创新券资金直接的放大效应超过了2.6倍。

（7）人才培养与引进方面。2016年，天津市出台了《天津市实施杰出人才培养计划暂行办法》，为激发人才创造活力，更加精准地引才聚才，规定了八项对杰出人才的支持政策；2017年，出台了《天津市青年人才托举工程实施办法（试行）》，重点培养年轻科研工作者。2018年5月，天津市启动了“海河英才”计划，针对高层次创新人才、急需紧缺专业人才等八个方面，提出了一系列人才创新举措，为天津市“一基地三区”建设提供高技能人才供给保障。

“十三五”以来，天津市通过深入实施“千企万人”计划和人才“绿卡”制度、“131”创新型人才培养工程、百万技能人才培训福利计划等，从制度、政策层面破解高端人才集聚的瓶颈。2016 年，从国外引进人才 1802 人，新建博士后工作站 19 个；2016 年末新建博士后流动站 77 个、工作站 227 个，在站博士后约有 1100 人。2018 年，天津市出台了《关于实行以增加知识价值为导向分配政策的实施意见》，突出绩效奖励，鼓励科技成果转化，使科研人员的收入与岗位的责任、工作的业绩和实际的贡献紧密联系。

（8）国际合作方面。为了加强创新能力开发，天津市推出了先进制造研发“走出去”“引进来”的相关政策。2017 年，天津市出台了《天津市“一带一路”科技创新合作行动计划（2017—2020 年）》，提出了深化科技人文交流、共建联合实验室（研究中心）、支持科技园区合作发展、实施国际技术转移四项重点任务。

4. 政策评述

从以往政策看，国家和天津市出台了一系列有关先进制造研发基地建设的政策法规，天津市科委和工信委也在国家和天津市委市政府文件精神指导下制定了一系列详细的支持政策、实施意见和行动方案，政策产生了一定的激励效果。但一方面，由于政策的可操作性和针对性尚存在提升空间，政策的激励效果有待提高，需要对先进制造研发基地建设问题进行深入研究，提出有助于政策完善的咨政建议，修正政策内容，提高政策实施效果。另一方面，在京津冀一体化发展背景下，全国先进制造研发基地建设不能仅仅依靠天津自己的力量，需要国家和地方政府干预科技资源配置，吸纳集聚创新资源，充分激发创新主体活力，提高先进制造科技研发、成果转化和产业化动能，提高科技资源使用效率。这就需要将京津冀纳入一个整体研究框架，聚焦先进制造研发基地建设的突出问题和矛盾，立足京津冀三级科技资源再配置，研究全国先进制造研发基地的建设路径，完善建设体制和运行机制，不断提高天津市先进制造业和高新技术制造业的产值比率。

1.4 研究目的

系统研究国内外先进制造业研发基地建设理论，围绕科技研发、成果转化、生产营销等方面，探索先进制造研发基地建设的支持理论，可从内因和外援两个视角提出促进天津全国先进制造研发基地建设的思路和对策。

构建全国先进制造研发基地建设的评价指标体系。该体系分为建设能力评价指标体系和发展水平评价指标体系。该体系以提升先进制造研发基地建设水平为目标，以提高先进制造研发基地建设能力为着力点，以科技创新动能培育为基础，以京津冀协同发展为背景，综合评价天津全国先进制造研发基地建设的能力和水平。

明确天津全国先进制造研发基地建设能力和水平在全国的地位和差距。在本书构建的评价指标体系基础上，把天津市同国内北京、上海、江苏、浙江、广东等重点省/直辖市以及国外典型区域进行对比分析，发现天津先进制造研发基地建设能力、水平及其不足之处。

从科技创新收益分配、研发设计服务、成果转化服务、科技金融服务、创新平台建设等多方面提出天津全国先进制造研发基地建设的对策建议。

1.5 研究思路方法

天津市具有先进制造研发基地建设的产业基础、经济条件和政策优势，但在创新能力、产业层级、配套服务等方面与建设目标存在一定差距。如传统产业升级缓慢，科技创新主体培育不够，制造业服务化转型滞后，科技与金融结合不充分，科技和技能人才招育不足等，这些短板的存在约束了天津先进制造研发基地的建设。要实现“十三五”发展目标，需要立足京津冀协同发展规划纲要对天津市的功能定位，从科技创新战略、创新平台建设、制造业服务化和生产性服务业、科技服务业、财税金融政策和人才支持政策等方面入手，寻找破解先进制造研发基地建设短板约束的体制机制安排。

京津冀协同发展中，滨海新区承接北京部分产业转移，建立了如中欧先进制造产业园等承接载体和区域合作促进中心，但作为全球科技创新中心的北京市，科技成果转化跨过滨海新区，“跳蛙”到长三角、珠三角地区。如何有效对接吸纳中关村科技创新资源，打造天津市智能制造、高端装备和新兴产业，也需要通过机制体制创新克服短板约束，寻找京津冀三地共建、共享、共赢的路径。本书将沿着目标设定—现状评价—短板约束—破解思路—建设路径—政策建议这一技术路线，通过实地访谈和案例分析，发现京津冀协同发展背景下天津市先进制造研发基地建设的体制机制约束和政策设计安排。本书采用的主要方法如下。

1.5.1 社会系统动力学分析方法和 Amos 路径分析方法

运用社会系统动力学方法，建立变量之间因果关系图和流图，揭示先进制造研发基地建设影响因素之间的作用关系，揭示影响变量之间以及影响变量与目标变量之间的演进路径，绘出产业创新发展平台、科技服务业、科技金融与人才政策等对研发基地建设作用路径图，描绘先进制造研发基地建设路线图。

1.5.2 文献阅读、深度访谈和案例分析方法

通过梳理文献资料，获取国外发达国家如美国、日本、英国、德国等科技协同和先进制造业发展的相关数据资料。

通过实地访谈获取京津冀三地科技资源与创新要素空间布局状况。访谈对象选择了两类人群：一是京津冀三地政府科技管理部门工作人员；二是国家自主创新示范区，如中关村管委会、天津华苑科技园管委会、南开科技园管委会等工作人员。访谈 17 人次。

在深度访谈基础上，选取中关村国家自主创新示范区进行案例分析，剖析中关村一区 16 分园建设、4+*N* 协同创新共同体建设（雄安新区—中关村科技园、天津滨海—中关村科技园、保定—中关村创新中心、中关村（曹妃甸）高新技术成果转化基地）、品牌和创新文化输出等对京津冀区域协同创新的影响，发现可供全国先进制造研发基地建设借鉴的经验。

1.5.3 比较研究方法

采用国际比较和国内比较方法，通过比较美国、日本、英国、德国等发达国家科技研发、成果转化和先进制造业发展的实践经验和北京、上海、深圳的实践探索，为天津先进制造研发基地建设提供经验借鉴。

1.5.4 指标评价方法

构建三级评价指标体系，评价天津先进制造研发基地的建设能力和水平，并与北京、上海、江苏、浙江、广东进行比较，发现天津全国先进制造研发基地建设的短板和其他地区的可借鉴之处，发现天津先进制造研发基地建设中存在的问题。

1.6　逻辑框架

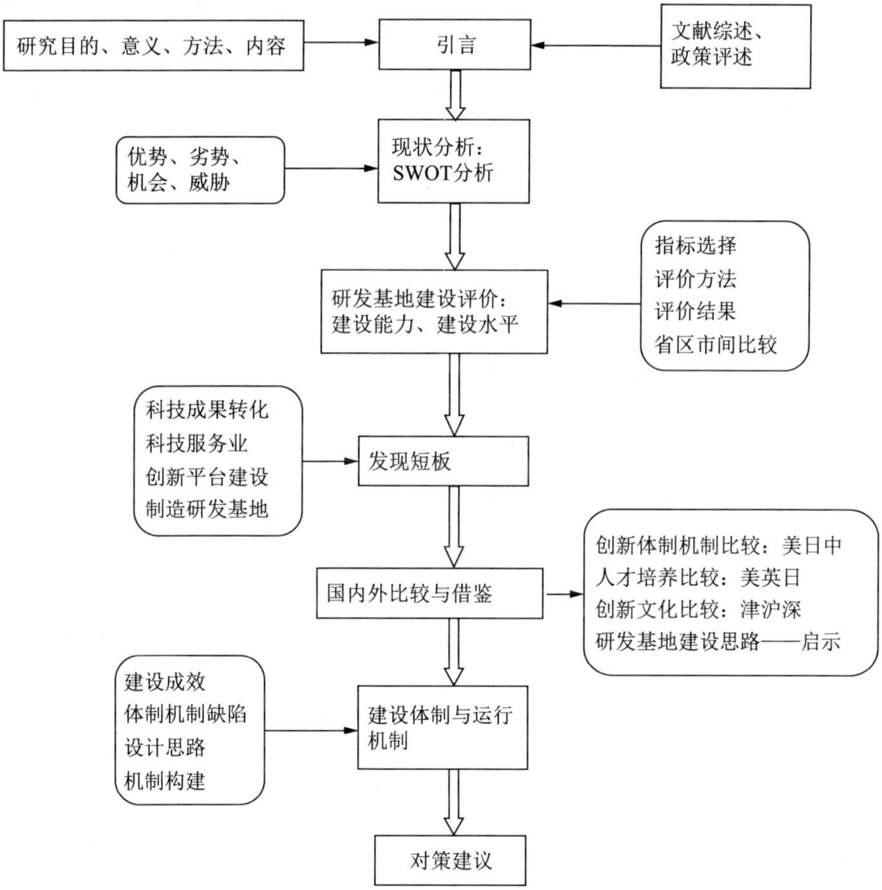

图 1-2　本书的逻辑框架

2　在京津冀协同发展中，天津市建设全国先进制造研发基地的 SWOT 分析

2.1　优势分析

2.1.1　产业规模相对较大，重点行业优势明显

天津市制造业发展历史悠久，产业基础雄厚，是中国重要的综合性工业基地。近年来，天津工业产值快速增长。2016 年，全市工业增加值为 7238.7 亿元，工业总产值为 2.97 万亿元，其中，规模以上制造业产值占全市工业总产值的比重达到 92%，制造业增加值占全市 GDP 的比重从 2011 年的 29.3%提高至 2016 年的 83.2%。① 中国企业 500 强中，天津 14 家企业上榜，包括天津物产集团、百利机械集团、渤海轻工投资集团、渤海化工、中环电子等制造业企业。制造业始终是拉动天津 GDP 增长的重要因素。

截至 2016 年底，天津市高新技术产业总产值达到 9303.50 亿元，占全市工业总产值的 31%；高新技术企业 1589 家，主营业务收入 9023.92 亿元，占全市工业企业主营业务收入的 35%。天津在先进制造领域形成了一

---

① 2016 年天津规模以上工业运行情况［EB/OL］.（2017-03-07）［2019-05-08］. http：// www.fdi.gov.cn/1800000121_33_7656_0_7.html .

批市场规模大、前景广阔、竞争能力强、拥有自主知识产权的新产品、新技术。在已认定的“杀手锏”产品中，先进制造业占比达到 90%。① 在航空航天、新一代信息技术等八大领域形成了 17 个产业集群，见表 2-1。

表 2-1 天津市先进制造业优势领域、产业集群和代表企业

领域	集群	代表企业
航空航天领域	航空航天产业集群	长征火箭、中航直升机、航天精工
新一代信息技术领域	大数据与信息安全产业集群	曙光、飞腾、南大通用
	集成电路设计与制造产业集群	展讯、中芯国际
医药领域	现代中药产业集群	天士力、中新药业
	化学药产业集群	汉康医药、赛德生物
	生物药产业集群	康希诺、华大基因
	医疗器械产业集群	九安医疗、瑞奇外科
新能源汽车领域	新能源汽车产业集群	华泰汽车、力神电池
高端装备领域	海工装备产业集群	海工装备、博迈科
	轨道交通产业集群	铁三院、凯发电气
	石油钻采产业集群	钢管集团、立林公司
	成套装备产业集群	中材装备、天汽模、飞旋科技、智通机器人
新材料领域	化工材料产业集群	天辰、利安隆、久日
	高端金属材料产业集群	永昌焊丝、立中合金
	新型功能材料产业集群	环欧半导体、三安光电
节能与新能源领域	节能与新能源产业集群	海天量子、瑞能电气
环保领域	环保装备产业集群	膜天膜科技、天紫环保

（1）航空航天领域：2016 年，天津市航空航天产业产值为 938.32 亿元，形成了以长征火箭、中航直升机、航天精工为代表的航空航天产业集群。中航直升机下属的天津直升机有限责任公司主要业务为直升机及其他

① 高峰，贾蓓妮．创新驱动天津市先进制造业研发转化基地的对策研究［J］．天津经济，2016（9）：6-11.

航空器、航空零部件的研发、生产、销售、维修，中航直升机天津基地已基本建成。中航直升机研发中心 2013 年进驻天津空港，开展顶层研发、关键技术预研和总体技术研究。航天神州飞行器有限公司在天津建有无人机生产基地，产品体系涵盖超近程、近程、中程、远程等十余型。民用航空方面，龙头项目空客 A320 系列飞机总装线运行良好：2017 年，空客 A330 组装下线，目前天津正在着力推进天津空客亚洲中心建设。在航天领域，航天机电、航天瑞莱、航天睿特等一批高技术企业落户天津。

（2）新一代信息技术领域：2016 年，天津市电子信息产业产值达到 2798.87 亿元，占全市规模以上工业总产值的 10.2%。新一代信息技术领域以智能终端、高性能服务器、大容量存储器、宽带光纤传输等高端产品为代表，形成了两大产业集群：一是以曙光、飞腾、南大通用为代表的大数据与信息安全产业集群；二是以展讯、中芯国际为代表的集成电路设计与制造产业集群。

（3）医药领域：2016 年，天津市生物医药产业产值达到 1642.82 亿元，规模以上医药制造业产值为 551.69 亿元，形成了以天士力、中新药业为代表的现代中药产业集群；以汉康医药、赛德生物为代表的化学药产业集群；以康希诺、华大基因、金耀生物园为代表的生物药产业集群；以九安医疗、瑞奇外科为代表的医疗器械产业集群。天士力复方创新中药国际化战略与生物创新药战略均已落地。2018 年上半年，天士力现代中药板块、生物药板块、化学药板块销售收入均实现了大幅增长。中国科学院天津工业生物技术研究所落户天津，大力推动了天津生物技术创新和工业领域生态绿色发展。

（4）新能源汽车领域：2016 年，天津市生产节能与新能源汽车 4.79 万辆，增长了 8.1 倍①；2017 年，新能源汽车产量继续增长，达到了 5.1

---

① 2016 年天津市国民经济和社会发展统计公报［EB/OL］.（2017-03-14）［2019-05-08］. http：//www.tj.gov.cn/tj/tjgb/201703/t20170314 _ 3588851.html.

万辆。到 2017 年底，共 9 家企业具备新能源汽车生产资质，规模以上汽车零部件企业有 300 余家，行业从业人员近有 13 万人。天津新能源汽车以日系企业一汽丰田、德系企业一汽大众为主导，中国自主品牌以长城汽车、华泰汽车、银隆汽车、比亚迪汽车、一汽夏利、力神电池、巴莫科技为骨干，形成了新能源汽车产业集群。

（5）高端装备领域：装备制造业是天津市八大优势支柱产业之一，2016 年产值达到 10959.63 亿元，占全市规模以上工业总产值的 40%，产值占比为制造业之首。目前，天津市在高端装备领域形成了以海工装备、博迈科、中船重工为代表的海工装备产业集群，以铁三院、凯发电气为代表的轨道交通产业集群，以钢管集团、立林公司为代表的石油钻采产业集群，以中材装备、天汽模、飞旋科技、智通机器人等为代表的成套装备产业集群。天津市在大型子午线轮胎装备、智能仪器仪表装备制造领域培育了一批“隐形冠军”，如天津赛象科技股份有限公司。

（6）新材料领域：2016 年，天津市新材料产业产值达 2144.4 亿元，形成了以天辰、利安隆、久日为代表的化工材料产业集群，以永昌焊丝、立中合金为代表的高端金属材料产业集群，以环欧半导体、三安光电为代表的新型功能材料产业集群。天津利安隆新材料股份有限公司是国内高分子材料抗老化剂行业的领头羊，拥有 35 项授权专利，为全国著名高分子企业巴斯夫、汉高、PPG、杜邦、三星、中石化、中石油等提供各品类抗老化剂产品。

（7）节能与新能源领域：2016 年，天津市新能源产业产值达 624.07 亿元，形成了以海天量子、瑞能电气等为代表的节能与新能源产业集群。瑞能电气主营兆瓦级风电机组主控系统、变桨系统、变频器以及 SCADA 风场监控系统，国内市场占有率为 8%左右。

（8）环保领域：2016 年，天津市资源循环及环保产业产值达 307.51 亿元，形成了以膜天膜科技、天紫环保为代表的环保装备产业集群。天津膜天膜科技股份有限公司的膜技术广泛应用于市政污水提标、工业污水处理、自来水净化、再生水、海水淡化等多个领域。截至2017年底，应用津膜科技产品和技术的项目累计水处理总量已经达到每日1100万吨的规模。①

2.1.2 科技创新体系不断完善

如表2-2所示，2015年天津市综合科技进步水平指数再创新高，首次突破80%，由2014年的78.63%提高到了81.43%，增长幅度为2.80个百分点，成为继上海、北京之后第三个综合科技进步水平指数超过80%的直辖市。2015年，天津“科技进步环境指数”为89.45%，超过北京，位居全国第一；“高新技术产业化指数”连续三年全国第一，2015年指数值为82.61%。较高的综合科技进步水平为全国先进制造研发基地建设打下了坚实的基础。

表2-2 2010—2015年天津市综合科技进步水平

年份	综合科技进步水平/%
2010	72.53
2011	73.37
2012	75.08
2013	75.75
2014	78.63
2015	81.43

资料来源：根据《2010—2015年全国及各地区科技进步统计监测结果》整理而得。

天津市拥有诸多国家级和市级实验室、工程技术中心。生物活性材料重点实验室等国家部委级重点实验室有49个。国家级工程技术研究中心共

① 津膜科技全系列产品亮相北京水展广受关注与好评［EB/OL］.（2018-09-25）［2019-05-08］. http：//www. motimo. com/news/？120_ 880. html.

12 个，聚焦的技术领域包括工业水处理工程、城市给排水工程、锂离子动力电池工程等。天津市天锻压力机有限公司、中环天仪股份有限公司等国家级企业技术中心共 45 个。除此以外，天津市还有 6 家国家级示范生产力促进中心，15 家国家级火炬计划产业基地和农业示范园区，39 个国家级科技企业孵化器，5 个国家级试点产业技术创新战略联盟，天津市重点实验室 107 个，天津市企业重点实验室 111 个，天津市市级工程技术中心（含筹建期）219 个，国家级高新技术企业 3265 家，天津市领军企业产学研用创新联盟 30 个。2016 年，以国家超算天津中心作为信息技术综合支撑，联合 2 家信息化科研机构（国家 CIMS 工程中心、天津市 CIMS 中心）和 5 家先进制造技术研发与装备生产企业（天津深之蓝海洋设备科技有限公司、一飞智控（天津）科技有限公司、天津膜天膜科技股份有限公司、天津通宝科技发展有限公司、亿昇（天津）科技有限公司），建成了天河先进制造创新联合实验室。

天津技术交易市场日益完善，技术市场交易规模稳步增长，有力地推动了技术与科研成果的市场化，有助于技术创新效率的提升，推动了供给侧结构性改革，并为大众创业、万众创新提供了有力支撑。

天津市技术交易市场交易规模稳步增长，技术市场流动性增强。2016 年，各类技术合同达 13060 项，合同金额与技术交易额分别达到了 602. 32 亿元和 435. 70 亿元，见图 2-1。2011—2016 年技术合同数、合同金额和技术交易额年均增长率分别达到了 3%、29%和 32%。单笔合同平均成交金额也由 2011 年的 146. 33 万元提高到了 2016 年的 428. 26 万元。

技术服务是科技人员研发能力转移、研发设备开放共享的重要形式，主要包括技术中介服务和技术培训服务。2016 年，天津市技术服务合同项目数占比 42. 71%，合同金额占比达到 67. 10%。

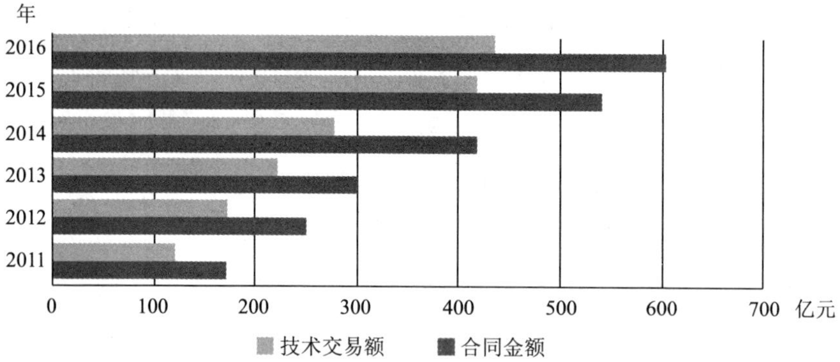

图 2-1　2011—2016 年天津市技术交易合同金额及技术交易额

（资料来源：根据 2012—2017 年《天津科技统计年鉴》数据绘制。）

天津作为“中国创新驿站”基层站点首批试点城市，技术市场形成了由区域站点、基层站点、“创新驿站”专业化服务站点、国家级技术转移示范机构、技术转移机构、国际联合技术研发中心、技术经纪人等构成的多层级技术市场网络，技术转移生态链不断完善，技术市场日益成熟。北方技术交易市场是国家级常设技术市场，开展以科技信息服务、科技咨询服务、技术对接服务、科技会展服务、科技金融服务、科技招商服务和国际合作服务为主体的技术转移全程服务，以国家 863 计划产业化为促进中心、国家 863 成果展示交易平台为核心完善技术创新服务平台，以“创新驿站”和欧洲企业服务网络建设为基础，构筑创新服务体系，构建推进区域、国际技术转移的公共服务平台。2011 年，中国首家知识产权交易所——天津滨海国际知识产权交易所有限公司注册成立。2014 年，天津市开始筹建天津滨海国际技术转移中心。2017 年，成立了天津泰普沪亚知识产权流转储备中心，致力医药技术的转移与转化。为了进一步推动京津冀三地的科技协同创新，成立了京津冀技术转移协同创新联盟。

2.1.3　创新要素不断积累

人才是创新发展的第一资源，创新能力竞争的核心是人才的竞争。先进制造研发基地建设离不开科研人员，也离不开科技人才队伍的建设与资金支持。近年来，天津市科技活动人员数量逐年递增，2012 年和 2013 年增长较快，增长率达到了 12%。截至 2016 年，天津市拥有中国科学院院士 17 名，中国工程院院士 20 名。如图 2-2 所示，2015 年，天津每 10 万人参与研发人员数约为 9.57 人，每 10 万人参与创新中介从业人员数为 5.73 人，与其他八省/直辖市相比，仅低于北京，高于广东、上海等省/直辖市。至 2017 年底，天津市累计引育高端人才 10519 人、引进留学回国人员 4030 人、高层次外国专家 4700 人次。

科技创新及其大规模应用需要大量资金支持。天津市研究与试验发展经费支出由 2011 年的 297.76 亿元提高到了 2016 年的 537.32 亿元，年均增长率达到 12.7%；研究与试验发展经费支出与 GDP 的比重由 2011 年的 2.63%提高到了 2016 年的 3%。天津市高技术产业 R&D 活动经费内部支出由 2011 年的 33.69 亿元提高到了 2016 年的 62.06 亿元，年均增长率为 16.3%；固定资产投资额从 2012 年的 314.1 亿元提高到了 2016 年的 429.8 亿元，其中 2015 年增长最快，年增长率达到 29%。如图 2-3 所示，2016 年，天津高技术产业施工项目个数为 628 个，远高于北京和上海；天津高技术产业投资额达到了 430 亿元，是北京的 2.2 倍、上海的 1.8 倍。

技术要素持续向先进制造产业集聚。2011 年以来，天津市技术要素持续集聚于先进制造领域。先进制造业 R&D 经费占制造业 R&D 经费的比重超过 50%，尤其是计算机通信和其他电子设备制造业占比达 9%；先进制造业 R&D 人员占制造业 R&D 人员的比重基本保持在 60%左右，专业设备制造业 R&D 人员占比在 9%以上，计算机通信和其他电子设备制造业 R&D 人员占比在 9%左右。

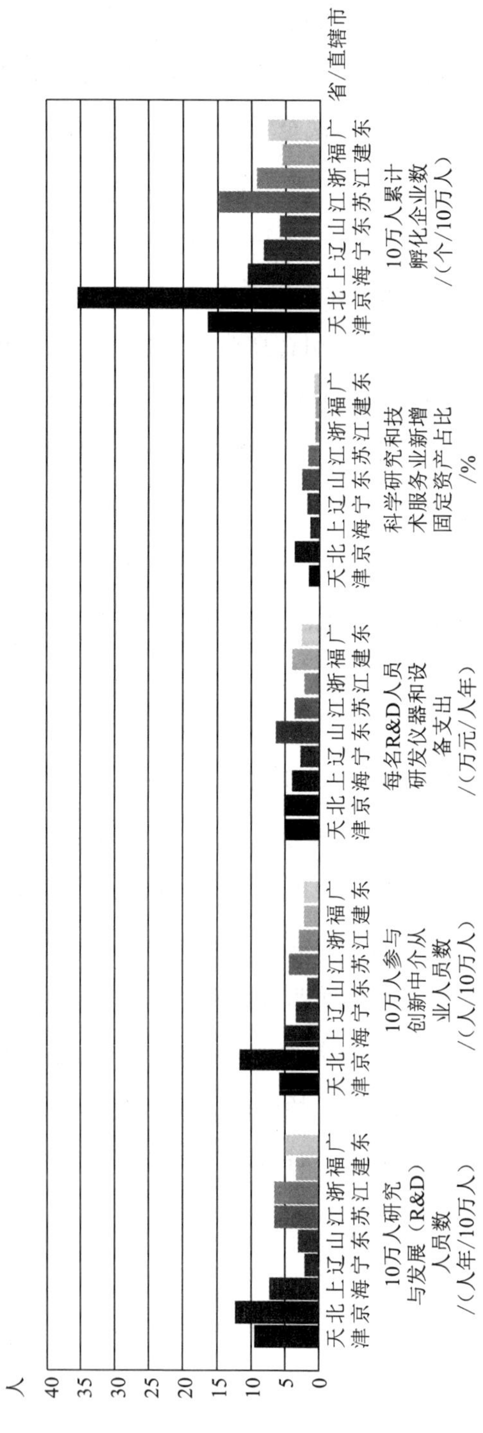

图2-2　沿海九省/直辖市研发情况比较

（资料来源：根据《2017天津科技统计年鉴》数据整理。）

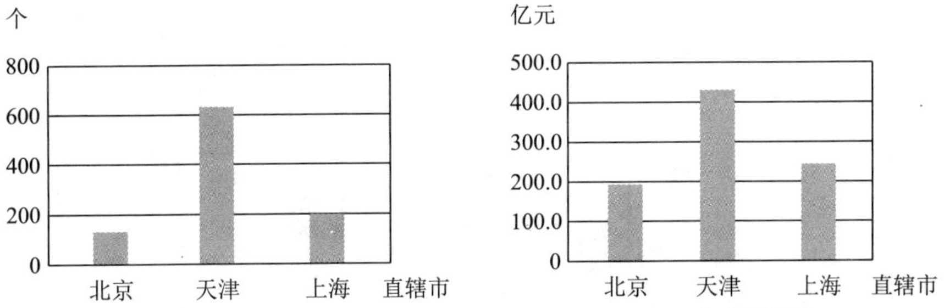

（A）施工项目　　（B）投资额

图 2-3　2016 年京津沪高技术产业固定资产投资施工项目个数与投资额比较

（资料来源：根据 2017 年《天津科技统计年鉴》《中国科技统计年鉴》等数据绘制。）

从技术市场交易的行业来看，技术市场交易的主要领域为电子信息技术、先进制造技术、生物医药和医疗器械技术、新能源与高效节能、环境保护与资源综合利用、新材料及其应用、航空航天技术等先进制造领域。如图 2-4 所示，2016 年，天津市先进制造产业的技术交易合同达到 8336 项，占天津市技术交易合同总数的 63.83%，合同金额 440.43 亿元占比达到了 73.12%。先进制造业的技术交易合同数占比稳定在 60%左右，最高时达到了 72.32%（2012 年）；先进制造业技术交易合同金额稳定在 66%以上，最高时达到了 79.52%（2014 年）。从各技术领域来看，新能源与高效节能技术交易合同金额增长较快，占比由 2011 年的 6.8%提高到了 2016 年的 21%。如图 2-5 所示，2016 年，电子信息技术、先进制造技术、生物医药医疗技术交易合同数量占比居于前三位，占比分别为 24.2%、11.9%和 8.9%。

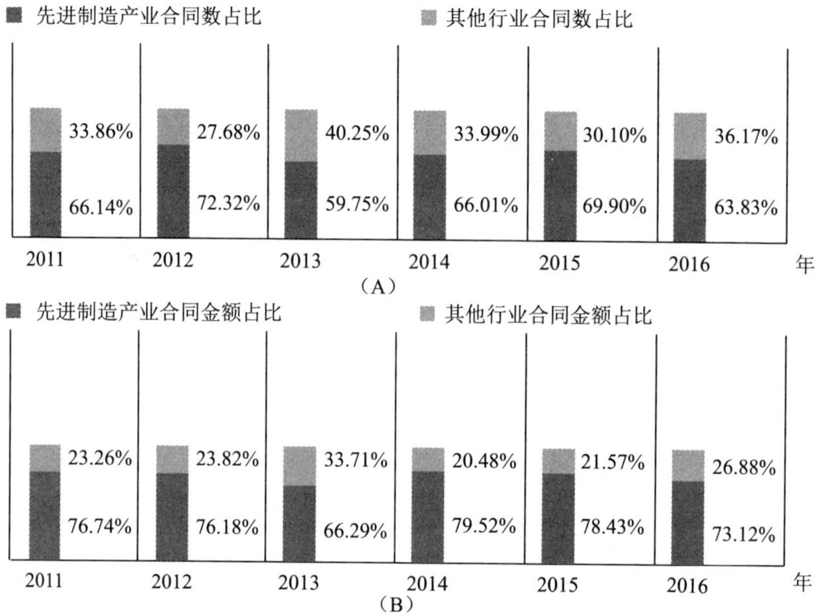

图 2-4　2011—2016 年天津市先进制造业与其他行业技术交易合同数与合同金额占比

（资料来源：根据 2012—2017 年《天津科技统计年鉴》《天津统计年鉴》等数据绘制。）

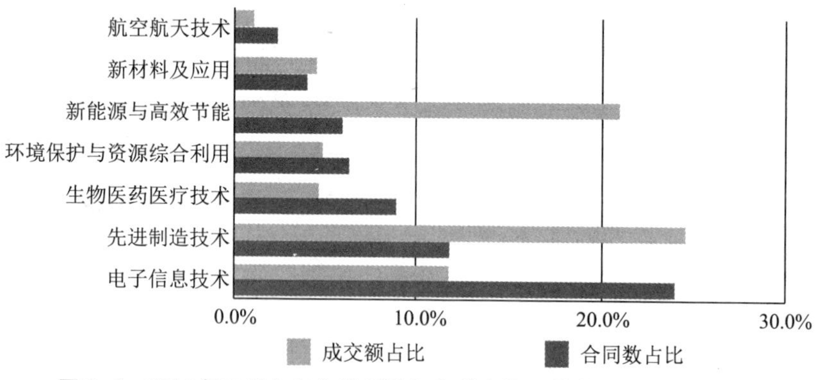

图 2-5　2016 年天津市各先进制造行业成交额和技术交易合同数占比

（资料来源：根据 2017 年《天津科技统计年鉴》《天津统计年鉴》等数据绘制。）

2.1.4　产业集聚效应初步显现

目前，天津市已经形成了两大创新型产业集群——北辰高端装备制造创新型产业集群和天津高新区新能源创新型产业集群。2016 年，两大集群内企业共有 388 家，年末从业人数达到了 11.69 万人，实现净利润 115.1 亿元，当年获得发明专利授权 436 个。天津市下列产业链也在不断优化与完善。

1. 新能源汽车产业链

新能源汽车产业是天津先进制造的亮点之一。天津市在新能源汽车制造的大部分环节均具有较大的比较优势，产业体系相对完备，带动效果明显。如图 2-6 所示，产业链条从上游的电池材料、动力电池、电控系统、驱动电机，到新能源汽车整车制造，再到新能源汽车后服务，比较完整。

在整车生产及研发方面，天津市拥有国能新能源汽车、恒通华泰汽车、比亚迪（天津）生产基地、天津清源、扫地王（天津）公司、天津一汽丰田、天津一汽夏利、天津恒天、艾康尼克、国宏汽车等企业。其中，国能新能源汽车天津基地除了整车制造业务外，还具有电池开发等研发能力，拥有先进驾驶辅助系统等 11 个实验设备和测试系统、1 个新能源汽车状态实时监控系统平台。

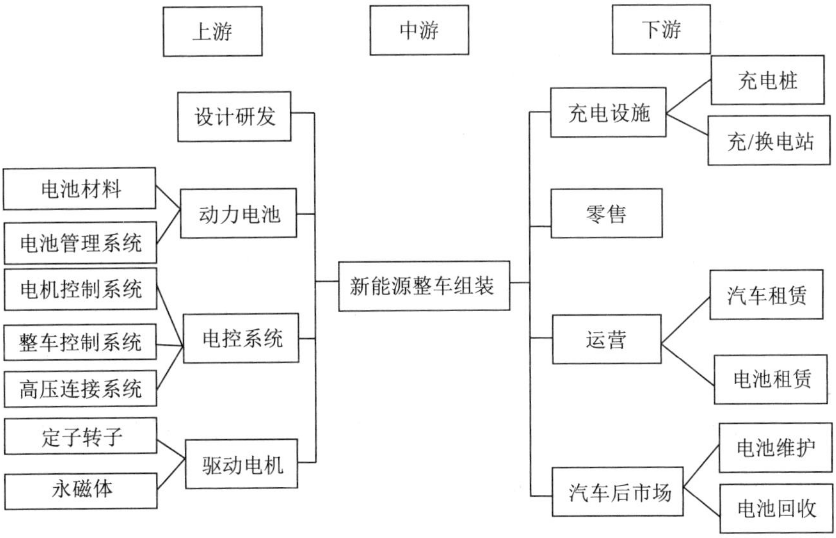

图 2-6　新能源汽车产业链

在整车龙头企业带动下，各零部件企业就近布局、集聚发展，形成了较为完善的配套体系，并辐射全国范围内的整车生产企业，实现了整零协同、以零促整、协调发展。① 在电池材料方面，天津市有龙头企业巴莫科技、汇安汇、天津东皋膜技术等，带动了天津市电池材料产业的发展。巴莫科技在氧化钴核心技术领域处于国际先进水平，是国内规模最大的锂离子电池正极材料生产企业。在这些龙头企业的强力带动下，天津市涌现出一批电池材料生产研发企业，如贝特瑞、金牛、蓝天太阳等。在动力电池研发生产方面，天津市拥有力神电池、恒电公司、国安盟固利、比克国际等公司。2016 年，天津力神电池出货量 1.8 Gwh，产值达 40 亿元，在全球锂动力电池企业出货量排名中居于第 7 位。2017 年，天津高新区与曼彻斯特大学英国国家石墨烯研究院合作，在天津成立了石墨烯工程技术中心，围绕电动汽车、新材料等领域开展合作研发、平台共享、人才培养等工作。其他关键零部件方面，天津市拥有天津松正、科斯特、德科汽车、华兴电机、迈特赫、奥柯思等一系列新能源汽车配套企业。天津松正公司开发了公交插电式混合动力系统。中国汽车技术研究中心在纯电驱动系统、动力电池、电磁兼容、整车碰撞试验等检测方面达到了国际先进水平。2017 年，天津市规模以上汽车零部件企业主营业务收入是整车企业主营业务收入的 1.3 倍以上，优于全国平均水平（0.8 倍）。

汽车后服务方面，天津拥有广麟电源装备、泽旺能源科技等研发生产公司，主要生产研发充电桩等设备；拓鑫力神、轩悦行、国网天津市电力公司等主要是电动车租赁企业。目前，天津建成了公共充电桩 1.1 万个，中心城区及滨海新区基本形成了 2 千米半径的公共充电网络，近 50 个居民小区新建充电桩 100 个，天津市辖区高速公路服务区快充站均已建成，京津冀高速公路充电服务网络实现无缝对接，充电基础设施建设稳步推进。

---

① 天津市落实汽车产业中长期发展规划实施方案［EB/OL］.（2018-07-04）［2019-05-08］. http://www.tjec.gov.cn/tzgg/64791.htm.

2. 航空航天产业链

空客项目带来了天津航空产业链的延伸。西飞机翼、古德里奇发动机短舱、左迪雅戈航空座椅、波音复合材料诸多零部件生产商引入天津，目前空港已经引进了 60 多个高端航空制造和维修项目，200 多个航空服务项目，如加拿大庞巴迪，美国古德里奇，法国卓达宇航，瑞士宜捷，中国四川海特、海航技术、航新科技、中航锦江等项目设立了飞机维修基地，建立了包含航空整机制造、零部件生产、整机和零部件维修、航空服务、航空运营、航空金融、航空培训的产业链条，产业链不断完善。

航天领域，航天机电、航天瑞莱、航天睿特等一批高技术企业落户天津。除此以外，一大批国家级航空航天研究院所来津落户。中国运载火箭技术研究院、中国空间技术研究院、中国空气动力技术研究院、中国直升机研究所在天津建立了研发试验基地，中国民航客机产业化基地、天津大学航空航天产业研究院相继成立。天津市十几家科研单位和企业参与载人航天、探月工程、二代导航、大型飞机等国家航空航天领域重大工程研制，在空间电源、惯性制导、卫星通信导航、复合材料等领域形成了创新优势。

天津本土配套企业供应能力增强，竞争力大大提高。天津赛象科技股份有限公司于 2007 年开始承担空客 A320 系列飞机天津总装线专业大部件运输工装夹具的生产，2013 年成功竞标空客美国总装线夹具项目。2009 年开始，空客天津公司授权天津华翼蓝天科技有限公司使用它们的知识产权数据包，生产 A320 飞行模拟机。目前，国际授权的企业不超过 5 家，华翼是中国唯一一家。赛闻（天津）工业有限公司从 2010 年开始与空客天津合作，主要负责飞机零部件小夹具包装供应、德国往返天津的周转管理以及空客合资厂现场包装的维修、维护。2014 年，该公司也中标空客美国总装线相关项目，成为空客美国总装线的供应商。

2.1.5 中小企业作用突出

2016 年，天津市高技术产业中，小微企业达到了 392 家，主营业务收入占比达到了 16.33%，新产品开发项目数、新产品产值分别占全市的 48.27%和 20.58%。如图 2-7 所示，从研发情况来看，有研发活动的大型高技术企业占该类型企业数的比例为 63.16%，中型企业和小微企业有研发活动企业数占各自类型企业数的比例分别为 57.45%和 48.47%。这表明，从现实经济来看，小微企业尽管从资金实力上无法与大型企业相比，但其研发活动十分活跃，研发积极性也比较高。

2016 年，高技术产业中大型企业的 R&D 研发人员数量占高技术产业 R&D 研发人员数量的比例达到了 49.34%，但是其专利申请占比、发明专利占比、有效发明专利占比均较低，分别为 24.74%、29.23%和 32.01%。而小微型企业尽管 R&D 人员占比仅为 28.67%，但其专利申请占比、发明专利占比、有效发明专利占比均高于大型企业，分别达到了 49.74%、42.23%和 48.72%。小微企业表现出较高的研发效率。

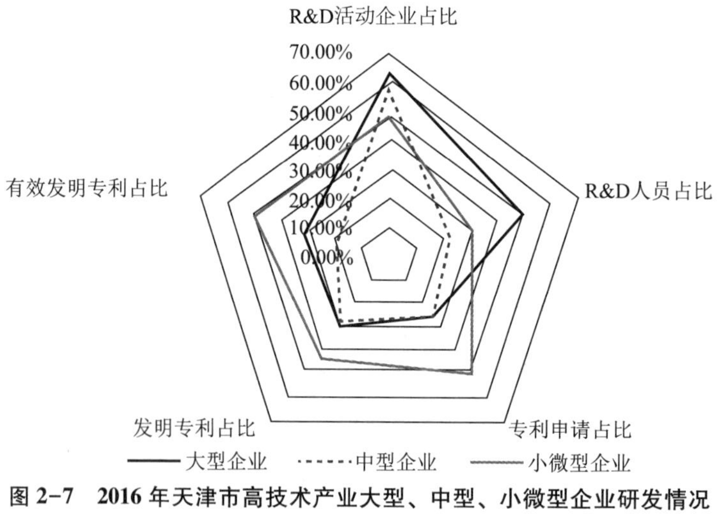

图 2-7　2016 年天津市高技术产业大型、中型、小微型企业研发情况

（资料来源：根据 2017 年《天津科技统计年鉴》《天津统计年鉴》等数据绘制。）

2010 年开始实施的科技“小巨人”成长计划效果显著。到 2016 年，天津市近 9 万家的科技型企业中，年产值超过亿元的科技“小巨人”企业有近 4000 家。① 到 2016 年 9 月，天津市科技“小巨人”企业主营业务收入、利润、税金增速分别高于天津市平均水平 3.9 个、27.4 个和 11.5 个百分点，工业科技“小巨人”总产值占规模以上工业企业总产值比重达到 51.5%。2017 年，新增科技“小巨人”企业 420 家，累计达到 4228 家。松正、长荣印刷、天士力等一批专利授权数量超百的领军企业成为天津市先进制造研发基地建设新引擎。

2.2 劣势分析

2.2.1 产业集聚度仍然偏低

2016 年，天津市高技术产业的企业个数为 533 家。从高技术产业生产经营情况来看，如图 2-8 所示，天津市高技术产业主营业务收入为 3762 亿元，占全市规模以上工业企业主营业务收入的 14.53%。广东高技术产业主营业务收入占比较高，达到了 29.24%，比天津高出近 15 个百分点，高技术产业主营业务收入是天津的 10 倍。

通过测算区位熵，发现天津在石油加工、炼焦和核燃料加工业，汽车制造业，铁路、船舶、航空航天和其他运输设备制造业方面区位熵较高；在航空航天器制造业领域，表现出一定优势，该领域企业有 17 家，主营业务收入占比 13.29%，但天津主要作为加工组装总成基地；通用设备制造业和专业设备制造业区位熵也大于 1，与江苏、上海接近，且高于北京和广东。

① 天津科技型企业总数近 9 万家 科技“小巨人”企业近 4000 家［EB/OL］.（2017-02-08）［2019-05-08］. http：//www. most. gov. cn/dfkj/ tj/zxdt/201702/t20170208_ 130815. htm.

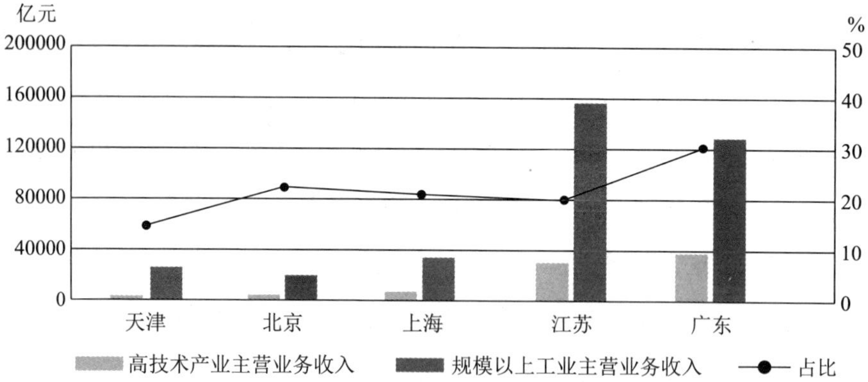

注：高技术产业包括医药制造、航空航天器及设备制造业、电子及通信设备制造业、计算机及办公设备制造业、医疗仪器设备及仪器仪表制造业、信息化学品制造业六大类。

图 2-8　2016 年天津、北京、上海、江苏、广东高技术产业主营业务收入情况

（资料来源：根据 2017 年《中国科技统计年鉴》和各省/直辖市统计年鉴等数据绘制。）

但在化学原料及化学制品制造业、医药制造业、电气机械和器材制造业、计算机通信和其他电子设备制造业、仪器仪表制造业方面，区位熵均小于 1，普遍低于北京、江苏、上海和广东，集聚度偏低。广东、江苏、上海三省/直辖市计算机、通信和其他电子设备制造业的主营业务收入分别占全国的 33. 2%、19. 5%和 5. 2%，天津占比仅为 2. 1%；江苏省医疗设备及仪器仪表制造业占全国该行业的 38. 1%，天津占比为 0. 94%；山东、江苏两省医药制造业优势突出，主营业务收入分别占全国的 16. 1%和 13. 7%，天津占比仅为 2. 01%。其中的医药制造业、电气机械和器材制造业、计算机通信和其他电子设备制造业、仪器仪表制造业也正是先进制造研发基地建设中不可或缺的重要产业基础。区位熵测算结果详见表 2-3。

表 2-3　天津、北京、江苏、上海、广东五省/直辖市部分制造业区位熵比较

产业	天津	北京	江苏	上海	广东
石油加工、炼焦和核燃料加工业	1. 550	0. 924	0. 445	1. 125	0. 553
汽车制造业	1. 313	3. 778	0. 719	2. 691	0. 727

续表

产业	天津	北京	江苏	上海	广东
铁路、船舶、航空航天和其他运输设备制造业	2.793	1.229	1.368	1.377	0.575
通用设备制造业	1.113	0.646	1.391	1.876	0.675
专业设备制造业	1.114	0.866	1.255	1.084	0.633
化学原料及化学制品制造业	0.692	0.222	1.503	1.050	0.615
医药制造业	0.816	1.825	1.012	0.893	0.469
电气机械和器材制造业	0.743	0.583	1.716	1.014	1.507
计算机通信和其他电子设备制造业	0.865	1.307	1.425	1.910	2.856
仪器仪表制造业	0.297	1.720	2.885	1.353	0.894

资料来源：根据2016—2017年《中国科技统计年鉴》和各省/直辖市统计年鉴等数据测算。

聚集度偏低，意味着天津在电气机械和器材制造业、计算机通信和其他电子设备制造业、仪器仪表制造业形成的集群偏少，未能形成优势、强势地位，表明天津在上述产业缺少龙头企业或龙头企业在产业发展中的辐射和带动能力不强。集聚效应低，往往意味着企业获得专业化服务、专业化生产要素方面的成本较高，也容易出现交易成本较高的问题，说明天津在上述产业的空间维度和产业门类上有进一步拓展的空间。

2.2.2 大部分行业产业链尚不完整

天津先进制造业在一些领域已经形成了相对完备的产业体系，但产业链还不够完整，很多企业都是“两头在外”。天津劳动密集型生产组装企业较多，研发设计、原材料供应主要依靠其他地区或进口，甚至价值链后端的销售等环节也依靠天津以外的企业，尤其是跨国公司掌握着产业高端增值服务部分。如电子信息产业，天津市传感器网络及智能信息处理、高端通用芯片和嵌入式芯片、宽带无线移动通信产品生产厂家少，竞争力弱。汽车领域，汽车电子、内饰件、变速箱、温度控制与空调系统生产厂商规模较小，研发设计环节高度依赖其他地区或进口。天津需改变研发设计环节对外高度依赖的现状，通过对全国先进制造研发基地的打造，提升研发能力，推动京津冀协同发展规划的实现。

2.2.3 创新效率偏低

1. 专利产出率较低

专利产出率是衡量一个地区研发创新效率的重要指标之一，等于国内专利授权量与国内专利申请量之比。由于发明专利从申请到授权一般有 3 年的时间，因此发明专利申请量选取的是 2013 年的数据。而实用新型和外观设计一般为 1 年，因此选取的是 2015 年的国内实用新型和外观设计申请量。国内专利授权量采用 2016 年的数据。整体专利产出率为发明、实用新型和外观设计三种专利的专利产出率平均数。从专利产出率测算的情况来看，如图 2-9 所示，天津市整体专利产出率为 55.31%，在沿海十省/直辖市中位于倒数第二名，意味着申请的专利质量不高。其中，发明专利产出率为 23.63%，在沿海十省/直辖市中位于最后一名，与其他发达省/直辖市存在较大差距。

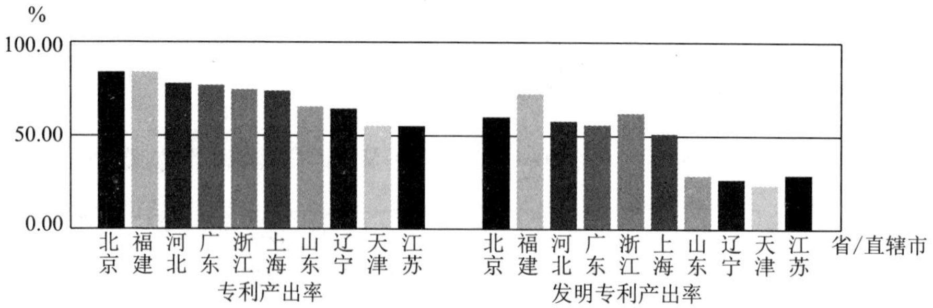

图 2-9 十省/直辖市专利产出率比较

（资料来源：根据 2014—2017 年《中国科技统计年鉴》和各省/直辖市统计年鉴等数据绘制。）

2. 技术创新效率偏低

考虑到数据的连续性，本部分选择 24 家行业范围属于先进制造业的天津上市企业，对其技术效率进行测算。这 24 家企业涉及汽车配件、化学制药、生物制药、中成药、电气设备、轻工机械、专用机械、环境保护、电脑设备、通信设备、医疗器械、元器件半导体等领域，具有较强的代表性。上市企业包括天汽模、力生制药、赛象科技等。创新效率评价标准见表2-4。

表2-4　基于综合效率值的创新效率评价标准

指标区间	效率评价
1	好
[0.8，1)	较好
[0.4，0.8)	一般
[0.2，0.4)	较差
[0，0.2)	差

利用二阶段DEA模型，对24家天津市先进制造业企业2015年和2016年的技术效率值进行测算后发现，与2015年相比，2016年天津市上市先进制造业企业研发阶段综合技术创新效率出现下降，平均值降为0.370，低于0.4。创新效率较低，仍然处于不效率水平，距离创新有效还有一定的差距，说明天津市先进制造业企业研发阶段的技术创新活动并没有达到最优，在资源配置能力、资源使用效率等方面还存在较大不足。将创新不效率产生的原因进行分解，发现纯技术效率均值为0.460，说明在技术因素上也处于不效率水平，创新能力一般。规模效率均值为0.740，明显高于纯技术效率，说明天津市先进制造业企业规模整体接近生产规模最优水平。综合技术效率值低的主要原因是投入资源的低效使用，而非规模不足。

2016年，仅经纬电材、长荣股份和创业环保3家企业为完全有效率的先进制造业企业，说明这3家企业综合技术创新效率的投入和产出整体上处于最优状态。16家上市企业的综合技术创新效率低于0.4，表明大多数企业的综合技术创新效率较差，研发投入的资源利用效率极低。

2.2.4 基础研究投入不足

基础研究体现的是面向科学前沿的原始创新能力，是建设创新型国家的根本动力和源泉。从科技创新的链条来看，基础研究是天津市整个创新链条的短板。

如图 2-10 所示，2016 年，天津基础研究支出金额为 30.27 亿元，北京和上海基础研究支出金额分别达到了天津的近 7 倍和 2.6 倍，为 211.17 亿元和 77.63 亿元。天津基础研究支出占 R&D 经费的 5.6%，北京和上海分别达到了 14.22%和 7.40%，高于天津。与其他国家相比，典型创新型国家的基础研究支出占 R&D 经费的比例基本在 10%以上，如美国基础研究支出占 R&D 经费的比例为 17.2%，日本、英国分别为 12.5%和 16.9%，均是天津的近 2~3 倍。

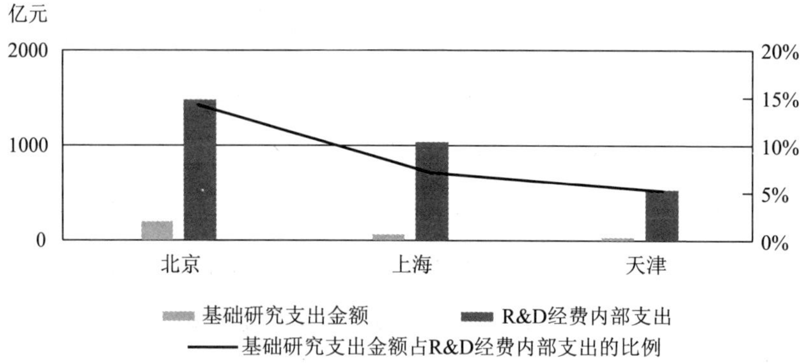

图 2-10　2016 年京津沪基础研究支出金额及其占比

（资料来源：根据 2017 年《中国科技统计年鉴》和各直辖市统计年鉴等数据绘制。）

近年来，天津市科研院所与高校的基础研究支出金额增长迅速。2016 年，科研院所和高校的基础研究经费支出占 R&D 经费内部支出的比重分别达到了 8.7%和 38.22%。但是，规模以上的企业基础研究支出严重不足，2016 年仅为 1676 万元，仅占 R&D 经费内部支出比重的 0.05%，与发达国家相比，差距甚大。

从人员投入来看，2016年天津市基础研究人员全时当量为5524人/年。北京为46337人/年，是天津的8.4倍；上海为20680人/年，是天津的3.7倍。天津市R&D基础研究人员折合全时当量占比为4.63%，其中科研院所和高校R&D人员折合全时当量占比分别达到了7.77%和40.46%，而规上企业R&D人员折合全时当量占比仅为0.06%。

北京、西安、武汉等地通过科研院所、高校或龙头企业牵头，创建了国家级制造业创新中心，其中，北京、西安、武汉、沈阳、广东各1家、上海2家，天津没有。国家级制造业创新中心建设情况见表2-5。目前，天津仅有1家市级现代医药的制造业创新中心正在建设中，但是调研发现，该创新中心建设过程中还存在成员单位为了规避风险，工作积极性不高、重项目申报轻研发、创新中心与各成员单位间研发活动协调性不强等不足。

表2-5 国家级制造业创新中心建设情况

创新中心名称	所在地区	参与各方
动力电池创新中心	北京	北京有色金属研究总院、天津力神、一汽、东风、长安、上汽、北汽、华晨、广汽等
增材制造创新中心	西安	西安交通大学、西北工业大学、北京航空航天大学、华中科技大学、清华大学、西北有色金属研究院、宁夏共享集团、神舟航天软件公司、机械科学研究总院等
信息光电子创新中心	武汉	“公司+联盟”的运营模式，由光迅科技、烽火通信、亨通光电等国内多家企业和研发机构共同参与建设，成立了光电子发展联盟，汇聚了包括华为技术、清华大学在内的25家成员单位
机器人创新中心	沈阳	哈尔滨工业大学、沈阳智能机器人国家研究院有限公司、中科院沈阳自动化研究所、新松公司等14家股东单位
印刷及柔性显示创新中心	广东	广东聚华印刷显示技术有限公司、深圳华星光电、华南理工大学、华中科技大学、中国科学院福建物质结构研究所等22家骨干企业、高校及科研院所

续表

创新中心名称	所在地区	参与各方
集成电路创新中心	上海	上海集成电路制造创新中心有限公司、复旦大学、中芯国际和华虹微电子等
智能传感器创新中心	上海	上海芯物科技有限公司、上海新微技术研发中心有限公司、中电海康、上海国际汽车城、格科微电子、苏州晶方半导体、福建上润精密仪器、华立科技、郑州炜盛电子、杭州士兰微电子、常州波速传感器、北京中科微等

在国家级企业技术创新中心建设中，天津市在全国排名居第 12 名左右，与上海、北京差距较大；天津市级企业技术创新中心仍然主要分布于传统制造产业，电子信息、新能源、生物制药产业较少。这与天津市建设全国先进制造研发基地的定位不相匹配，亟须弥补差距。

综上所述，目前天津基础研究经费投入不足的局面尚未实现根本转变。企业基础研究投入不足成为天津企业发展的一大短板。基础研究周期长，投资大，短期收益低，向应用转化更需要一个较长的时期，这也成为企业基础研究积极性低的主要原因。

2.3 机会分析

2.3.1 全球兴起的科技革命和中国先进制造业战略规划

为了创造本国国际竞争新优势，平衡实体和虚拟经济，确保技术领域的国家安全，2009 年美国提出了“再工业化”战略，2013 年 4 月德国提出了“工业 4.0”战略，部分制造业跨国公司开始出现回归母国的趋势。与此同时，越南、印度等国利用劳动力充裕的优势，吸引制造业企业向其转移，中国制造业面临巨大挑战。当前的中国亟须由“制造大国”向“制造强国”，由“中国制造”向“中国创造”“中国智造”转变。

在全球兴起的科技革命和产业变革背景下，2015 年，中国提出了《中国制造 2025》计划，先进制造成为提升国家综合实力和国际竞争力的关键。天津在《京津冀协同发展规划纲要》中被定位为全国先进制造研发基地，承担着建设研发制造能力强、辐射带动作用明显的全国先进制造研发基地的重要任务。国家层面对先进制造业发展的高度重视，为天津建设全国先进制造研发基地提供了一个良好的国内政策环境。

与此同时，江苏、浙江、广东、山东、北京等省/直辖市也纷纷推出了先进制造业基地建设的意见和方案。例如，江苏《关于建设具有国际竞争力的先进制造业基地的意见》和《浙江省人民政府关于推进先进制造业基地建设的若干意见》等，这些省/直辖市关于先进制造基地建设的意见和措施，也给天津推动全国先进制造研发基地建设提供了经验借鉴。

2.3.2 京津冀协同发展不断推进

2015 年，《中华人民共和国国民经济和社会发展第十三个五年规划纲要》指出："以区域发展总体战略为基础，以一带一路建设、京津冀协同发展、长江经济带建设为引领，形成沿海沿江沿线经济带为主的纵向横向经济轴带。"同年 4 月，中共中央政治局召开会议，审议通过了《京津冀协同发展规划纲要》。该规划纲要对京津冀三地进行了明确定位。北京市被定位为"全国政治中心、文化中心、国际交往中心、科技创新中心"，天津市被定位为"全国先进制造研发基地、北方国际航运核心区、金融创新运营示范区、改革开放先行区"，河北省被定位为"全国现代商贸物流重要基地、产业转型升级试验区、新型城镇化与城乡统筹示范区、京津冀生态环境支撑区"。天津建设全国制造研发基地不是区域性的，不仅仅是辐射京津冀区域，而是全国性、国家层次的定位。

京津冀城市群是我国智力资源最为密集的地区之一，汇集了众多高等院校、科研院所，集聚了知识资本和人力资本，集中了全国 1/3 的国家重点实验室和工程技术研究中心，拥有超过 2/3 的两院院士，聚集了以中关村国家自主创新示范区为代表的 7 个国家高新区、7 个国家级经济技术开发区，在生产性科技研发、港口贸易、金融保险业方面具有独特优势。① 2017 年 11 月，京津冀科研院所联盟成立。该联盟由北京科技大学、天津航天机电设备研究所、河北省科学院等 91 家机构组成，旨在调动京津冀优质科技资源，打造协同创新服务平台，促进科技与区域经济的融合，全面服务京津冀协同发展。京津冀科研院所联盟的成立为京津冀创新能力的提升、科研的协同发展做出了有益的尝试。

京津冀城市群的创新资源主要汇集于京津两地。本章用创新集中度分析京津冀城市群的创新结构。创新集中度等于专利授权量在整个城市群中所占的比例。从测算结果来看，在京津冀城市群中，北京和天津两座城市整体创新集聚程度较高，创新集中度达到了 81.5%，说明北京和天津两座城市集聚了京津冀城市群 80%以上的创新资源。尤其是北京，创新集中度达到了 58.43%，创新优势更加明显。与此同时，京津冀创新互动有所增强。2016 年，北京技术交易中由北京流入天津的技术合同数占比为 3.82%，合同金额占比为 2.81%；由天津流入北京的技术合同占比为 6.92%，合同金额占比为 7.59%。创新资源集聚京津冀城市群，为京津冀协同创新奠定了良好的基础。

中关村深入贯彻《京津冀协同发展规划纲要》等相关文件的精神和要求，推动中关村各类创新主体聚焦“4+*N*”重点领域，打造京津冀协同创新共同体。2016 年，《中关村国家自主创新示范区京津冀协同创新共同体建设行动计划（2017—2018 年）》发布实施。2016 年，天津滨海—中关村科技园揭牌成立。目前，曹妃甸示范区在建北京项目共计 35 个，总投资达 871.53 亿元。2016 年 4 月，中关村发展集团与天津宝坻区政府签署了

① 李峰．雄安新区与京津冀协同创新的路径选择［J］．河北大学学报（哲学社会科学版），2017，42（6）：63-68.

项目合作备忘录，制定了《宝坻京津中关村科技城行动计划》。2016年12月，天津京津中关村科技城发展有限公司正式成立。截至2018年6月，中关村的企业在天津和河北建立的分支结构达7224家，其中，在天津建立了3192家，2018年新增了192家。

2.3.3 知识密集型生产服务业快速发展

天津市服务业发展迅速，2016年第三产业生产总值占比达到了56.4%，生产性服务业产值呈现出明显的上升趋势。2016年天津市生产性服务业生产总值在第三产业中占比达到69.2%。如表2-6所示，知识密集型生产服务业生产总值由2011年的1538.87亿元，提高到了2016年的4003.27亿元，增长率达到160%。其中，增长最快的是租赁和商务服务业，2011—2016年租赁和商务服务业生产总值增长率达到了近231%。科学研究和技术服务业生产总值增长速度也比较快，2016年提高到了913.35亿美元，2011—2016年增长率约为175%。

表2-6 2011—2016年天津市生产服务业生产总值

单位：亿元

年份	知识密集型生产服务业生产总值					生产服务业生产总值
	生产总值合计	信息传输、软件和信息技术服务业	金融业	租赁和商务服务业	科学研究和技术服务业	
2011	1538.87	172.1	756.5	277.57	332.70	3634.86
2012	1896.53	176.61	1001.59	334.72	383.61	4260.42
2013	2463.43	196.14	1235.91	520.73	510.65	4951.92
2014	2895.32	220.49	1422.28	632.29	620.26	5566.75
2015	3370.31	268.23	1603.23	735.95	762.9	6169.44
2016	4003.27	378.52	1793.57	917.83	913.35	6985.12

注：生产服务业包括批发和零售业，交通运输、仓储和邮政业，信息传输、软件和信息技术服务业，金融业，租赁和商务服务业，科学研究和技术服务业，其中，信息传输、软件和信息技术服务业，金融业，租赁和商务服务业，科学研究和技术服务业为知识密集型生产服务业。

资料来源：根据2012—2017年《天津统计年鉴》数据整理。

天津市各区围绕区域产业优势、功能定位、产业规划打造生产服务业集聚区，目前已具雏形。滨海新区依托国际生物医药联合研究院、药物研究院、生物技术创新中心等，初步形成了生物医药创新服务聚集区。滨海新区还引进了东软集团、腾讯、微软等知名服务外包企业，在云计算、物联网、软件开发等领域形成了产业集群。与此同时，伴随着航空航天装备产业的发展壮大，航空金融租赁、航空培训和航空物流也得到了快速发展。南开区形成了环天津大学、南开大学的知识经济圈，打造研发转化服务高地。河北区依托张兴庄、津浦、红星18等创意园区，形成了创意产业服务聚集区。红桥区依托中海油天津化工研究设计院、中船重工707所等龙头院所，聚集形成了检验检测等特色科技服务业。东丽区通过国家科技基础资源服务业基地、中关村海外科学园分园、检验检测园等平台建设，发展形成了以检验检测、研发转化、创业服务为主的科技服务业聚集区。2017年，天津工业云平台正式上线，为全市广大企业提供云应用服务，使服务效率提高了约30%，与传统方式相比，企业服务周期缩短了一半。

生产制造企业通过购买服务，获得技术服务、信息服务等，大大缩短了新产品从研发到上市的时间，实现了专业化分工。天津市知识密集型生产服务业的快速发展为有效促进制造业价值链的转型升级奠定了基础，有助于企业进行全方位的产品研发、营销、信息传输和咨询服务，提升制造业的技术创新能力，增强整体竞争力，推动全国先进制造研发基地的建设。

2.4 挑战分析

2.4.1 科技创新人才结构性短缺

天津市科技创新人才缺乏，尤其缺少高端技术人才和科技服务人才。

北京市科技资源丰富，高端人才政策优势明显，而天津市先进制造业和知识密集性生产服务业产业链条整体上并不完整，本地创新企业较少，人才政策协调性不强，导致中高层次人才来到天津后也可能会面临成长机会少、人员流动困难等问题。2018 年第二季度北京人才供需比为 1：1.2，而天津为 1.4：1，这能从一定程度上反映出，与北京相比，天津市人才就业机会相对较少。

北京市对人才具有很强的虹吸作用，天津市很难吸引并留住高层次科技人才。再加上天津市人均薪酬低于北京，技术人员收入分配方式不灵活，服务理念落后，更使得天津市对科技创新人才的吸引力不足。2017 年《中国统计年鉴》数据显示，天津市城镇非私营单位和私营单位就业人员平均工资分别为 9.45 万元和 5.97 万元，而北京市分别为 13.17 万元和 7.07 万元，分别超过天津市 3.7 万元和 1.1 万元。

2017 年上半年，天津人才净流入率为-2.31%，而杭州、深圳、成都则分别为 11.21%、5.65%和 5.53%。杭州海外人才净流入率也为全国城市第一名，2017 年 2 月提出的“全球聚才十条”，重点为外国人才招引、创业创新提供扶持。2017 年，杭州新增留学归国人员 3321 名，引进美国、德国、法国等外国人才项目 25 个。北京尽管人才流入难度比较大，但人才净流入率仍较高，达到了 4.38%。天津对高端人才的吸引力相对较差。2018 年，通过“海河英才”行动计划等人才政策，天津上半年人才流入率为 1.01%。但其中 44.14%来源于北京，有多少人才真正在天津就业，服务天津经济发展还有待验证。

从创新文化来看，天津市创新文化比较缺乏，缺少富有开拓精神、敢于冒险的企业家，“小富即安”的心理状态依然十分普遍，与浙江、江苏、广东等地相差甚远。

2.4.2 科研资金遇到瓶颈

1. 融资市场不活跃

天津先进制造企业通过 IPO 和定增实现融资的规模相对而言明显偏低，新三板挂牌公司数量与直辖市的城市地位并不匹配，对接资本市场的劲头较弱。2017 年，天津上市公司整体融资规模为 153 亿元，落后于浙江、江苏、四川等省份，在全国各省和直辖市排名中位于第 20 位。这些上市公司中涉及先进制造业的企业募资总额（含首发规模）只有 36 亿元。超过 1.1 万家新三板公司中，天津挂牌公司有 202 家，市值超过 20 亿元的挂牌公司仅 3 家。① 如表 2-7 所示，2016 年天津企业债券融资占比为 24.8%，低于北京 3.2 个百分点；非金融企业境内股票融资占比为 2%，与北京相差近 9 个百分点。天津的金融市场发展也比较慢，北京有证券公司 18 家，而天津只有 1 家。

表 2-7 2016 年天津和北京债券及股票融资占社会融资规模比重

项目	天津	北京
企业债券融资占比/%	24.8	28
非金融企业境内股票融资占比/%	2	10.9
两项合计/%	26.8	38.9

资料来源：王小伟．天津转型困局：产业失衡待解 会否沦为第二个东北？[EB/OL].（2018-01-30）[2018-02-02]. http://epaper.stcn.com/paper/zqsb/html/epaper/index/content_ 11003 48.htm.

2. 中小企业融资难

目前，天津市民营及中小企业在融资方面还面临着诸多困境。中小企业尤其是处于初创期的中小企业，由于自身规模小，留存收益往往有限，难以满足科技型中小企业的发展，因此更需要外源融资。但是，2016 年北

① 王小伟．天津转型困局：产业失衡待解 会否沦为第二个东北？[EB/OL].（2018-01-30）[2018-02-02]. http://epaper.stcn.com/paper/zqsb/html/epaper/index/content_ 1100348.htm.

京和天津金融机构各项存款余额分别为 13.84 万亿元和 3.01 万亿元，北京是天津的近 4.6 倍；各项贷款余额分别为 6.37 万亿元和 2.88 万亿元，北京约是天津的 2.2 倍：这从一定程度上反映出天津企业可贷资金的规模较小。

由于先进制造技术升级需要投入大量资金，且存在较高的风险，很多银行为了规避风险，向民营及中小科技企业的贷款十分谨慎。为了更好地保障资金所有者权益，银行通过强化权力，如提供抵押物、担保等方式，减少未来发生损失的风险。科技型中小企业一般为轻资产型企业，厂房和设备一般是通过租赁方式获得的，可以作为抵押物的固定资产较少；专利等无形资产作为抵押物时，银行对无形资产和企业价值、盈利能力的评估尚不完善，这必然导致中小企业融资困难。课题组研究认为，供应链融资是解决民营及中小企业融资困境的路径之一。

3. 财政扶持力度不高

从政府财政扶持来看，天津市财政对科技扶持力度不高。2016 年，天津市财政科技支出 125.17 亿元，占一般公共预算支出的比重为 3.38%，而北京为 4.46%，上海为 4.94%。从 2016 年 R&D 经费内部支出的资金来源看，天津市政府资金投入为 94 亿元，在全国排名第 10 位，而北京为 823 亿元，约是天津的 8.8 倍。天津市 R&D 经费内部支出中政府资金占比仅为 17%，在全国排名第 20 位，而北京为 54%，约是天津的 3.2 倍；上海为 36%，约是天津的 2.1 倍。

为了避免政府投资出现浪费现象，政府扶持设定了一定的门槛限制，获得政府基金扶持的企业多是表现出较强竞争力或处于成熟期的企业。例如，“科技小巨人成长计划”要求科技小巨人企业的认定条件为年销售收入在 1 亿元以上，拥有具有自主知识产权的科技成果、技术和产品，在细分行业内居于全国前 10 名，销售收入年增长率在 20%以上。在项目的评审和认定过程中，初创企业很难获得政府扶持。再加上市、区两级财政资金有限，因此天津市对初创期中小企业的扶持力度不大。

2.4.3 科技服务体系不完善

与北京、上海、深圳、苏州等城市相比，天津的科技服务、科技咨询企业较少，尚未建成完善的科技服务体系。目前，天津市科技中介机构间协调互动少，科技中介机构良莠不齐，缺乏高端中介人才，大部分中介机构仅能提供简单的信息服务。科技公共资源共享程度低，科技基础数据、科技管理信息等存在闲置、浪费现象，大型科学仪器设备利用率低。科技管理服务由不同政府职能部门承担，各部门间沟通不足，导致科技服务政策总体协调性不高，各自设定科技项目、出台相关政策，个别企业“钻空子”，多头申报项目。

除此以外，天津市专利制度改革还不够完善，检索和评价利用的成本较高，专利制度的有效正向激励作用较小，对创新成果的评价体系不规范、不完善。大量的研究停留在实验室、论文阶段，产品创新不能与论文等量齐观；对于创新成果的转化收益在研究机构与个人之间如何进行分配，缺乏规范化的政策；存在着大学和科技创新机构区域分割、重复建设等现象。这些现象表明，在创新要素转化为生产力方面，天津还存在着一些地域、制度、政策性的问题。

2.4.4 与京、冀产业融合度偏低

京津冀三地产业融合互动程度依然较低，三地分工协作的角色定位仍然不够清晰。《京津冀协同发展规划纲要》设想的“北京设计、天津研发、河北制造”的布局在多数领域还没有形成。京津冀地区的创新资源在各个城市被地域分割，大学之间、大学与研究机构之间缺乏有效联系，大学、研发机构与园区距离较远造成运输成本和时间成本较高。

天津处于北京与河北的夹层中，研发和政策优势不及北京，土地资源

与承接转化能力不及河北省。与河北、北京相比，如何突出天津的港口和人才优势，承接北京科研院所与机构的转移，实现三省/直辖市间的差异化发展十分迫切。

北京与河北的产业差异相对比较明显，协作程度较高。而天津与河北的产业类同现象较多，两省/直辖市均以生产、加工组装为主的产业模式还没有改变，在先进制造业发展过程中，存在着同质化竞争、产业趋同、发展战略重叠的问题。《河北省先进装备制造业“十三五”发展规划（2017—2020年）》提出，重点瞄准智能制造、先进轨道交通、汽车、新能源、航空、海洋工程、基础装备、工程与专用装备八大领域，发展先进装备制造业。《天津市工业经济发展“十三五”规划》提出，天津工业将围绕壮大先进制造业产业集群，着力构筑“10+3+8+2”产业新体系，涉及航空航天、集成电路、高性能服务器、海洋工程、特高压输变电、大型工程机械、轨道交通、高档数控机床、自动变速器、智能终端、基础元器件、生物医药和健康、节能与新能源汽车、新能源、新材料、机器人、三维（3D）打印设备、自主操作系统、国产数据库和软件、现代石化、现代冶金等行业。

2017 年 4 月，党中央与国务院宣布设立雄安新区。截至 2017 年底，一大批高端高新产业企业落户雄安新区，其中包括前沿信息技术类企业 14 家，中电科太赫兹智能感知核心芯片和器件产业化项目、清华大学国防科技高端实验室、达实智能等国内信息技术产业领先企业已经在雄安新区设立了研究机构。入驻企业和机构的还包括高端技术研究院 7 家、绿色生态企业 5 家，其他高端服务企业 7 家。2018 年 4 月，《河北雄安新区规划纲要》明确提出，实施创新驱动发展战略，积极吸纳和集聚京津及国内外创新要素资源，发展高端高新产业。未来，天津和河北都是有序疏解北京非首都功能的重要支点，如何避免与河北的恶性竞争，实现互补，是天津亟待解决的问题。

天津与北京先进制造产业的发展方向也比较相似。2018 年 1 月，中关村国家自主创新示范区北京高端制造业基地在北京市房山区正式挂牌，重点吸纳信息技术、新材料、新能源、高端装备、航空航天、新能源汽车等战略性新兴产业项目。但是，天津创新资源远不如北京丰富，社会资本也不够活跃。

2.4.5　来自其他地区的激烈竞争

在先进制造业方面，广东、江苏、山东、辽宁、福建等地也具有相当强的竞争力。如图 2-11 所示，2016 年，广东、江苏、山东、上海、浙江的高技术企业数、主营业务收入、利润总额占全国的比值均远超天津，优势明显。广东企业数占比达到了 21%，天津仅 2%；广东高技术企业主营业务收入占比 25%，天津仅 2%。

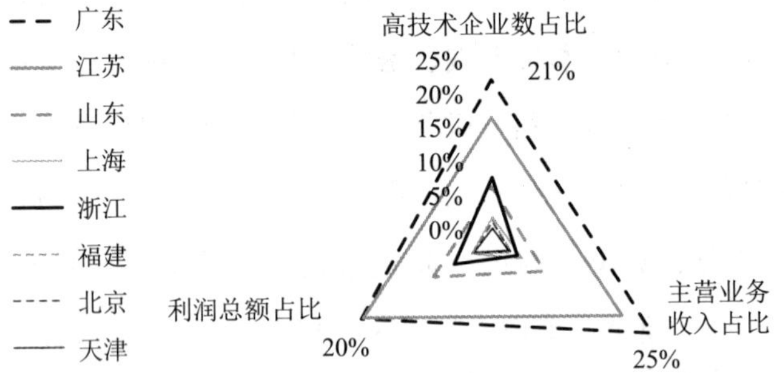

图 2-11　2016 年天津与其他沿海省/直辖市高技术产业经营情况对比

（资料来源：根据 2017 年《中国科技统计年鉴》和各省/直辖市统计年鉴等数据绘制。）

《2017 全球知识竞争力指数年度报告》以全球 125 个有影响力的地区为评估对象，测算这些区域的知识竞争力指数并进行排名。在亚太地区的子排名中，上海、北京、广东三个地区分别排名第 5、7、8 位，天津位列第 18 位，江苏和浙江分别位列第 24、25 位。在天津大力推动先进制造研发基地建设的同时，上述其他地区也纷纷推出了先进制造业发展的战略规划。长江经济带依托区内 11 个省市 100 个以上的国家级、市级开发区和产业园区，着力打造 5 大世界级制造业集群。江苏在长江经济带中处于重要地位。2018年7月，江苏省发布了《关于加快培育先进制造业集群的指导意见》，目前江苏大中型工业企业和规模以上高新技术企业研发机构建有率超过90%，企业在全社会研发投入和研发人员占比均超过85%，一批企业通过自主创新，研发出国内领先、国际先进的产品。再如，《珠江三角洲地区改革发展规划纲要2008—2020年》提出珠三角建设世界先进制造业基地，上海“两个中心”建设意见提出加快发展先进制造业，福建《关于支持福建省加快建设海峡西岸经济区的若干意见》提出要将海峡西岸经济区建设成为东部沿海地区先进制造业重要基地，辽宁建设临港产业带，安徽重点打造皖江城市带。上述先进制造中心、先进制造业基地尽管没有明确研发基地建设，但先进制造业的发展必然离不开研发环节，这些省/直辖市的先进制造基地会和天津先进制造研发基地的建设形成一定的竞争关系。

2.5 本章小结

本章利用SWOT分析法，分析了天津市建设全国先进制造研发基地的优势、劣势、机遇和挑战。在全国先进制造研发基地建设中，天津市先进制造业产业规模大，重点行业优势比较明显，科技创新体系不断完善，创新要素不断向先进制造领域积累，产业集聚效应已经初步显现，其中，中小企业不可或缺，作用突出。但天津先进制造研发基地建设也存在着一些不足，如产业聚集度仍然偏低，多数行业产业链尚不完整、创新效率偏低、基础研究投入不足等。面对着全球兴起的科技革命和中国先进制造业战略规划、京津冀协同发展不断推进、知识密集型生产服务业快速发展的重大机遇，天津要迎接科技创新人才结构性短缺、科研资金瓶颈、科技服务体系不完善、与京冀产业融合度偏低、其他省/直辖市竞争激励等挑战，扎实推进全国先进制造研发基地建设。本章的研究为天津先进制造研发基地建设能力和建设水平评价、机制体制构建提供了现实依据。

3　对全国先进制造研发基地建设能力和建设水平的综合评价与分析

3.1　评价指标体系构建的原则

对先进制造研发基地建设能力和建设水平的评价旨在全面、客观地反映先进制造研发基地建设的真实情况，为推动全国先进制造研发基地建设相关建议的提出提供依据。评价指标体系不是几个指标的简单堆积，而是根据一定的制定原则建立的，一般遵循以下四个原则：

第一，系统性原则。系统性原则要求评价指标体系全面、准确、多角度地反映全国先进制造研发基地建设能力和建设水平的现状，能够从宏观到微观形成完整的科学评价。因此，评价指标体系是一个评价系统，其指标可以分解成若干子系统，即二级指标，不同二级指标对应若干三级指标，从而形成完整、系统的评价指标体系。

第二，客观性原则。指标体系的设计要尽量客观、科学。客观性原则要求指标体系中二级、三级指标的选择有理论依据，同时也能用科学的方法进行衡量，尽可能减少主观因素对指标取值的影响，从而客观、准确地反映全国先进制造研发基地建设的现状。

第三，可操作性原则。可操作性主要体现在三个方面：其一是指标概念明确、定义清楚；其二是指标数据可获得，基本可以通过国家统计局、地方统计部门、相关部门统计年鉴、统计公报等搜集获得；其三是指标数据是可测的、可量化的，且各项指标应尽可能做到统计口径一致。

第四，代表性原则。各项指标要有代表性，要与全国先进制造研发基地建设高度相关，要尽量避免构建的指标体系过于庞杂或出现冗余，内部重叠。尽可能选择影响程度大、代表性强、能够反映出全国先进制造研发基地建设能力和建设水平的综合指标和专业指标。

3.2 评价方法的比较与选择

3.2.1 评价方法的比较

综合评价涉及诸多学科的理论与方法，涵盖面广，研究方法较多。按照评价方法对数据和样本规模的要求，评价方法大致可以分为两大类：

第一类方法属于多元统计学方法，主要包括因子分析、主成分分析、聚类分析等。这类方法利用指标间的相关性，提取信息，筛选指标，确定指标权重，并进行综合评价，对样本规模和分布有一定要求。因子分析法和主成分分析法一般要求样本量是变量数的 5 倍以上，理想的样本量是变量数的 10~25 倍；分析前要对数据进行 KMO 和 Bartlett 检验，检验变量间的相关性及各变量是否独立，只有通过检验才能进行综合评价。

第二类方法对数据样本规模与分布没有特殊要求，甚至对小样本也可以进行综合评价。这一类综合评价方法主要有层次分析法、秩和比法、DEA 数据包络分析法、灰色关联法、熵值法等。考虑到本书数据为 2015 年和 2016 年两年 6 个样本的数据，样本规模较小，因此本书从第二类方法中选择合适的方法进行综合评价。

层次分析法将复杂问题分解为相对独立但又相互关联的层次，比较每个层次内部不同要素两两之间的相对重要程度，从而对层次结构中的要素进行排序和评价。虽然层次分析法简便，但是该方法在判断矩阵构造中主观性太强，判断矩阵如果构造得不够合理，会出现一致性要求得不到满足的情况，需要对判断矩阵不断进行修正。秩和比法将一组观察样本依据某些特征加以排序，通过秩变换获得无量纲秩和比，继而运用参数分析方法研究 RSR 分布，最后通过适当分档归类解决统计评价问题。目前，秩和比法被广泛应用于中国卫生统计工作。数据包络分析法主要应用于经济体效率评价、技术进步评价，需要设定输入指标和输出指标，不适用于本书。灰色关联法以各因素的样本数据为依据，用灰色关联度来描述因素间关系的强弱、大小、次序，主要用于分析各因素与参考数列的关联程度，如降雨量、径流量、植被覆盖率与输沙量间的关联度，因此亦不适用于本书。

熵值法根据指标相对变化对系统整体的影响程度决定指标权重，通过深刻反映指标信息熵值的效用价值确定权重。熵值法对各指标进行客观赋权，比主观赋权法具有更高的可信度和精确度。因此，本部分选择熵值法对先进制造研发基地建设能力和建设水平进行综合评价。

3.2.2 熵值法的基本原理

熵（Entropy）原本为热力学中对体系无序度的度量。1948 年，香农在《通信的数学原理》一文中首次将熵的概念引入信息理论中，用来对不确定性信息进行度量。熵值法参照信息处理中信息熵的方法确定指标权重，通过计算评价指标的信息熵来测算指标的变化对所评价系统的影响，对各指标进行客观、科学赋权，即通过测算某指标在评价指标体系中能够提供有效信息量的多少，来确定指标的权重。某个指标的信息价值系数越大，即所包含的信息熵越大，那么该指标的利用价值就越高，对评价指标体系评价结果的贡献就越大，因此应该赋予该指标的权重就越大；反之亦然。目前，熵值法已经被广泛运用于管理、工程等领域，用于分析某系统性问题中各类信息的价值。

熵值法的计算步骤如下：

第一步，对数据进行标准化处理。本部分利用极值法对数据进行标准化处理，消除指标量纲不同的影响。计算公式为

若 x_{ij} 为正向指标，则

$$x_{\bar{ij}}=\frac{x_{ij}}{\max x_{ij}} \tag{3-1}$$

若 x_{ij} 为负向指标，则

$$x_{\bar{ij}}=\frac{\max x_{ij}}{x_{ij}} \tag{3-2}$$

其中，$x_{\bar{ij}}$ 表示消除量纲后的指标值；x_{ij} 表示样本 i 评价指标 j 的取值。

第二步，计算 $x_{\bar{ij}}$ 在第 j 项指标中的比重，计算公式为

$$p_{ij}=\frac{x_{\bar{ij}}}{\sum_{i}^{n}=1x_{\bar{ij}}} \tag{3-3}$$

其中，p_{ij} 表示 $x_{\bar{ij}}$ 在第 j 项指标中的比重；n 表示样本个数。

第三步，计算信息熵值，计算公式为

$$e_j=-\mathrm{k}\sum_{i}^{n}=1p_{ij}\ln p_{ij} \tag{3-4}$$

其中，k 为常数，与系统的待评样本个数有关。对于一个完全无序的系统，信息分布是均匀的，有序度为 0，熵值最大，$e_j=1$，$p_{ij}=\frac{1}{n}$，此时 $\mathrm{k}=\frac{1}{\ln n}$，因此

$$e_j=-\frac{1}{\ln n}\sum_{i}^{n}p_{ij}\ln p_{ij} \tag{3-5}$$

第四步，计算指标权重，计算公式为

$$w_j=\frac{1-e_j}{\sum_{j=1}^{m}1-e_j} \tag{3-6}$$

其中，w_j 为指标 j 的权重，m 表示指标个数。

第五步，计算综合评价值，计算公式为

$$z_i = \sum_{j=1}^{m} w_j x_{\bar{ij}} \tag{3-7}$$

其中，z_i 表示样本 i 的综合评价值。

3.3 对天津市全国先进制造研发基地建设能力的综合评价与分析

3.3.1 指标体系构建与数据来源

按照《中国制造 2025》《天津市建设全国先进制造研发基地实施方案》《天津市国民经济和社会发展第十三个五年规划纲要》的总体要求，充分考虑天津建设全国先进制造研发基地的功能要求及建设原则，本部分选择科技研发能力、科研成果转移转化能力、产业化发展能力、科技金融支撑能力和创新文化驱动能力五个方面构建 5 个二级指标，进而将 5 个二级指标细分为 16 个三级指标，从而构成建设能力综合评价指标体系。这 16 个三级指标均为正向指标，包括研发人员全时当量、研发机构数量、有 R&D 活动的规模以上工业企业数占比等。各层级指标具体见表 3-1。

表 3-1 全国先进制造研发基地建设能力综合评价指标体系

一级指标	二级指标	三级指标
全国先进制造研发基地建设能力	科技研发能力	研发人员全时当量/人年
		研发机构数量/个
		有 R&D 活动的规模以上工业企业数占比/%
		每万人研发人员数量/人
		国家重点实验室个数/个
		人均专利授权量/个

续表

一级指标	二级指标	三级指标
全国先进制造研发基地建设能力	科研成果转移转化能力	规模以上工业企业新产品销售收入占主营业务收入比重/%
		技术输出合同数/个
		技术输出合同金额/万元
	产业化发展能力	工业增加值率/%
		高技术产业产值占工业总产值的比重/%
	科技金融支撑能力	规模以上工业企业研发经费内部支出占主营业务收入的比重/%
		财政科技支出占一般公共预算支出的比重/%
		研究与试验发展（R&D）经费投入的强度
	创新文化驱动能力	城镇个体私营企业就业人数占城镇就业人数比/%
		互联网上网人数占比/%

科技研发能力反映一个地区先进制造研发的资源禀赋、研发效率以及研发成果，由研发人员全时当量、研发机构数量、有 R&D 活动的规模以上工业企业数占比、每万人研发人员数量、国家重点实验室个数、人均专利授权量 6 个指标构成。科研成果转移转化能力反映一个地区科技成果（或专利技术）在技术市场交易或由企业将科技成果转化为产品，从而实现商品化、规模化，形成科技产业的能力。科研成果转移转化能力由规模以上工业企业新产品销售收入占主营业务收入比重、技术输出合同数和技术输出合同金额构成。产业化发展能力反映一个地区先进制造产业的生产经营及服务集聚发展，并形成一定产业规模的能力，由工业增加值率和高技术产业产值占工业总产值比重构成。科技金融支撑能力反映金融系统和财政对科技研发、创新活动提供资金保障和支撑的能力，由规模以上工业企业研发经费内部支出占主营业务收入的比重、财政科技支出占一般公共预算支出的比重、研究与试验发展（R&D）经费投入的强度构成，其中研究与试验发展（R&D）经费投入的强度等于 R&D 经费投入金额与地区生产总值之比。自主创新离不开创新文化，创新文化驱动能力反映一个地区文化环境、制度环境等对创新理念、创新思想、创新精神的驱动作用。在

创新文化发展中，民营经济更加灵活，活力很强；互联网为创新创业者提供了更多渠道、更加便捷的资讯。创新文化驱动能力由城镇个体私营企业就业人数占城镇就业人数比、互联网上网人数占比构成。

除了天津，北京、上海、江苏、浙江、广东也高度重视先进制造业的发展，先进制造业发展快，研发能力较强。江苏提出坚持创新驱动发展，打造先进制造业基地，以扬子江城市群为主体申报创建了“中国制造2025”国家级示范区。江苏、浙江高技术产业产值占比达到40%以上。广东平均每亿元主营业务收入有效发明专利1.83件，远超其他省/直辖市。北京、上海不仅有效发明专利多，而且知识密集型生产服务业生产总值占第三产业生产总值的比重高达55%和46%。

为了更加全面地分析全国先进制造研发基地的建设能力，本部分选择北京、上海、江苏、浙江、广东五省/直辖市与天津进行比较，对2015年和2016年的先进制造研发基地的建设能力进行测度。三级指标所采用的数据主要来源于2016—2017年《中国科技统计年鉴》《中国工业统计年鉴》《天津统计年鉴》《北京统计年鉴》《上海统计年鉴》《广东统计年鉴》《浙江统计年鉴》《江苏统计年鉴》《天津科技统计年鉴》以及各省/直辖市公报、全国科技经费投入统计公报等。

3.3.2 对先进制造研发基地建设能力的综合评价及分析

1. 对先进制造研发基地建设能力的总体评价及分析

利用熵值法，对天津、北京、上海、江苏、浙江、广东六省/直辖市先进制造研发基地的建设能力进行评价，测算结果详见表3-2。由测算结果可知，2015年和2016年先进制造研发基地建设能力综合评价测算结果从大到小排序依次为北京、浙江、江苏、广东、上海和天津。北京综合评价值最高，2015年和2016年分别达到了14.517和14.291；天津最低，综合评价值仅为9.774和9.389。值得注意的是，2016年，六省/直辖市的综合评价值均出现了一定幅度的下滑，广东下滑幅度最小，下降了 0.16%。天津下滑十分明显，降幅最大，下降了 3.94%。究其原因，主要是科技研发能力、产业化发展能力和科技金融支撑能力不足。

表 3-2　六省/直辖市先进制造研发基地建设能力综合评价值

省/直辖市	2015 年		2016 年			
	综合评价值	排名	综合评价值	排名	增长幅度	增长率
北京	14.517	1	14.291	1	−0.226	-1.56%
浙江	11.522	2	11.436	2	−0.086	-0.75%
江苏	11.199	3	10.821	3	−0.378	-3.38%
广东	10.636	4	10.619	4	−0.017	-0.16%
上海	10.526	5	10.311	5	−0.215	-2.04%
天津	9.774	6	9.389	6	−0.385	-3.94%

资料来源：根据 2016—2017 年《中国科技统计年鉴》《中国工业统计年鉴》等数据测算。

2. 二级指标综合评价结果与分析

（1）科技研发能力。从科技研发能力来看，北京优势最为明显，如图 3-1 所示，2015 年和 2016 年综合评价值分别为 0.930 和 0.929，其次为江苏和浙江；而天津综合评价值最低，仅为 0.494 和 0.477，且下降最为明显，约下降了 3.44%。广东科技研发能力由 0.532 提高到 0.555，约上涨了 4.32%。

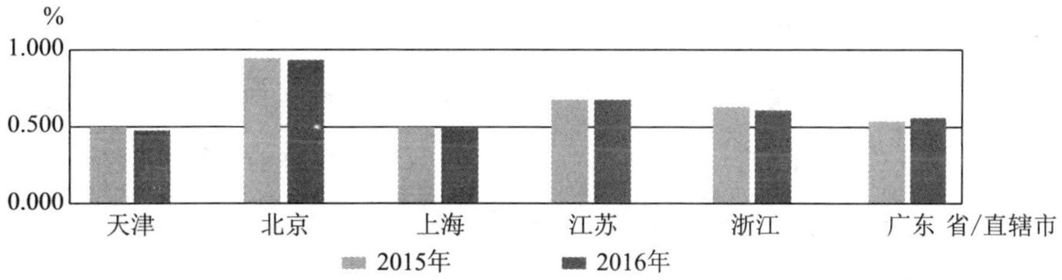

图 3-1　2015 年和 2016 年六省/直辖市科技研发能力比较

（资料来源：根据测算结果绘制。）

从各三级指标数据来看，如图 3-2 所示，天津市研发人员全时当量、研究机构数量、国家重点实验室个数在六省/直辖市中均为最低。北京市研究机构数量、每万人研发人员数量、国家重点实验室和人均专利授权量均具有明显的比较优势。2016 年，北京研发机构有 396 个，国家重点实验室有 79 个，分别约是天津的 6 倍和 13 倍。

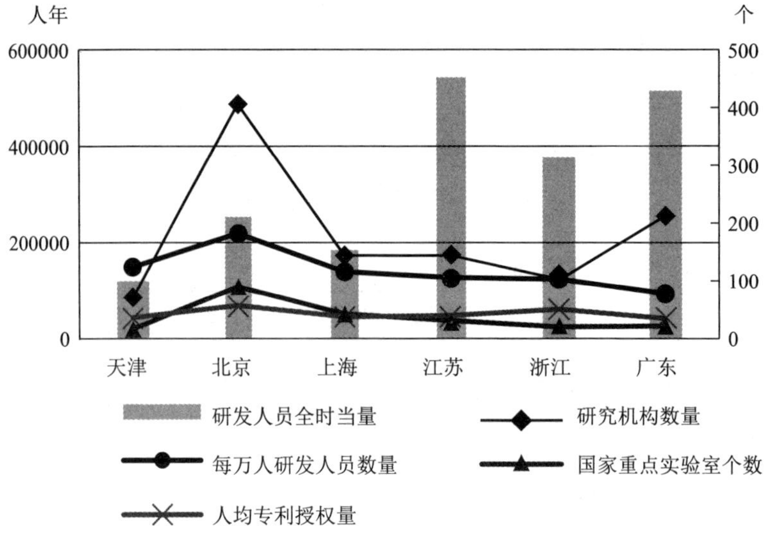

图 3-2　2016 年六省/直辖市部分科技研发能力部分指标对比

如图 3-3 所示，天津市规模以上工业企业有 R&D 活动企业数占比低于江苏，在六省/直辖市中排名第二位，表明天津市工业企业研发活动比较活跃。尽管天津市企业研发活动比较活跃，但真正获得的专利授权并不多，2016 年人均授权量是 25 项，在六省/直辖市中排名倒数第二，仅高于广东省（23 项）；北京人均授权量（46 项）约是天津的 1.8 倍。究其原因，主要是天津科研机构数量相对较少，研发资源不足，研发能力薄弱，研发效率较低。培育和提升已有科技研发资源、吸引北京科技研发资源转移是目前天津提升科技研发能力的主要任务。

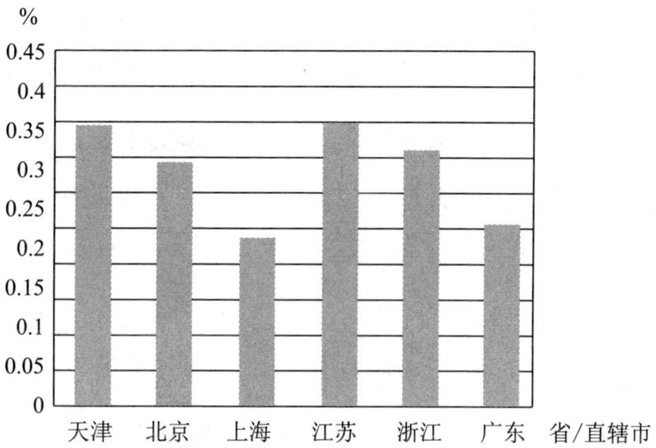

图 3-3　2016 年六省/直辖市有研发的企业占比

（资料来源：根据 2016—2017 年《中国科技统计年鉴》和各省/直辖市统计年鉴数据绘制。）

（2）科研成果转移转化能力。从测算结果来看，如图 3-4 所示，2015 年和 2016 年天津市科研成果转移转化能力在六省/直辖市中居于最后一位，综合评价值仅为 0. 353 和 0. 344，而北京市则远高于其他省/直辖市，综合评价值达到了 0. 860 和 0. 863，是天津的 2 倍多。而且，六省/直辖市中仅江苏和天津出现了下降，分别下降了 0. 009 和 0. 024，其他省/直辖市的科研成果转移转化能力均有所提升。

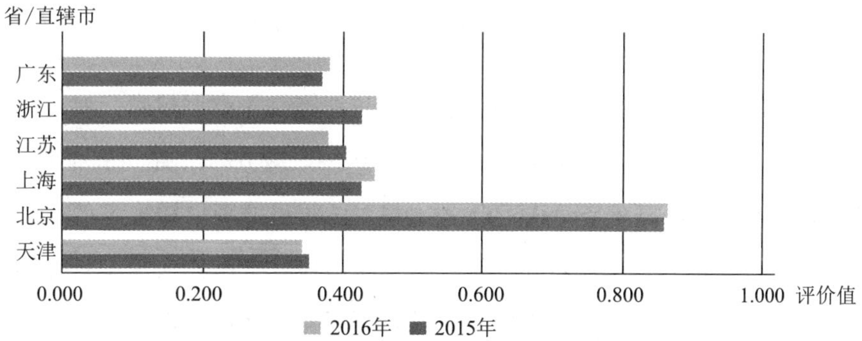

图 3-4　2015 年和 2016 年六省/直辖市成果转移转化能力比较

（资料来源：根据测算结果绘制。）

从各三级指标数据来看，如图 3-5 所示，天津市在技术输出合同数、技术输出合同金额上，与北京、上海、江苏和广东均存在较大差距，尤其是与北京相比，只是北京的 1/6 左右，技术市场远不如北京活跃。虽然在政府、企业等相关部门的努力下，天津已经建立了技术交易中心、科技成果转化中心、技术转移示范机构等为技术转移提供服务和保障的专业机构，但是交易规模与先进地区还存在一定差距。技术市场与研发资源、研发成果质量相辅相成，天津研发资源薄弱、科研人员科技成果转化积极性不高是导致技术市场交易少、技术市场不成熟不活跃的主要因素。

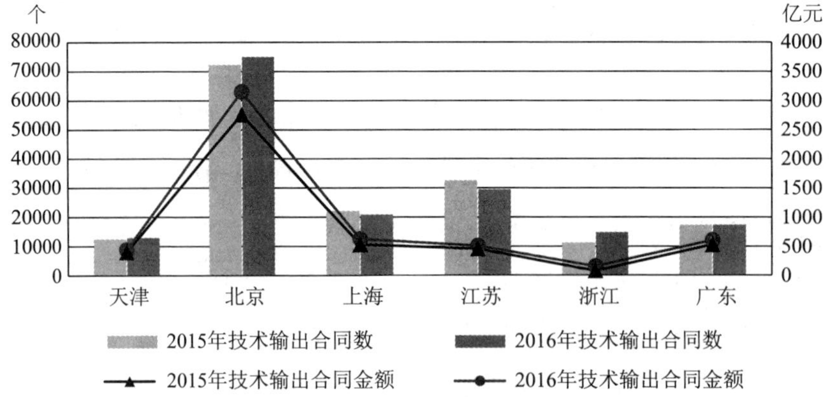

图 3-5　2015 年和 2016 年六省/直辖市技术市场交易情况对比

（资料来源：根据 2016—2017 年《中国科技统计年鉴》和各省/直辖市统计年鉴数据绘制。）

从新产品销售情况来看，浙江省新产品销售收入占比最高，如图 3-6 所示，2015 年和 2016 年分别达到了 29. 80%和 32. 69%，超过其他地区。天津为 20. 48%和 21. 80%，排名下滑一位，两年里分别位居第三名和第四名。值得注意的是，上海市和广东省新产品销售收入占比快速增长，2016 年分别增长了 20. 41%和 16. 83%，而天津增长最为缓慢，仅为 6. 44%。天津企业的科技成果转化能力虽然基础较好，但增长缓慢，增长速度远低于浙江、上海、广东。较高的新产品销售收入占比体现了企业科技成果的转化能力。科技成果转化能力强，可为改善产品结构、实现转型升级奠定基础；科技成果转化能力弱，往往会导致企业在激烈的市场竞争中处于劣势地位，缺乏竞争力。

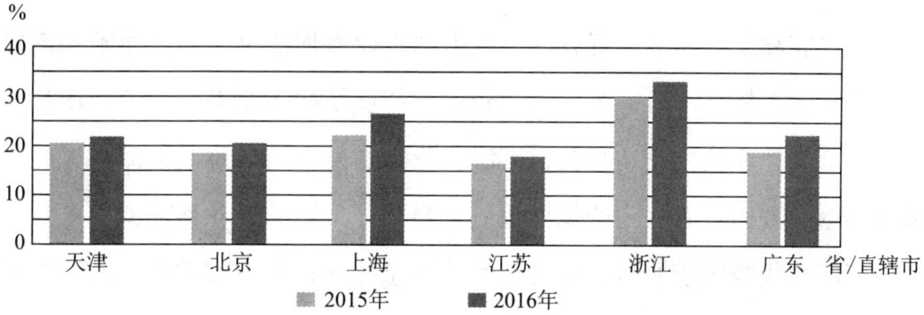

图 3-6　2015 年和 2016 年六省/直辖市新产品销售收入占比对比

（资料来源：根据 2016—2017 年《中国科技统计年鉴》和各省/直辖市统计年鉴等数据绘制。）

（3）产业化发展能力。从测算结果来看，如图 3-7 所示，天津产业化发展能力相对较强，在六省/直辖市中居于第三位，且两年来比较稳定，综合评价值均为 0.928。浙江省增长较快，综合评价值由 2015 年的 0.979 提高到了 2016 年的 1.079，北京、上海、江苏、广东的产业化发展能力则出现了一定幅度的下降。

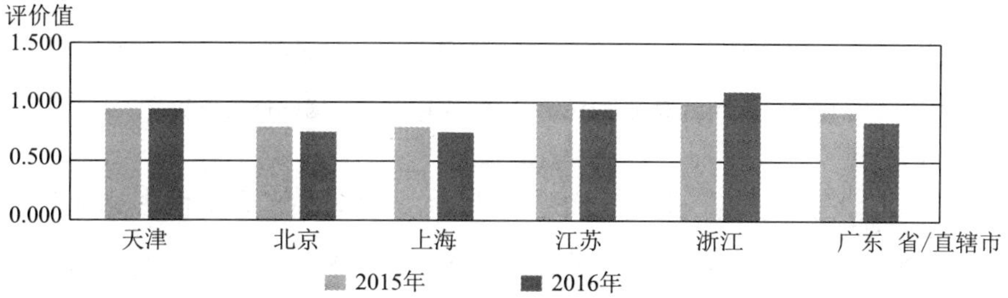

图 3-7　2015 年和 2016 年六省/直辖市产业化发展能力比较

（资料来源：根据测算结果绘制。）

从三级指标来看，如图 3-8 所示，天津市工业增加值率在六省/直辖市中优势较明显，2015 年为 23.26%，在六省/直辖市中最高。2016 年，天津与浙江工业增加值率提升幅度较大，尤其是浙江增长快速，反超天津，在六省/直辖市中排名第一。其中，江苏工业增加值率最低，2015 年和 2016 年分别为 18.68%和 18.83%。2016 年，天津和浙江的工业增加值率分别比江苏高 5 个和 7 个百分点。较高的工业增加值率表明企业附加值较高，盈利水平较高，投入产出效果较好，产业结构不断升级。工业增加值率的高低与产业结构密切相关，天津工业增加值率高也说明天津在先进制造业的生产方面具有一定的规模效应。当然，天津的工业增加值率虽然在全国范围内优势比较明显，但是与发达国家比还存在一定差距。发达国家工业增加值率基本在 35%~40%。天津市实现创新驱动、提质增效、转型升级的道路还很长。

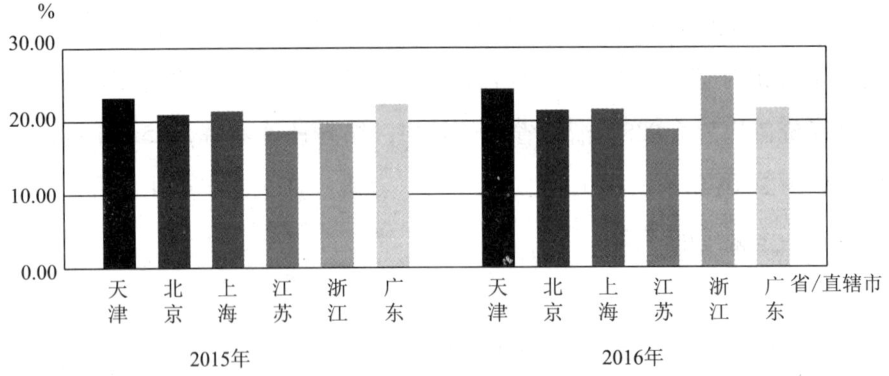

图 3-8　2015 年和 2016 年六省/直辖市工业增加值率比较

天津市是高技术产业的重要生产基地，高技术产业产值占比超过北京、上海和广东。如图 3-9 所示，2015 年和 2016 年，天津市高技术产业产值占工业总产值的比重分别为 27.35%和 31.35%，虽然低于江苏省和浙江省，但 2016 年天津市高技术产业产值占比增长最快，增长率达到了 4 个百分点。天津与北京基本形成了以北京为创新策源地、天津为生产制造基地的产业格局，天津已经成为高技术产业重要的产业化基地，科技型制造企业发展迅速。

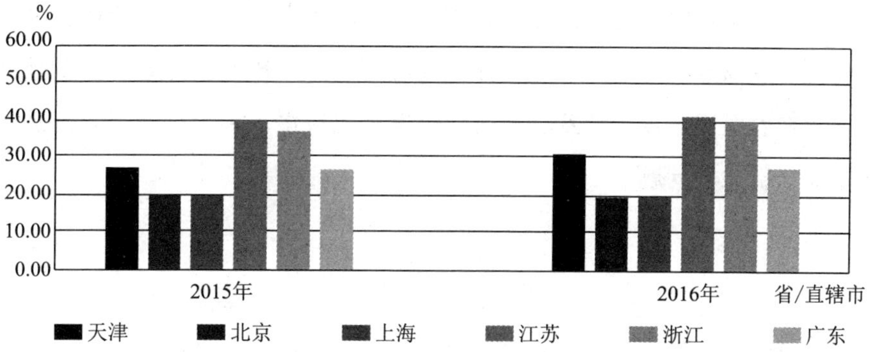

图 3-9　2015 年和 2016 年六省/直辖市高技术产业产值占比比较

（资料来源：根据 2016—2017 年《中国科技统计年鉴》和各省/直辖市统计年鉴等数据绘制。）

（4）科技金融支撑能力。从测算结果来看，如图 3-10 所示，北京科技金融支撑能力最强，2015 年和 2016 年综合评价值分别为 94.6%和 92.0%。天津科技金融支撑能力相对较弱，在六省/直辖市中仅高于江苏，2016 年还出现了较大幅度的下降，综合评价值由 2015 年的 77.5%下降至 67.9%。大幅度下降也使得天津与北京、上海、浙江和广东科技金融支撑能力的差距进一步加大。

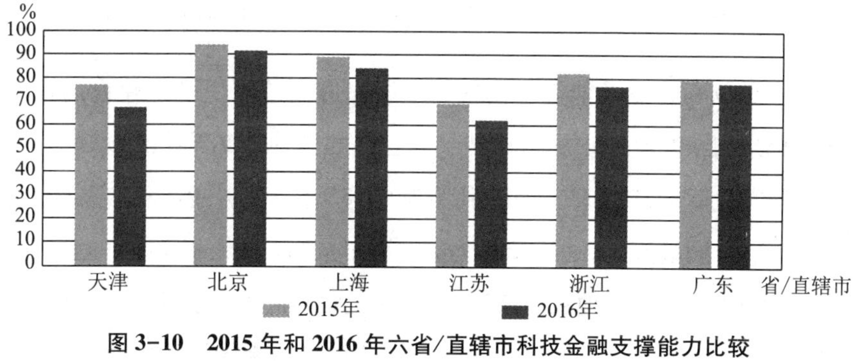

图 3-10　2015 年和 2016 年六省/直辖市科技金融支撑能力比较

（资料来源：根据测算结果绘制。）

从三级指标数据来看，如图 3-11 所示，2016 年天津市财政科技支出占一般公共预算支出的比重较低，仅为 3.38%，而北京、上海则达到了 4.50%和 4.94%，广东达到了 5.53%。2016 年，天津市研发经费投入强度是北京的一半左右，规模以上工业企业研发经费内部支出占主营业务的收入比为 1.35%，低于上海（1.43%）和浙江（1.82%）。天津科技金融方面还存在着融资市场不活跃、不成熟、发展比较慢，中小企业，尤其是初创企业贷款难等问题。

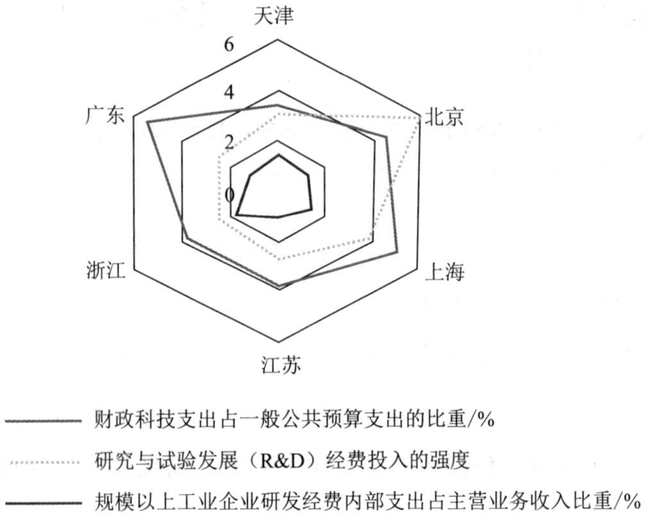

图 3-11　2016 年六省/直辖市科技金融支撑能力三级指标对比

（资料来源：根据 2016—2017 年《中国科技统计年鉴》和各省/直辖市统计年鉴等数据绘制。）

（5）创新文化驱动能力。创新是全国先进制造研发基地建设的核心，创新文化是创新的灵魂。从测算结果来看，如图 3-12 所示，2015 年，天津的创新文化驱动能力综合评价值仅为 0.785，上海、浙江和广东的创新文化驱动能力明显高于天津。2016 年，广东的创新文化驱动能力综合评价值是天津的 1.3 倍，其他省/直辖市创新文化驱动能力综合评价值都约是天津的 1.2 倍。求变精神、诚信文化、怀疑精神等短板导致天津整体创新氛围不浓，个体创新精神明显不足。值得注意的是，天津创新文化驱动能力值增长较快，与 2015 年相比，2016 年增长了 2.17%。天津市个体私营企业就业人数占比、互联网上网人数占比两个指标虽然在六省/直辖市中仍然较低，但与其他省/直辖市的差距在大幅度缩小，创新文化驱动能力提升。

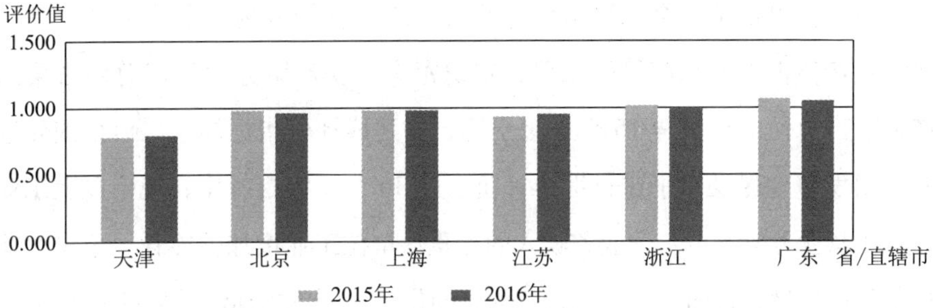

图 3-12　2015 年和 2016 年六省/直辖市创新文化驱动能力比较

（资料来源：根据测算结果绘制。）

民营经济是否活跃在一定程度上体现了一个地区的营商环境，也能反映出一个地区的整体创新意识和创新文化氛围。2016 年，广东民营经济就业人数占比为 61.07%，江苏为 60.53%，浙江为 60.22%，均高于天津（38.51%）。

进入 21 世纪以来，互联网已经成为思想文化传播的新载体。互联网上网人数占比在某种程度上反映了一个地区的信息化水平。2016 年，天津互联网上网人数占比为 63.96%，低于北京（77.78%）、上海（74.01%）、广东（72.95%）和浙江（64.97%）。2015 年，浙江提出建成以民营经济和“互联网+”为特色的创业创新生态体系。云计算、大数据、物联网、移动互联网等技术的应用与普及，彻底改变了科技创新的模式与速度。以信息化为特征的科技创新模式正成为科技创新的主流，信息化有力地推动着科技创新能力的提升。

3.4 对全国先进制造研发基地建设水平的综合评价与分析

3.4.1 评价指标体系与数据来源

本部分选择产业发展、质量效益、绿色发展、创新发展、智能化发展五个方面，设定了5个二级指标，并将二级指标细分为工业增加值、高技术产业产值占工业总产值的比重、知识密集型生产服务业生产总值占第三产业生产总值的比重等15个三级指标，构建成评价指标体系，对全国先进制造研发基地建设水平进行综合评价。这15个三级指标中，规模以上工业企业主营业务成本占主营业务收入的比重、单位工业增加值能耗、单位工业增加值用水量为负向指标，其余均为正向指标。评价指标体系详见表3-3。

表3-3　全国先进制造研发基地建设水平的评价指标体系

一级指标	二级指标	三级指标
全国先进制造研发基地建设水平	产业发展	工业增加值/亿元
		高技术产业产值占工业总产值的比重/%
		知识密集型生产服务业生产总值占第三产业生产总值的比重/%
	质量效益	工业增加值率/%
		工业企业全员劳动生产率/（万元/人）
		规模以上工业企业主营业务成本占主营业务收入的比重/%
	绿色发展	单位工业增加值能耗/（吨标准煤/万元）
		单位工业增加值用水量/（立方米/万元）
		一般工业固体废弃物的综合利用率/%
	创新发展	规模以上工业企业每亿元主营业务收入有效发明的专利数/件
		规模以上工业企业新产品销售收入占主营业务收入的比重/%
		技术市场技术输出合同金额/万元
全国先进制造研发基地建设水平	智能化发展	重点行业典型企业ERP普及率指数
		重点行业典型企业装备数控化率指数
		有电子商务交易活动企业比重/%

注：①知识密集型生产服务业指信息传输、软件和信息技术服务业、金融业、租赁和商务服务业、科学研究和技术服务业；②工业增加值率为工业增加值占工业总产值的比重；③工业企业全员劳动生产率为工业增加值除以全部从业人员平均人数；④高技术产业指R&D投入强度相对较高的制造业行业，包括医药制造、航空航天器及设备制造业、电子及通信设备制造业、计算机及办公设备制造业、医疗仪器设备及仪器仪表制造业、信息化学品制造业六大行业。

为了更加清楚地认识天津全国先进制造研发基地的建设水平，把握全国先进制造研发基地建设的短板，本部分仍然选择北京、上海、江苏、浙江、广东五个省/直辖市与天津进行对比，分别对上述省/直辖市的先进制造业研发基地（先进制造业基地、先进制造业中心）的建设水平进行综合评价与分析。本部分采用的是2015年和2016年的数据，数据主要来源于2016—2017年《天津统计年鉴》《天津科技统计年鉴》《中国科技统计年鉴》《中国工业统计年鉴》《中国环境统计年鉴》《北京统计年鉴》《上海统计年鉴》《广东统计年鉴》《浙江统计年鉴》《江苏统计年鉴》《中国信息化和工业化融合发展水平评估报告》以及各省/直辖市公报、环境状况公报、环保公报等。2015年浙江省单位工业增加值能耗数据来自《浙江省能源与利用状况》白皮书；2016年，该指标数据根据2016年规模以上单位工业增加值能耗下降幅度推算而得。

3.4.2 先进制造研发基地建设水平的综合评价及分析

1. 指标权重测算结果

依据熵值法，六省/直辖市先进制造业发展水平各二级指标权重如表3-4所示。由权重值可知，质量效益和智能化发展权重最大。质量效益体现了提质增效水平，是建设制造强国的关键；智能化发展体现的是制造业与新一代信息技术的融合水平，是技术与产业发展的重要方向。指标权重的赋值，明确了先进制造业发展的各二级指标在综合评价中的地位和重要程度，在一定程度上反映了各指标在整个评价指标体系中的贡献程度。

表3-4 各二级指标权重

二级指标	权重
产业发展	0.198
质量效益	0.206
绿色发展	0.198
创新发展	0.191
智能化发展	0.206

资料来源：根据2016—2017年《中国科技统计年鉴》《中国工业统计年鉴》等数据测算而得。

2. 综合评价值测算结果与分析

利用表 3-4 中的各指标权重值，计算天津、北京、上海、江苏、浙江和广东的先进制造业发展水平，测算结果如表 3-5 所示。从综合指标值排名来看，2015 年和 2016 年北京排名均为第一位，综合评价值分别达到了 0.804 和 0.797；广东省分别为 0.729 和 0.725，排名为第二位。2016 年，其他省/直辖市排序依次为上海、浙江、江苏和天津。2016 年，天津综合评价值排名下滑一位，排到第六位，2015 年和 2016 年综合评价值分别为 0.687 和 0.678，两个年度均比综合评价值最高的北京市低了 0.12 左右。六个省/直辖市中，2016 年浙江的综合评价值出现增长，增值为 0.026，增长了 3.86%，排名上升了两位，超过了江苏和天津。

表 3-5　2015 年和 2016 年六省/直辖市先进制造业发展水平综合评价值

省/直辖市	2015 年		2016 年			
	综合评价值	排名	综合评价值	排名	增长值	增长率
北京	0.804	1	0.797	1	-0.007	-0.87%
广东	0.729	2	0.725	2	-0.004	-0.58%
上海	0.723	3	0.708	3	-0.015	-2.01%
浙江	0.667	6	0.693	4	0.026	3.86%
江苏	0.699	4	0.689	5	-0.010	-1.49%
天津	0.687	5	0.678	6	-0.009	-1.25%

资料来源：根据 2016—2017 年《中国科技统计年鉴》《中国工业统计年鉴》等数据测算而得。

3. 二级指标综合评价结果与分析

（1）产业发展。产业发展指标反映的是全国先进制造研发基地的生产规模和产业结构，由工业增加值、高技术产业产值占比和知识密集型生产服务业生产总值占比构成。如表 3-6 所示，2015 年和 2016 年天津市产业发展综合评价值为 0.109 和 0.114，虽然有所增长，但是排名仍然靠后，分别排在第五位和第四位，比第一位的江苏省分别低 0.057 和 0.054。

表 3-6　2015 年和 2016 年六省/直辖市先进制造业发展水平各二级指标综合评价值及排名

项目		天津		北京		上海		江苏		浙江		广东	
		2015 年	2016 年	2015 年	2016 年	2015 年	2016 年	2015 年	2016 年	2015 年	2016 年	2015 年	2016 年
产业发展	评价值	0. 109	0. 114	0. 110	0. 108	0. 106	0. 103	0. 166	0. 168	0. 127	0. 138	0. 148	0. 146
	排名	5	4	4	5	6	6	1	1	3	3	2	2
质量效益	评价值	0. 196	0. 191	0. 180	0. 175	0. 188	0. 179	0. 189	0. 183	0. 151	0. 168	0. 190	0. 180
	排名	1	1	5	5	4	4	3	2	6	6	2	3
绿色发展	评价值	0. 155	0. 149	0. 166	0. 170	0. 154	0. 151	0. 101	0. 097	0. 106	0. 100	0. 109	0. 105
	排名	2	3	1	1	3	2	6	6	5	5	4	4
创新发展	评价值	0. 083	0. 085	0. 155	0. 151	0. 102	0. 106	0. 074	0. 074	0. 093	0. 093	0. 121	0. 124
	排名	5	5	1	1	3	3	6	6	4	4	2	2
智能化发展	评价值	0. 144	0. 139	0. 193	0. 193	0. 174	0. 1682	0. 171	0. 1679	0. 191	0. 194	0. 163	0 170
	排名	6	6	1	2	3	4	4	5	2	1	5	3

资料来源：根据 2016—2017 年《中国科技统计年鉴》《中国工业统计年鉴》等数据测算而得。

如图 3-13 所示，2016 年，天津工业增加值高于北京，但大幅度低于江苏、浙江和广东。天津市高技术产业产值占工业总产值比重为 31.35%，高于北京、上海、广东。先进制造业专业化、规模化、高精尖化的发展趋势增加了对知识密集型生产服务业的需求；与此同时，知识密集型生产服务业向先进制造业提供研发设计、管理咨询、信息技术、人力资本等专业化服务，有力地推动了先进制造业技术革新。北京和上海知识密集型生产服务业生产总值分别是天津的 2.85 倍和 2.26 倍。可见，天津知识密集型生产服务业发展水平仍有一定的增长空间，与全国先进制造研发基地的定位还有一定差距，尚不能满足先进制造业发展的需要。

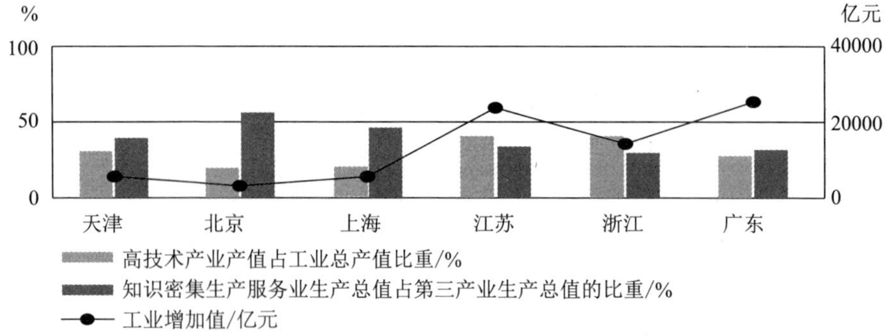

图 3-13　2016 年六省/直辖市产业发展三级指标对比

（资料来源：根据 2016—2017 年《中国工业统计年鉴》和各省/直辖市统计年鉴等数据绘制。）

（2）质量效益。如表 3-6 所示，天津市质量效益综合评价值较高，2015 年和 2016 年分别为 0.196 和 0.191，排名为第一位；浙江省质量效益综合评价值最低，分别为 0.151 和 0.168。质量效益指标从工业增加值率、工业企业全员劳动生产率和规模以上工业企业主营业务成本占主营业务收入的比重三个方面衡量。

从三级指标数据来看，工业增加值率反映了企业实现的价值增值占产品总价值的比重，是一个地区工业企业盈利能力和发展水平的综合体现。如图 3-14 所示，天津市工业增加值率较高，在六个省/直辖市中名列前茅，2016 年为 24.39%，优势比较明显，比最低的江苏省高出 4.6 个百分点，这表明天津市企业生产的产品附加值相对较高，盈利能力较强。

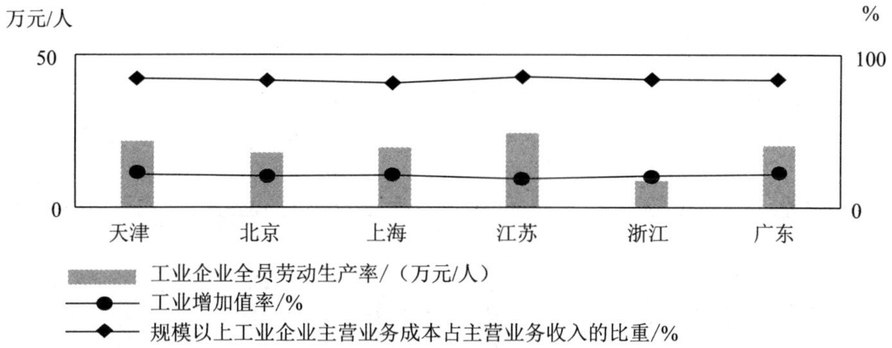

图 3-14 2016 年六省/直辖市质量效益三级指标对比

（资料来源：根据 2017 年《中国工业统计年鉴》和各省/直辖市统计年鉴等数据绘制。）

工业企业全员劳动生产率可以反映出生产效率，而生产效率的提高主要源自技术的进步，因此全员劳动生产率能够反映出技术增效的影响。天津工业企业劳动生产率仅低于江苏，在六省/直辖市中处于较高水平，2016 年达到了 21.81 万元/人。规模以上工业企业主营业务成本占主营业务收入的比重反映的是企业的盈利能力，指标值越高，表明盈利能力越弱。天津规模以上工业企业主营业务成本占业务收入的比重较高，为 84.64%，高于北京、上海、浙江和广东，但六省/直辖市间差距并不大。

（3）绿色发展。由于各地区废气、废水排放的单位并不一致，难以统一，因此未纳入指标体系。本书的绿色发展指标从单位工业增加值能耗、单位工业增加值用水量、一般工业固体废弃物综合利用率三个方面来衡量。如表 3-6 所示，2015 年和 2016 年天津市绿色发展综合评价值为 0.155 和 0.149，排名第二位和三位，高于江苏、浙江和广东。

如图 3-15 所示，六个省/直辖市中，天津单位工业增加值能耗为 0.73 吨标准煤/万元，高于北京和广东。天津单位工业增加值用水量较低，为

7.63 立方米，低于北京、江苏、浙江和广东，仅略高于上海（6.75 立方米）。如图 3-16 所示，天津一般工业固体废弃物综合利用率为 98.99%，远超其他省/直辖市；浙江一般工业固体废弃物综合利用率最低，为 84.50%。天津近年来在绿色发展方面推出了多项奖励政策，加快了绿色制造体系的构建，支持了全市节能与工业绿色发展。

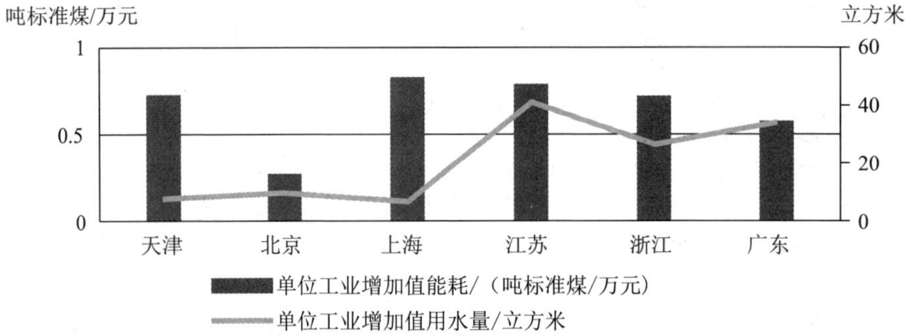

图 3-15　2016 年六省/直辖市单位工业增加值能耗和用水量对比

（资料来源：根据 2017 年《中国环境统计年鉴》和各省/直辖市统计年鉴、环保公报等数据绘制。）

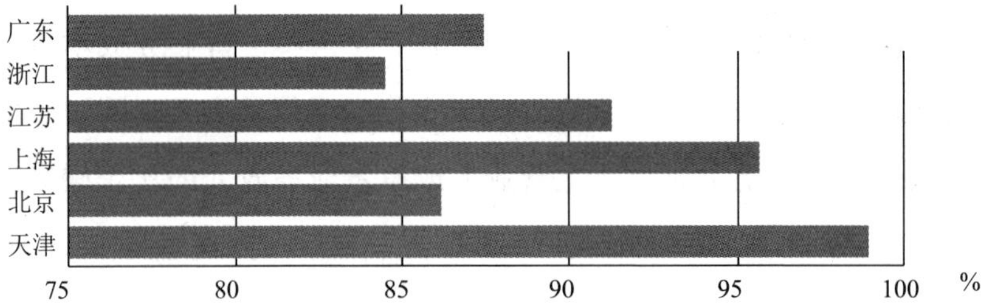

图 3-16　2016 年六省/直辖市一般工业固体废弃物综合利用率对比

（资料来源：根据 2017 年《中国环境统计年鉴》和各省/直辖市统计年鉴、环保公报等数据绘制。）

（4）创新发展。创新发展是全国先进制造研发基地建设的核心。创新发展水平由规模以上工业企业每亿元主营业务收入有效发明的专利数、规模以上工业企业新产品销售收入占主营业务收入的比重、技术市场技术输出合同金额 3 个三级指标构成。如表 3-6 所示，天津市创新发展水平综合评价值从 2015 年的 0.083 小幅增长，提高到了 2016 年的 0.085，但与北京市的差距仍然比较明显，在六省/直辖市中排名倒数第二位。

从三级指标数据来看，天津市规模以上工业企业每亿元主营业务收入有效发明的专利数、规模以上工业企业新产品销售收入占主营业务收入的比重仍然低于北京、上海、广东。如图 3-17 所示，2016 年，天津规模以上工业企业每亿元主营业务收入有效发明的专利数为 0.851，而北京、上海、广东分别为 1.433、1.093 和 1.834，分别是天津的 1.68 倍、1.28 倍和 2.16 倍。2016 年，天津航空航天器及设备制造业，电子及通信设备制造业，信息化学品制造业的新产品销售收入占主营业务收入的比重较高，分别为 68%、53%和 60%，但是天津规模以上工业企业整体新产品销售收入占比较低，2016 年仅为 21.80%，低于上海、广东和浙江。浙江尽管每亿元主营业务收入有效发明的专利数低于天津，但是其成果转化能力强，新产品销售收入占主营业务收入的比重高，2015 年和 2016 年分别达到了 29.80%和 32.69%，都约是天津的近 1.5 倍。从技术市场交易情况来看，天津的技术市场不够活跃，如图 3-18 所示，输出合同金额和输出合同数都远低于北京，分别是北京的 14%和 17%左右。这也从一定程度上反映出天津市创新能力仍然不足，亟待进一步提升。

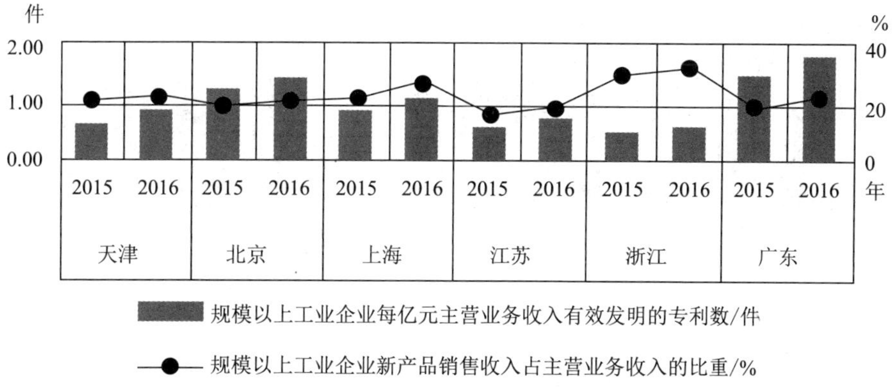

图 3-17　2015 年和 2016 年六省/直辖市有效发明专利和新产品销售收入情况对比

（资料来源：根据 2016—2017 年《中国科技统计年鉴》和各省/直辖市统计年鉴等数据绘制。）

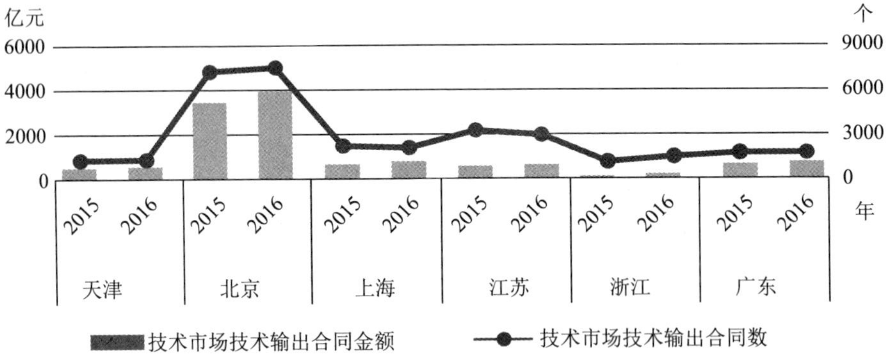

图 3-18　2015 年和 2016 年六省/直辖市技术市场交易情况对比

（资料来源：根据 2016—2017 年《中国科技统计年鉴》和各省/直辖市统计年鉴等数据绘制。）

（5）智能化发展。智能化发展是制造业发展的重大趋势，本书中智能化发展评价指标由重点行业典型企业 ERP 普及率指数、重点行业典型企业装备数控化率指数、有电子商务交易活动企业比重构成。如表 3-6 所示，2015 年和 2016 年，天津市智能化发展指标排名第六位，指标值为 0.144 和 0.139，指标值没有提高，反而出现了下降，远低于排名位于前列的北京和浙江。

2016 年，天津市大型装备制造企业基本实现了企业内部协同设计制造，如图 3-19 所示，重点行业典型企业 ERP 普及率指数和重点行业典型

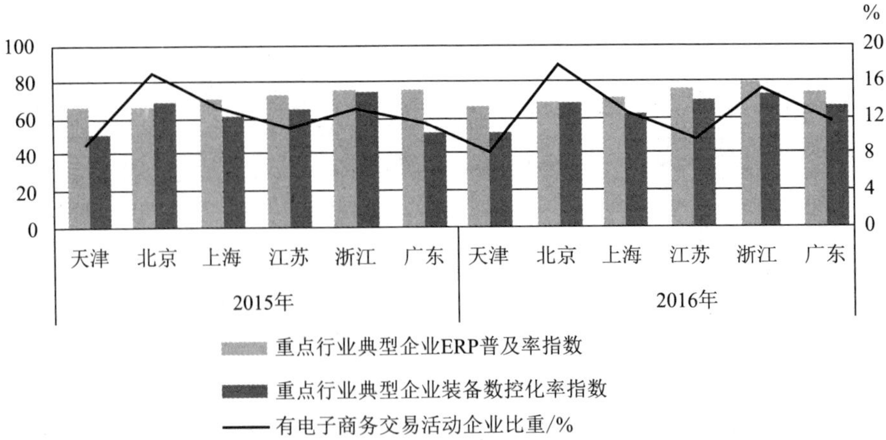

图 3-19　2015 年和 2016 年六省/直辖市 ERP 普及率、装备数控化率和电商交易情况对比

（资料来源：根据《中国信息化和工业化融合发展水平评估报告（2016 年）》等数据绘制。）

企业装备数控化率指数分别为 66.78 和 52.23，在六省/直辖市中最低；2016 年比 2015 年略有上涨，但涨幅很小。天津上述两个指标不仅低于北京、上海、江苏、浙江和广东，在全国排名中也处于中下游水平，分别位于第 16 位和第 18 位。2016 年，天津有电子商务交易活动企业比重为 9.1%，也低于其他五个省/直辖市，北京有电子商务交易活动企业比重为 18%，是天津的近 2 倍。

不仅如此，天津市的重点行业典型企业 MES 普及率指数、PLM 普及率指数、装备数控化率指数和国家新型工业化产业示范基地两化融合发展水平指数四个指标均低于全国平均水平。如图 3-20 所示，天津重点行业典型企业 MES 普及率为 67.79，低于全国平均水平，排名第 20 位。天津市信息技术应用水平较低，缺乏两化融合专项引导资金，存在重复支持、重复建设现象，企业内部信息化建设资金没有保障，社会化投融资渠道尚不完善。另外，天津市大部分企业没有建立首席信息官制度，部分企业没有设立专门的信息化管理部门，缺少既懂信息技术又懂内部管理的复合型人才，人才培训和储备不足。这些劣势与天津市建设全国先进制造研发基地的定位严重不符，亟待加强。

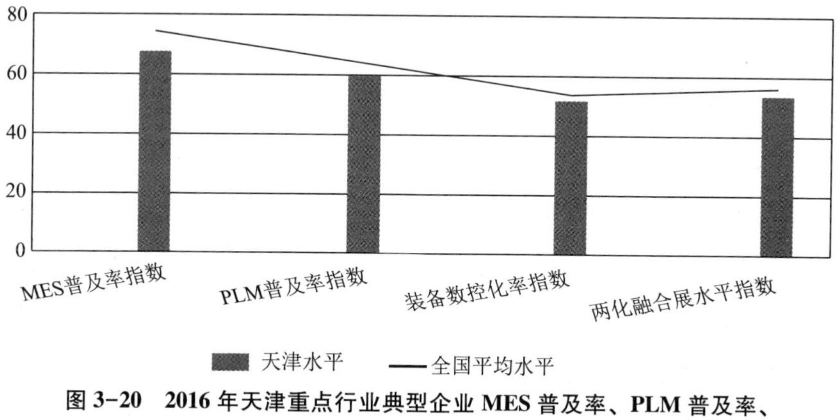

图 3-20 2016 年天津重点行业典型企业 MES 普及率、PLM 普及率、装备数控化率、两化融合发展水平指数

（资料来源：根据《中国信息化和工业化融合发展水平评估报告（2016 年）》数据绘制。）

3.5 本章小结

遵循系统性原则、客观性原则、可操作性原则、代表性原则，本章构建了全国先进制造研发基地建设能力和建设水平的评价指标体系，利用熵值法对各指标赋权，进而测算得出天津全国先进制造研发基地建设能力和建设水平的综合评价值，并分别与北京、上海、江苏、浙江和广东进行了比较。

研究发现，从全国先进制造研发基地建设能力的综合得分看，2015—2016 年天津市在六省/直辖市中处于最后一位，且 2016 年出现下降。在科技研发能力上，天津排名最低，研发资源不及北京等其他五个省/直辖市。在科研成果转化能力上，天津市亦居于最后一位，技术市场不活跃。在产业化发展能力上，天津市处于第三位，评价值稳定，先进制造业的生产制造环节具有一定的规模效应。在科技金融支撑能力上，天津相对较弱，融资市场发展较慢，财政扶持力度较小。在创新文化驱动能力上，天津市排名最后一位，但与其他省/直辖市差距在缩小，创新文化驱动能力有所提升。

研究还发现，从全国先进制造研发基地建设水平的综合得分来看，2016 年，天津市下滑一位，排名第六位。在产业发展方面，天津市综合评价值较低，产业结构仍需调整，尤其是知识密集型生产服务业与先进省/直辖市差距较大。在质量效益方面，天津市综合评价值最高，排名第一位，表明企业盈利能力较强。在绿色发展方面，天津市综合评价值较高，绿色制造体系不断完善。在创新发展方面，天津排名倒数第二位，创新发展水平较低。在智能化发展方面，天津市排名最后一位，重点行业典型企业 ERP 普及率、MES 普及率等指标在全国处于中下游水平，与全国先进制造研发基地的定位严重不符，亟待加强。

4 天津先进制造研发基地建设的短板约束

4.1 全国先进制造研发基地建设问题

在京津冀协同发展中天津市被定位为全国先进制造研发基地，先进制造研发基地建设与天津经济发展水平尤其是工业发展水平息息相关，全市工业发展状况、科技服务业发展状况以及营商环境折射出全国先进制造研发基地建设的问题。从天津市经济布局看，全市经济结构存在东高西低问题，东部滨海新区 GDP 曾过万亿元，而西部区县尚未过 1000 亿元（最近部分区县刚过千亿元大关）。滨海新区军工等大型国有企业与本地企业产业关联度小，对本地企业的辐射带动作用不强。从滨海新区产业结构看，滨海新区国有企业占到经济总量的 2/3，但主要集中在钢铁、石化等低端产业，而居于产业结构高端、创新活跃的民营中小企业经济规模仅占经济总量的 1/3，这与以中小企业为主体的北京中关村形成了鲜明对比。

4.1.1 先进制造研发基地建设动能不足，引资投资等经济指标增速放缓

近年来，先进制造研发基地建设速度加快，但发展新动能不足，滨海新区经济增速由 2013 年的 17.5%降至 2016 年的 10.8%。天津市经济发展状况同样如此。如表 4-1 所示，与上海市相比，天津市产业结构更加低端化，第三产业比重仅超过 50%，略优于重庆市水平。从经济增速看，天津

市与重庆市发展水平相当，而与上海市差距较大。这与直辖市的经济地位不相符合。2017 年，天津市经济增长跌入低谷，仅为 3.6%。这些数据表明，天津市新发展动能尚未形成，而制造业始终是拉动天津市 GDP 增长的重要因素，GDP 增速跌入低谷，显示全国先进制造研发基地建设动能不足。

表 4-1　2016 年天津市与部分城市工业规模比较

地区	GDP/亿元	工业增加值/亿元	三次产业结构
上海	27466.15	7145.02	0.4：29.1：70.5
深圳	19492.60	7190.86	0.1：39.4：60.5
天津	17885.39	7238.7	1.2：44.8：54.0
重庆	17558.76	6040.53	7.4：44.2：48.4
全国	744127	247860	8.6：39.8：51.6

资料来源：于明言．天津市建设全国先进制造研发基地的对策研究［J］．产业创新研究，2018（4）：26-31.

具体而言：一是滨海新区固定资产投资下降、投产重点项目减少。固定资产投资从 2014 年的 5780 亿元下降到了 2016 年的 4609 亿元，下降了 1171 亿元，降幅达 20.26%。竣工投产项目 2014 年为 300 个，而 2016 年仅有 212 个。二是货物进出口总额下降。2016 年，货物进出口总额、进口额、出口额分别为 716.36 亿美元、451.67 亿美元和 264.69 亿美元，比 2014 年分别下降了 23.6%、25.9%和 19.3%。三是对北京资金的吸引力呈下降态势。在全市对京引资（到位资金额）逐年上升的情况下，滨海新区吸引北京资金额却由 2015 年的 513 亿元下降到了 2016 年的 370 亿元，占全市引进北京资金的比重也由 2015 年的 36.76%降至 21.81%。①

从这些指标看，天津市相关经济指标走低给全国先进制造研发基地建设带来了不利影响，先进制造研发基地建设需要在新旧动能转换中培育新的动力源，在京津冀协同发展中集聚创新资源，确立新的竞争优势。

① 该部分内容来源于周立群、马云泽、薄文广、刘洪银等完成的天津市政协经济社会发展研究咨询委员会重点课题“深化体制机制改革，推动滨海新区和自贸区在京津冀协同发展中发挥更大作用”。

4.1.2 自主研发能力不强，制造业创新发展水平不高

作为老工业城市，天津市制造业发展大而不强，发展质量不高，这与先进制造研发基地建设目标存在较大差距。与京沪相比，无论从制造业总量指标还是效率指标看（如制造业增加值率、创新能力、拥有的核心技术、关键零部件生产、高端产业占比等），天津仍存在较大差距。

1. 研发创新投入不足

先进制造研发基地建设既需要科技研发，也需要技术成果转移转化和产业化、商业化。其中，科技研发需要雄厚的资金投入支持。受经济体量的约束，天津制造业研究与实验发展投入不够，投入强度高于全国平均水平，但低于沪深，如表 4-2 所示。

表 4-2 2016 年天津与部分城市 R&D 经费投入比较

地区	全年研究与实验发展（R&D）经费投入值/亿元	全年研究与实验发展（R&D）经费投入强度/%
上海	1030	3.8
深圳	800	4.1
天津	554	3.1
重庆	300	1.7
全国	15500	2.08

资料来源：于明言．天津市建设全国先进制造研发基地的对策研究［J］．产业创新研究，2018（4）：26-31.

如表 4-2 所示，2016 年，天津市全年 R&D 经费投入 554 亿元，仅为上海的一半多。R&D 投入强度为 3.1%，低于深圳 1 个百分点。不考虑研发效率，仅从研发投入水平看，天津市需要持续加大科技创新投入。

2. 科技创新主体培育不足

科技创新主体总量不足，结构有偏差。天津市通过政策倾斜，着力培育科技小巨人企业。2017 年初，天津市科技型企业总数已达近 9 万家，其

中，科技小巨人企业总量近4000家，工业领域的科技小巨人企业占规模以上工业企业总产值的比重已超“半壁江山”。但从总体看，天津民营中小企业数量较多，但体量较小，仅为全市经济总量的1/3。民营企业创新创造活力较高，北方地区科技民营企业培育普遍不足。天津市能够独立从事科技创新活动的民营科技企业数量较小，尚未成为科技创新活动的主体。2014年，天津高新技术企业数量仅为北京的1/7、上海的1/4、深圳的1/2。

3. 原创技术和核心技术缺乏

关键材料、核心零部件、先进工艺、产业基础技术一直是制约我国制造业发展和质量提升的技术瓶颈。这些关键材料、核心零部件对外依存度较高，一些关键工作母机、高端医疗设备、高端精密仪器及其核心元器件很大程度上依赖进口。① 天津市同样缺乏原创技术和核心技术。以汽车电子产业为例，在芯片、软件和核心零部件技术等核心技术领域，天津市没有自有专利技术，技术应用多依赖进口。企业研发起步较晚，短期内研发成果难以达到发达国家水平。传统企业技术改造压力较大，受资金制约，众多技改企业改造动力不足，而国内相关技术设备供应不足，难以达到国家节能、减排和环保的要求。②

4. 制造业服务化转型滞后

制造业服务化是指制造业企业为顾客提供更加完整的包括产品和服务的“组合包”。企业从产业链的制造环节向微笑曲线两端延伸，通过提高服务在制造业价值链中所占的比重，提升产业的附加值。制造业服务化是产品经济与服务经济的融合，这种融合通过增强产业链各环节的服务功能提升制造业竞争能力。制造业服务化是制造业的创新活动，但天津市制造业企业服务业务收入占总收入的比例较低，制造业企业从产品生产向全过

① 黄群慧．推动我国制造业高质量发展［N］．人民日报，2018-08-17（007）．

② 孙明华．天津建设全国先进制造研发基地的实施路径——基于京津冀协同发展的视角［J］．开发研究，2018（2）：27-32.

程服务转型滞后，制造业产业链向研发设计、营销服务两端延伸不足，制造业尚未实现服务化转型，生产性服务业尚未规模化和高端化，制造业企业多集中于产业链低端，而在设计、测试、营销、服务等高端链节聚集的企业较少。

4.1.3 科技研发服务产业链不完整，科技中介服务不能满足技术转移转化需求，科技服务能力成为先进制造业发展的短板

1. 尚未实现科技服务业与先进制造业的同步发展

先进制造研发基地建设要求科技服务业与先进制造业同步发展、融合发展。但科技服务业增加值占先进制造业的比率较低，科技服务业对制造业科技创新的支持不够，科技服务业仍是先进制造业发展的短板。

2. 科技研发服务产业链不完整

科技型中小企业新产品实验、检验、测试等需要专业化研发服务的支持，但检验检测服务散落在各大企业，尚未形成独立的专业化检测企业和产业。研发设计、科技咨询、软件与信息服务等科技服务业尚未形成规模，占科技服务业的比重较低。

3. 科技中介服务能级与技术转移转化需求不对等

科技成果转化服务机构种类不多、专业化不强。缺乏科技市场中介组织和平台，科技成果供求信息不对称，成果市场供求出现错位。缺乏科技成果与产业化的中间开发组织。科技成果从实验室到产业化需要经过小试、中试、熟化等必要环节，才便于转化应用。中间衔接组织的缺失降低了成果转化率和转化效率。

4. 科技成果评价服务发展滞后

科技中介服务功能单一，缺乏科技成果价值评估、市场需求评估、投融资咨询、企业信用评价等服务机构，尚未形成完善的科技成果转化评价机制，亟须第三方评估机构参与。

4.1.4 国际国内科技资源整合不足，科技成果转移转化机制体制不完善

1. 国际国内科技资源整合不足

从科技研发看，国际科技资源利用不足。从成果转移转化看，国外科技成果国内转化通道没有完全打开。天津市缺乏国际科技成果转化承接平台，难以实现与国际科技资源的有机对接。

2. 政府缺位

一方面，科技政策制定笼统，政策实施方案细则没有及时跟进，政策落地困难。另一方面，科技成果转移转化政策没有形成合力。科技、国资、财税、人事等部门尚未形成政策合力，成果转化政策落实有困难。

3. 政府越位

当前政府是科技成果转化的主导力量，行政审批干预科技成果挖掘、加工、交易、转化等，且审批严格、环节烦琐，市场化科技成果运行机制尚未确立。建立科技成果转化的市场机制，激发成果转化主体的积极性、主动性和创造性，有助于激发科技成果转化的活力。

4. 激励机制不完善

科技人员、科技成果转化人员从成果转移转化中获得的收益较少，不足以激发他们进行科技成果转移转化的动力。在事业单位严格的财务管理制度下，科研人员难以从科学研究和项目开发中获取创造价值的收益，成果产业化的激励不足。

4.1.5 科技金融服务没有精准对接科技活动需求，科技创新活动融资得不到满足

1. 金融对科技创新活动的支持力度不够

金融与科技创新结合不紧密，间接融资与直接融资出现双低。金融机构贷款占科技活动经费筹资总额的比例偏低。如天津“十一五”和“十二

五”期间，金融机构贷款占科技活动筹资总额的比例不足10%，且上升空间有限。金融机构对科技活动贷款占金融机构贷款的比例一直较低，基本在0.3%左右徘徊。

2. 科技创新活动的融资需求得不到满足

投融资困难仍然是制约先进制造业科技研发和成果转化的主要因素。由于金融机构难以精准识别科技项目市场的前景和运行风险，科技与金融没有实现有效对接。统计发现，天津市年销售收入500万元以下的科技企业，有79%难以获得银行贷款。

4.1.6 人才环境缺乏竞争力，高端科技人才短缺

1. 社会生活服务环境缺乏竞争力

高端人才更看重教育、医疗等社会服务环境和交通、物流等生活服务环境。天津市全国新区基础设施建设滞后，道路交通、教育机构、生活设施赶不上城市核心区，人口和人才吸纳环境缺乏竞争力，人口集聚水平不能满足产业扩张需求，人口和人才问题成为先进制造研发基地建设的短板之一。

2. 高端科技人才短缺

天津先进制造研发基地建设急需大批产业技术创新人才、高技能人才和高级管理人才，但和北京相比，不具有人才竞争优势。北京较强的人才虹吸效应给天津人才吸纳和保持带来了困难。京津冀产业结构类似，产业分工布局不合理，也形成了产业技术人才吸纳的同质竞争。天津不断出台人才吸引政策，但人才政策的竞争力不强。先进制造业价值链高端环节集中于北京，天津尚未集聚配套性产业，未形成制造业产业集群①，人才的产业环境缺乏吸引力和竞争力。

---

① 珠三角、长三角地区围绕先进制造企业发展聚集了大量生产性服务行业；而天津制造产业园区服务企业集聚较少，服务业与先进制造业匹配度不高，科技服务业、科技金融业、物流业等制造业配套服务不足。

3. 人才体制内外流动不畅

由于缺乏人才经营意识，人才的市场化管理理念落后。各类人才普遍向体制内单位集聚，企业尤其是民营企业人才吸纳的竞争力不强，天津市出现了高校、科研院所人才滞涨而企业人才短缺并存的现象。缺乏富有吸引力的人才流动机制，机关事业单位与企业的人才资源平衡政策做得不到位，这将导致人才资源的配置和使用不合理，出现体制内单位人才浪费和体制外单位人才短缺并存的局面，不利于人才的成长和社会化使用。

4.2 天津制造业科技成果转移转化问题

4.2.1 科技服务人才出现结构性短缺

除研发人才外，研发成果转移转化人才、科技金融服务人才等出现短缺，尤其是缺乏高端技术经纪人和复合型科技服务人才。人才政策习惯于高端人才调整，而科技服务人才等中端人才政策表现为空白，京津冀大部分地区没有科技服务人才政策。据统计，国际上研发人才与中端人才的比例为1∶8，而我国仅为1∶1。全国先进制造研发基地建设需要培育大量科技成果转化服务人才，需要政府制定紧缺型中端人才队伍建设规划和倾斜性政策，大力引进和培育中高端科技服务人才。

4.2.2 现行金融体制不利于科技成果转移转化

现行金融体制不能满足科技成果转化的需要，主要原因是：

第一，财政资金支持有限。财政对科技型中小企业支持仅限于研发初期的种子基金，缺乏对科技开发和产业化阶段的支持。

第二，科技与金融没有充分结合，科技金融服务没有精准对接科技活动需求。金融界对科技成果转化项目的市场评估和项目论证能力较差，约束了放贷的积极性，金融机构出现科技开发惜贷趋向，科技成果产业化项目贷款难。

第三，社会融资体系不完善。由于企业征信体系建设滞后，中小企业社会融资困难。科技成果产业化企业和科技创业企业难以获得社会融资支持。

4.2.3 科技中介服务机构没有有效促进技术成果产业化

天津技术转移组织建设滞后。技术转移服务人员难以掌握法律、财经、技术、商务、管理等综合专业知识，高素质复合型技术转移人才缺乏。不但如此，技术转移机构只专注成果宣介而不善于进行市场需求的评估与市场潜力的挖掘。中间衔接组织建设滞后，约束了科技成果的产业化和商业化。

4.2.4 国际国内科技资源整合不足

从科技研发看，非一线城市国际科技资源利用不足。2016 年初，外资机构在华设立的独自研发机构中，上海已经达到 396 家，占全国的 1/4；而天津不足百家，仅为全国的约 1/15。从技术转移看，许多地区尚未打开国际大门。北京等地技术转移合作遍及全球 41 个国家和地区，其他非一线城市跨境技术转移与合作尚处于起步阶段。从成果转化看，国外科技成果国内转化通道没有完全打开。

4.3 先进制造科技服务业发展问题

近年来，天津市科技服务业发展规模不断壮大。2016 年，科技服务业增加值达 550 亿元，占服务业比重的 5.69%；各区县、滨海新区各功能区围绕自身发展定位、资源禀赋和区域特征，打造和形成了一批现代科技服务业创新示范园区、示范企业和产业化基地。与全国先进制造研发基地建设要求相比，天津市科技服务业研发实力和自主创新能力还有待提高，科技与金融结合不够充分，科技中介组织培育滞后，阻碍了科技服务业高质、高效的发展。

4.3.1 科技研发服务产业链不完整

天津市先进制造研发基地在制造业增加值率、创新能力、核心技术、关键零部件生产和高端产业占比等方面不具有竞争优势，这主要源于科技研发滞后，推进制造业技术创新能力不足。

第一，尚未实现科技服务业与先进制造业的同步发展。2016 年，天津市科技服务业增加值占先进制造业的比率仅为 16.1%，而北京市同口径比率超过 70.0%。科技服务业对制造业科技创新的支持不够。

第二，科技研发服务产业链不完整，设计、测试、营销、服务等产业链高端环节聚集的企业较少。检验检测服务散落在各大企业，独立的专业化检测产业规模较小。

第三，研发设计、科技咨询、软件与信息服务等科技服务业骨干领域带动作用不足，占科技服务业的比重较低。

4.3.2 科技中介服务能级与技术转移转化不对等

第一，科技成果转移转化环境缺乏竞争力，技术交易市场规模较小，技术承接、孵化和转化能力不强，吸纳域外技术转移转化的能力弱。2016 年，北京流向天津的技术合同有 1486 项，成交额为 56.0 亿元，仅占北京流向外地区成交额的 2.8%，低于河北的 4.94%。

第二，天津技术转移组织建设滞后。科技成果转化服务机构种类不多、专业化不强。京沪在市科委备案并由市科委指导的技术转移机构均在 70 家以上，技术经纪人均在 1000 人以上，而天津只有约 20 家技术转移机构和少量兼职技术经纪人[①]，技术经纪人队伍规模较小。

第三，科技成果产业化开发组织建设滞后。科技成果从实验室到产业化由于其较高的经营风险，专门从事技术开发的组织较少。

第四，科技市场中介平台建设滞后。2017 年底，天津市初步建成科技成果转移转化服务网络，但服务平台尚未有机对接高校科研院所和区县技术转移机构，尚未实现天津及京津冀科技成果供需对接和高效转化。

第五，科技成果转化服务水平低。成果转化服务机构专注成果宣介而不善于进行市场需求评估与市场潜力挖掘。

4.3.3 科技金融服务没有精准对接科技活动需求

先进制造业发展需要传统技术的改造升级，天津市有技术改造需求的企业较多，受资金约束，企业技术改造动力不足。投融资困难仍然是制约先进制造研发基地建设的主要因素之一。科技研发需要雄厚的资金投入支持。受经济体量约束，天津市制造业研究与实验发展投入不高，投入强度高于全国平均水平，但低于沪、深。2016 年，天津市全年 R&D 经费投入为 537 亿元，仅为上海的一半；R&D 投入强度为 3%，远低于北京（5.96%）、上海（3.82%）等先进地区。

现行金融体制不能满足科技成果转化的需要。统计发现，“十二五”期间，79%的年销售收入 500 万以下的科技企业难以获得银行贷款。研发基地金融机构贷款占科技活动筹资总额的比例不足 10%。金融机构对科技活动贷款占金融机构贷款的比例基本徘徊在 0.3%左右。

4.3.4 科技咨询服务支持先进制造研发基地建设的效能不高

调研发现，天津先进制造企业对咨询服务存在较大需求，尤其是在项

① 阴保民，于爱丽，程圣杰，等. 天津市技术转移机构现状分析［J］. 天津科技，2015，42（12）：4-6.

目引进、技术开发、融资担保、营销策划、专利代理、成果申报代理等方面需求旺盛，但天津科技咨询服务供给不能满足先进制造研发基地建设的需求。

第一，科技咨询服务发展滞后。专业化咨询人员缺乏，限制了天津科技咨询服务业的发展，科技咨询服务出现了供需失衡。

第二，科技咨询服务市场管理不规范。行业管理不到位，科技咨询服务市场运行不规范，缺乏信息交流平台和行业质量标准。

第三，科技成果评价服务发展滞后，难以客观、科学地评估科技成果技术水平、市场需求、转化效益和转化可行性等，亟须第三方评估机构参与。

4.3.5 科技人才服务成效不显著

第一，配套政策不到位，市外人才引进困难。艾普大数据运用2017年第二季度全网移动用户全生命周期数据分析发现，天津对北上广深流出的人口吸引力较低，即使从北京流出的人口中也仅有3.73%流入天津，低于流入石家庄的比率。

第二，留住人才困难。配套产业发展滞后，引进人才流失较多。据《每日经济》新闻报道，2017年，天津市人才净流入率为-2.31%，居全国10大主要城市之末。

第三，先进制造研发基地建设受制于人才和人口双重约束。一方面，由于长期偏重高端人才引进，研发基地人才结构出现失衡，中等人才，如科技成果转移转化人才、科技中介服务人才等出现短缺；另一方面，新区的交通和人居环境缺乏竞争力，人口集聚水平不能满足产业扩张需求，人口问题成为先进制造研发基地建设的短板之一。

4.4 先进制造业创新平台建设状况

2017 年 11 月，国务院办公厅印发了创建“中国制造 2025”国家级示范区的通知。先进制造业发展迫切需要构建工业互联网产业支撑体系，实现建设平台和使用平台双轮驱动。共享经济中，平台已成为资源配置的主要方式。先进制造技术创新需要依托平台，吸纳优势资源，集聚互补性力量，形成协同性创新链。

我国制造业创新平台建设起步较早，各类平台组织发挥了创新载体的作用。2015 年底，科技部组织建设的国家重点实验室达到 481 个，国家工程技术研究中心达到 478 个；发展和改革委组织建设的国家工程实验室达到 158 个，国家工程研究中心达到 132 个，国家认定的企业技术中心达到 1187 个；教育部也组织建设了 38 个 2011 协同创新中心。这些创新载体发挥了技术创新平台的作用，但这些平台组织彼此孤立，资源分散，没有形成“技术创造—扩散—商业化—产业化”产业链的有机衔接，难以适应网络化协同创新的新趋势和新要求。为把“像散落的珍珠一样的创新力量串成美丽的项链”，2016 年 8 月，工业和信息化部印发了《关于完善制造业创新体系，推进制造业创新中心建设的指导意见》，计划到 2020 年，围绕新一代信息技术、智能制造、增材制造、新材料等领域创新发展的重大共性需求，建设 15 家左右国家制造业创新中心。《中国制造 2025》战略实施后，先进制造业创新平台建设取得了较大成效。

4.4.1 先进制造业创新中心建设实现了传统平台载体的转型升级

第一，制造业创新中心建设改变了孤立创新平台传统的创新组织建设模式和运用机制，实现了创新模式和创新流程的变革。创新载体从单个企业单打独斗向跨领域多主体的协同创新转变，创新模式由单一技术创新向科学技术与商业模式一体化创新转变，创新流程从线性链式向协同并行转变。如北京协同创新研究院通过市场化利益分享机制筹集协同创新母基金和子基金，吸引整合了国内外企业、高校院所广泛参与，开展协同创新。①

第二，先进制造创新中心建设弥补了创新链条，形成了跨界协同创新生态。创新中心聚力前沿技术、关键技术和共性技术研发、中试、熟化和产业化，沟通产业技术需求和技术成果供给，形成协同创新生态体系。我国首个国家级制造业创新平台——国家动力电池创新中心，就是一个由企业、科研院所、高校、产业基金和社会资本等各类创新资源，动力电池的需求方、技术研制方、产品制造方等多方面跨界组合形成的以资本为纽带、以上下游技术为联盟的创新生态。②

第三，新型创新平台集聚分散的创新资源，形成创新合力。先进制造业创新中心整合了技术、人才、装备、资本等创新资源要素，形成跨界跨行业的合作创新组织和创新力量，促进了创新资源的高效利用。如上海市政府搭建合作平台，采取人才交流、资本重组、技术数据集成共享等措施，把全市优质汽车整车企业、汽车行业相关的设计院和相关高校院所、装备制造企业进行科学联合，瞄准国际先进的汽车装备技术和清洁生产愿景，多方进行联合开发和集成创新。③

4.4.2 先进制造业创新服务平台发挥了多种功能

先进制造业创新服务平台集技术服务与公共服务职能于一体，发挥了多功能平台的作用，如开展技术标准研制与试验、产品检验检测、设备共

① 孙奇茹．北京协同创新研究院挂牌［N］．北京日报，2014-08-29（001）．

② 许红洲．培育制造业创新动力之源［N］．经济日报，2016-07-01（011）．

③ 陶伟民．搭建产业协作创新平台，促进本市制造业转型升级［J］．上海人大，2015（2）：28.

享、知识产权协同运用、项目评价、人才培训与交流服务以及金融服务等。这些制造创新公共服务在一定程度上解决了技术成果从实验室产品到产业化之间的“死亡之谷”问题，促进了制造业技术成果的商业化和产业化，如中关村民营科技企业家协会依托中关村开放实验室信息网络平台，以及天合科技成果大数据云平台搭建起一个聚焦科技成果转化过程服务、集成服务、专业服务为特色的线上线下互联互通的市场化服务平台。协会通过整合中关村开放实验室资源，建立了技术研发平台和检测服务平台，为区域企业提供科技成果转化推广服务。

4.4.3 先进制造业创新平台建设促进了两化融合

先进制造业创新平台建设离不开新一代信息技术支持，平台建成运营后，反过来促进了信息技术与先进制造业的融合，如智能制造技术、自动化生产技术等。2017 年，工业和信息化部制定了《制造业“双创”平台培育三年行动计划》，各地区制订了相应的行动计划，以促进制造业与互联网的融合发展，两化融合技术提高了制造企业运营效率。工信部统计显示，《中国制造 2025》战略实施以来，47%的大企业搭建了运营协同创新平台，两化融合管理体系贯标企业运营成本平均下降了 8.8%，经营利润平均增长了 6.9%。

4.4.4 先进制造业创新平台建设提高了政府服务企业的效率

源于平台组织的公共特性，各级政府成为制造创新平台建设的推动力量。鉴于平台组织的开放性、共享性和多功能性，政府服务制造企业的方式从传统的点上扶持转到建设创新平台上来，通过搭建不同类型的组织共享载体，提高了政府服务企业的效率。例如，先进制造业创业孵化器、众创空间、制造业创新中心和协同创新中心等，政府为入驻平台的市场主体提供了个性化和集中化服务，提高了政府服务企业的效率。

4.5 先进制造业创新平台建设问题

创建“中国制造 2025”国家级示范区，要求激发创新活力，建立以市场为导向、以企业为主体，产学研深度融合的技术创新体系，开展共性技术、通用技术研发和产业化示范。目前，示范区建设尚处于起步阶段，由于受资源要素和体制机制的约束，先进制造业创新平台组织建设存在诸多短板问题。

4.5.1 制造业互联网大数据平台建设滞后

平台经济最先影响数字化快的消费品产业（如电商平台等），第二轮才影响到制造业等工业品产业。基于此，在电商产业快速发展的同时，工业比重较高的地区，如东北和天津等地反应较慢，工业互联网平台建设滞后。目前，天津先进制造研发基地尚未建立工业互联网平台。虽然有零星的互联网企业或企业分部进入（如腾讯天津数据存储与研发中心、搜狐视频、国家超算天津中心等），但尚未形成有影响力的平台网络。无论是产品设计研发，还是先进制造业和高新技术制造业的形成，都离不开各种资源和大数据的支持，离不开互联网平台的支持。我国在设备数字化、网络化方面与美、德相比差距较大，2017 年我国企业设备数字化率为 44.8%，数字化设备联网率为 39.0%，制造业互联网平台建设需要加快信息技术和数字技术创新，构建支持智能制造升级和先进制造集群化发展的数字化、网络化平台。

4.5.2 难以识别和形成共同利益，实体型制造业创新平台组建困难

平台参与者之间应明确职责分工和收益分配。共同利益是创新平台组

建的基础，平台参与者只有识别共同利益，才能产生参与的积极性和主动性，形成优势互补的创新力量。但在现实中，由于创新风险和金融风险的存在，潜在的参与者在综合评估风险、成本和收益后，倾向于选择低风险的租赁性服务模式，如实验室的租赁、提供即时结算的检测检验服务等。部分潜在参与者仅看重显性收益而忽视了隐性收益，没有深入挖掘潜在的共同利益，降低了参与动力，也将影响平台的规模和作用。

4.5.3 缺乏初始投资，潜在参与者难以形成收益预期

制造业创新平台具有收益外溢性，亦即具有正向外部性。平台要产生收益，需要一定规模的初始投资，当产生显性收益或收益预期时，才会吸引社会资本注入。美国联邦政府在前 2~3 年内向每个制造创新所注资 7000 万美元，5~7 年后创新所通过向社会提供有偿服务产生造血功能，开展营利活动。我国财政资金和税收优惠政策主要投向了创新型企业，创新平台组织获益不多。平台组织缺乏沉淀资金的来源，难以承担融资风险，难以形成明确的具有吸引力的收益预期。国家创新政策应调整投资方向，从生产企业导向向创新平台导向转变。

4.5.4 网络化联盟替代创新中心，制造业平台出现了“去中心化”和“去中介化”趋向

调查发现，长期稳定的制造业平台组织对潜在参与者的吸引力不足，而诸如网络化联盟等松散型组织被广泛接受。制造业平台建设出现了“去中心化”和“去中介化”倾向，如为加快制造业开放式创新，部分专家建议“众包”企业创新平台去中介化，大众决策去中心化。这主要源于潜在参与者看重短期利益，忽视长期利益。以项目为纽带的联盟更具有灵活性和可选择性，项目参与者获得各自收益后即行退出。但制造业技术创新不是一蹴而就的，而是一个长期的累积过程，制造业技术创新既需要各种各

样不断更新的异质性资源，也需要形成稳定的创新平台生态系统，以拓展资源获取范围，实现相对稳定的互补性合作，而松散型联盟难以形成稳定的合作关系，不利于科技研发、成果转化和产业化等一系列创新活动的开展。快餐式的联盟难以形成稳定的合作关系，参与者的积极性不高。《人民日报》2016 年的调查显示，高校和科研院所的创新资源（高端仪器设备、重点实验室等）开放共享的积极性不高，租用企业沟通时间长、费用高，难以满足创新的要求。

4.5.5 转化和产业化服务平台建设滞后，技术成果难以商业化

从科技成果到产业化或商业化的过程存在市场失灵，高技术风险、投资风险和市场风险阻碍了民营资本的参与。当前，我国政府主导科技成果的转化推广，科技成果产业化率处于较低水平，如高校发明专利转化率为 13.5%，科研院所为 28.2%，企业为 67.5%，高校和科研院所许多技术发明被束之高阁。这就凸显了技术成果转化和产业化平台的重要性和紧迫性。政府应有作为而不越位，致力搭建成果转化和产业化平台，而不是直接干预成果商业化。事实证明，行政主导的技术转化推广体系并没有取得预期的效果，而需要政府干预的制造业创新平台组织（如科技成果价值评估机构、市场评估机构、投融资咨询机构和企业信用评价机构等）和制造业创新服务平台组织建设滞后，国内外科技资源和市场信息整合能力不足，既导致了制造技术成果市场供求错位，降低了成果转化率、转化效率，阻碍了先进制造业升级，也导致了制造业科技服务供给不足（如缺乏融资担保、质量检测、培训服务、国际交流合作服务等），制约了先进制造业规模化发展。

4.5.6 平台之间关联性差，难以形成平台生态系统

制造创新平台在技术研究与生产之间架起桥梁。各个创新平台之间应

形成互联互通的创新网络，形成平台生态系统。但我国制造业平台组织规模小，平台之间存在行业分割和区域分割，难以形成分工明确、布局科学的创新网络。如各种制造业协会和商会彼此孤立，缺乏枢纽型平台组织，即使在一个区域内也没有形成一个有机的整体；各类孵化器规模有限，且难以形成平台网络，创新平台的服务空间较小，抑制了平台潜能的释放。

专栏 4-1　案例分析：天津现代中药创新中心

为贯彻实施《中国制造 2025》计划，工业和信息化部、发展改革委、科技部、财政部联合印发了《制造业创新中心建设工程实施指南（2017—2020 年）》，提出围绕制造业转型升级和新一代信息技术、智能制造、增材制造、新材料、生物医药等行业领域共性技术和关键技术的需求，建设一批制造业创新中心。到 2020 年，形成 15 家左右国家制造业创新中心。到 2025 年，国家制造业创新中心达到 40 家左右。

目前，形成了 7 家国家制造业创新中心。除国家动力电池创新中心已成规模外，其他几家尚处于建设阶段。2017 年，天津市组建了第一家区域制造业创新中心——天津现代中药创新中心。由天津天士力集团、天津中医药大学和上海一家医药公司联合组建，目前尚处于建设阶段。天津现代中药创新中心集科技研发、成果转化、中介服务于一体，以股份制承担风险、分享收益。从前期建设情况看，现代中药创新中心存在以下突出问题：

第一，内部管理体制不顺，整体运营能力不强。目前，制造业创新中心管理模式主要有理事会管理、企业化管理和“公司+联盟”等方式。但从创新中心筹建看，一是尚未形成职业经理人等第三方管理体制。部分省/自治区/直辖市创新中心出现成员方参与运营管理现象，天津市也是如此。创新中心参与方不一定具备风险运营意识能力和知识产权运营能力，不一定胜任创新中心运营管理工作。二是创新中心参与方持股分散，缺乏带头企业，难以形成主导创新动力。三是处理不好企业内部研发部门与创新中心的关系。

第二，难以形成共同利益，主体参与积极性不高。目前，部分省/自治区/直辖市创新中心仍然停留在产业技术研究院、产业技术联盟层次上。天津现代中药创新中心尚未形成共同利益，参与各方之间互补性较低，参与方内部研发与创新中心研发之间存在一定的竞争性，研发产业链不完整。需要以集中持股调动龙头企业、科研院所以及中小企业参与的积极性。

第三，财政支持力度小，约束创新能力释放。国家制造业创新中心没有明确规定资金门槛。目前，省级制造业创新中心有 9 个省/自治区/直辖市明确了初始投资规模。例如，四川省和江苏省规定参与单位需要有一定资金匹配，全部组建资金（包括研发设备）不少于 1000 万元；河北省规定全部组建资金（包括研发设备）不少于

3000万元；深圳市规定给予不超过项目总投资额50%的资助，单个创新中心每年资助总额不超过1亿元。[①]与深圳不同，北方创投不活跃，难以吸引风险投资。天津目前没有风险投资介入初创企业，天津现代中药创新中心没有获得财政资助，风险融资困难，约束了创新能力的释放。

注：①李慧燕，刘洪银．制造业创新中心建设难点剖析［J］. 合作经济与科技，2018（20）：12-13.

4.6 民营制造企业营商环境约束

发挥市场在资源配置中的决定性作用就要尊重和实现民营企业市场主体地位。如何实现民企与国企平等竞争、融合发展，既是国有企业混改的关键，也是先进制造研发基地建设的基本要求。与南方省份相比，北方民营经济发展缓慢，民营企业数量占比仅为48%，税收贡献为44%；而南方民营企业数量达到了70%，税收占比为80%，吸纳就业达到了90%，民营企业创新创造活力较高。天津市民营企业数量较多，但规模较小。2014年，天津工业总产值超过3万亿元，其中民营工业总产值仅为1万多亿元。研发基地尚未营造出有利于民营科技企业成长的环境。

4.6.1 “放管服”改革后行政效率没有明显提高，难以形成亲清政商关系

第一，行政审批中缺乏规范、明确的提交清单。“放管服”改革后行政审批服务水平没有明显提高，109个章变成一个章后，各个部门的审批程序照旧。审批部门没有及时公布索要件的明细清单，没有公布不同审批类型的差异化审核明细，而是随机提出增补材料，导致企业多跑腿、难办事；而美国行政审批中则明确列示所需文件，一次性审核通过。

第二，有的公务人员不敢担责，教条地执行政策。即使再详细的政策条款也难以涵盖形形色色的个体状况，政策条文仅仅界定了指导思想、政

策精神和一般原则等。按照“非禁即入”原则，政策执行人员应具有一定的自由裁量空间。但在实践中，政策执行人员不愿担责、不敢担责，扭曲了政策内涵，降低了政策实施效果。

第三，没有建立起和谐的亲清政商关系。民营企业的发展离不开政府支持，但公务人员或者为清而疏远企业，或者因“亲”而受指责。政府应该制定亲的正面清单和清的负面清单，建立符合中国国情的亲清政商关系，放开公务人员的手脚，让他们大胆为民商服务。

第四，政府领导频繁调动不利于稳定政商关系。党政领导频繁调动，影响政府服务的可持续性、可衔接性和稳定性。无论是领导熟悉企业，还是企业沟通政府，都需要时间。领导人员的频繁调动不利于构建稳定的政商生态。

4.6.2 金融产品创新不足，民营企业没有突破融资困境

第一，银行等金融机构没有对民营企业放松银根，国有企业仍是放贷主流对象。甚至个别国有企业每年将未使用的贷款以12%~15%的利率转借给民营企业。2017年，银行收紧银根，民营企业核准的放贷额度难以到位。与国有四大银行相比，天津市有的银行贷款利率高，手续繁杂。

第二，轻资产的民营企业抵押物少，在企业征信体系不健全的情况下，融资难度大。

第三，政府采购项目免抵押贷款遇到障碍。按照规定，银行免抵押给予政府采购项目50%~80%的贷款，但大部分民营企业很难达到政府采购的门槛，即使中标也会因政府采购手续不全而难以获得贷款。

4.6.3 缺乏中小微企业服务政策，小微企业发展乏力

民营企业多为中小微企业，中小微企业是经营活跃、成长前景好的市场主体。中小微企业成长需要政府帮一把，如海南省、重庆市、湖北省等

省/直辖市政府为中小微企业提供政府采购服务，只要中小微企业签订市场化服务合同，政府就为该服务买单。但天津市没有制定相关的小微企业服务政策，无论是金融服务还是财政支持，小微企业获益不多。

4.6.4 人才政策结构不合理，民营企业缺乏竞争力

第一，体制内外用工政策差异大。体制内单位有较高的住房公积金和住房补贴，员工薪酬普遍较高，而天津民营企业承担不起如此高的成本，人才竞争力自然不高。

第二，人才政策“重引进人才，轻原有人才”。歧视性政策引发内外人才不公平，影响内部人才工作积极性。同样，招商引资政策“重外地企业，轻本地企业”，造成本地企业落地慢。

第三，高技术民营企业人才税负较重。高端人才收入高，个税自然就高，税收政策出现“鞭打快牛”现象。

4.6.5 政策宣介不到位，政企信息沟通渠道不畅

天津市政策制定后没有及时进行宣介（与北京市相比，天津市政策宣介力度较弱），政策对象没有及时获取政策内容，错过了享受政策红利的机会。民营企业没有能力设置政策研究机构和专门人员，需要建立政府信息对接平台。新政策既需要普遍宣传，也需要定向宣介（如招商引资政策等），保障政策通达到民营企业等相关对象。

4.7 本章小结

本章以问题为导向，从全国先进制造研发基地建设、先进制造科技成果转化、科技服务业发展、先进制造创新平台建设等方面发现问题，采用描述性分析方法呈现问题，并分析问题原因。全国先进制造研发基地建设

的短板主要表现在科技成果转化和创新平台建设两个方面，科技服务业通过作用于科技成果转化和创新平台对先进制造研发基地建设产生重要影响。全国先进制造研发基地建设需要补齐科技服务业发展短板，推动先进制造业和高新技术制造业形成。

5 先进制造研发基地建设比较与借鉴

5.1 制造业技术创新体制机制比较

5.1.1 北京中关村科技创新创业带动产业转型升级

1. 中关村行政管理体制及产学研运行机制状况、先进经验与具体做法①

成立中关村国家自主创新示范区部际协调小组。经国务院同意，2009年7月，成立了由科技部牵头、21个国家有关部委和单位组成的部际协调小组，协调落实示范区有关政策措施，研究解决发展中的重大问题。截至2017年3月，协调小组共召开了3次全体会议。

成立中关村国家自主创新示范区领导小组。经市政府同意，2009年5月，成立了中关村示范区领导小组。市政府主要领导任组长，负责贯彻落实中央有关指示，研究审定、协调推进建设示范区的重大事项，提出需要部际协调小组研究解决的重大问题。领导小组办公室设在中关村管委会。领导小组共召开了19次全体会议。

组建中关村创新平台（中关村科技创新和产业化促进中心）。2010年12月，组建了中关村创新平台，下设9个工作组，19个国家部委、37名

① 该部分内容材料由中关村管委会于2017年3月提供。

司局级和处级干部参与平台工作，北京市相关部门和区县派驻人员到平台办公。初步建立了跨层级、跨部门的集中统筹工作机制和协同创新组织模式。

成立中关村管委会。管委会是负责对中关村科技园区发展建设进行综合指导的市政府派出机构，主要职能是“调研、规划、统筹、协调、督办、服务”，没有行政审批权和执法权。园区实行“双重领导、以区为主”的领导体制。中关村管委会主要负责对园区的宏观管理，侧重于督办重大决策事项和重点工作、优化软环境及统筹重大项目；区政府对所属分园管委会实行全面领导，分园管委会推动本园的产业化、招商引资、社会服务体系建设等。

成立中关村企业家顾问委员会。在未来领军企业的推荐与扶持、重大科技成果产业化项目的挖掘、高端领军人才的引进和培育、促进产学研用的合作、加强国际交流合作等方面，提出专家咨询意见。

2. 中关村科技成果转移转化状况①

一是深化体制机制改革和政策先行先试，释放科技成果转化转移活力。争取国务院支持实施“1+6”“新四条”等先行先试政策，搭建了中关村创新平台，率先开展科技成果“三权”、鼓励创新创业税收、股权激励、科研经费管理、高新技术企业认定、全国性场外交易市场等重大试点。北京市出台了“京校十条”“京科九条”等市级政策。在中组部等15个部委和北京市委市政府支持下，建设中关村人才管理改革试验区，开展一批特殊政策试点，着力实施外籍人才出入境管理20项政策。在“一行三会”等部委支持下，建设中关村国家科技金融创新中心。中国人民银行成立了中关村示范区中心支行（国家外汇管理局中关村示范区中心支局），开展企业境外并购外汇管理、外债宏观审慎管理、投贷联动等改革试点，

① 该部分内容材料由中关村管委会于2017年3月提供。

不断深化全面创新改革；财政部等部委支持开展中关村现代服务业试点；国家工商总局支持实施工商全流程网上登记注册等19项试点政策；国家食药总局支持实施药品上市许可持有人制度等12项试点政策；出入境检验检疫局支持开展中关村进境动植物生物材料检验检疫试点；在市政府领导下，推进中关村军民融合科技创新示范基地建设。

二是全力推动京津冀协同创新共同体建设。发布实施了《中关村国家自主创新示范区京津冀协同创新共同体建设行动计划（2017—2018）》，明确了协同创新共同体建设的“六大工程”，高效聚合政策、人才、金融等创新要素资源。通过天津滨海—中关村科技园、保定·中关村创新中心、石家庄（正定）中关村集成电路产业基地等创新创业载体建设，初步构建了要素聚集、资源共享、产业上下游高效衔接、互利共赢的园区链。支持企业在津冀设立分支机构5800多家。联合天津市科委、河北省科技厅研究制定了《发挥中关村节能环保技术优势推进京津冀传统产业转型升级工作方案》，围绕区域传统产业转型升级、污染防治、节能减排等需求，联合开展了一批关键技术研发和应用示范等。支持中关村天合科技成果转化促进中心“京津冀协同发展科技成果转化促进平台”、中国技术交易所“京津冀协同发展科技成果转化促进平台”等机构设立，跨区域开展联合技术攻关与示范应用及科技成果转化服务，推介创新项目。以市场化运营机制引导中关村创新创业服务资源服务津冀，支持36氪、启迪、北大创业训练营、创业公社等38家创业服务机构在津冀设置分支机构94家。

三是建设中关村产业投资基金和科技成果转化基金。按照更加依靠资本发掘孵化前沿技术，建设市场化的成果转化平台，促进产学研金协同创新的思路，推动科技成果转化方式从“项目支持”向“产融结合”转变。同时，发挥财政资金的引导和放大作用，联合产业领军企业、产业技术联盟、高校院所共同发起产业投资基金和科技成果转化基金，构建市场化机制的合作新模式。在产业投资基金方面，目前已经与北斗星通、奇虎360、医疗器械联盟、储能联盟等联合发起设立了中关村北斗、智能硬件等多个产业投资基金。在科技成果转化基金方面，联合清华大学、北京大学、中国科学院、北京航空航天大学等多所中关村科学城的高校院所合作设立了科技成果转化基金。截至 2017 年 3 月，引导资金累计投入 17 亿元，合作创投基金共 55 家，创投基金总规模达 370 亿元，撬动 22 倍社会资本，已投资创新创业企业 700 余家。

四是中关村民营科技企业家协会发挥了技术研发和成果转化的平台作用。商会和协会作为第三方组织成为政府职能转移的高效承接者。中关村民营科技企业家协会于 1987 年成立，是由民营企业家群体自发成立的社团组织。中关村协会依托中关村开放实验室，为会员企业提供检测认证、委托研发和共建实验室等科技服务。协会依托中关村开放实验室信息网络平台，以及天合科技成果大数据云平台，搭建了一个以聚焦科技成果转化过程服务、集成服务、专业服务为特色的线上线下互联互通的市场化服务平台。协会通过整合中关村开放实验室资源，建立了技术研发平台和检测服务平台。

技术研发平台主要为区域企业提供科技成果转化落地服务，重点挖掘开放实验室的可转化成果，通过收集高校科研院所和企业的可转化成果，形成成果目录，定期向有需求的企业精准推送。同时，收集区域合作企业的技术需求，形成企业需求目录，定期向开放实验室推送。协会在科技成果供给和需求之间架起了桥梁。

检测服务平台着重从开放实验室中筛选出具有检测认证资质的实验室。协会定期向检测类实验室输送企业服务需求信息，促进实验室对企业的科技服务。

天津市也成立了高新技术企业协会，但协会的功能拓展不够，潜能挖掘不深，没有充分发挥其科技研发和成果转化的平台作用，企业科技服务供求之间仍存在障碍。天津市协会建设应该学习中关村科技企业家协会的发展经验，健全组织结构和职能，充分发挥第三方机构的作用，为天津市科技研发和成果转化搭建平台。

3. 中关村在创新创业带动产业转型方面的成功经验和举措①

一是引领“大众创业、万众创新”，率先构建高精尖经济结构。实施“创业中国”引领工程。支持市场化、专业化、网络化“双创”服务平台，支持中关村创新型孵化器 78 家、特色产业孵化平台 26 家，打造中关村创业大街、中关村智造大街等科技创业新地标，改造提升中关村大街。搭建市场化高端产业促进平台，支持航材院建立石墨烯系列科技成果孵化转化平台，支持中国科技大学在中关村筹建“1+2”协同创新平台，支持北京大数据研究院、北京协同创新研究院、北京生命科学研究所、北京纳米能源系统研究所等机构创新发展。实施战略性新兴产业集群创新引领工程，出台实施中关村大数据、集成电路设计、智能硬件、智能机器人、虚拟现实、生物医药医疗器械等新兴产业政策措施。中关村互联网和大数据推动各行业转型升级，前沿技术研发、商业模式创新和科技金融创新相结合，不断催生新业态，制造业服务化趋势越发凸显。以互联网跨界融合创新和分享经济为代表的新经济蓬勃发展。

二是持续构建创新创业生态系统，培育创业家精神和创业文化。改变对单个企业和项目的支持方式，注重构建整个创新创业生态系统。中关村的创新生态系统，包括行业领军企业、高校院所、高端人才、天使投资和创业金融、创新创业服务业、创新文化六大要素，以及市场环境、法治环境、政策环境三大环境。围绕六大要素，精准服务领军企业和潜力企业，成立京企云梯联盟；促进高校院所成果转移转化，成为技术源头和人才摇篮；实施“千人计划”“海聚工程”“高聚工程”，建设中关村高端人才创业基地；建立天使投资和创业投资引导资金，引导壮大天使投资和创业投

① 该部分内容材料由中关村管委会于 2017 年 3 月提供。

资规模；支持发展产业联盟、行业协会、科技中介等创业服务新业态；鼓励创新、宽容失败，让创新创业成为一种生活方式。创新创业生态系统成为中关村的核心竞争力。

三是推动开放式创新，打造链接全球创新网络的关键枢纽。支持企业“走出去”，实施中关村企业国际化发展行动计划，在全国率先设立企业国际化发展专项资金和300亿元中关村并购母基金。建立中关村驻硅谷、伦敦等10个海外联络处，支持中关村发展集团设立中关村硅谷创新中心。注重“引进来”，发挥中关村—以色列国际技术创新合作转移中心、芬华创新中心的作用，吸引全球知名创业服务机构在中关村落地。

5.1.2 美国制造业技术创新体制机制

1. 美国制造业政策变迁

美国制造业经历了从衰退到再振兴的历史变迁。20世纪70年代，美国宣称进入“后工业化社会”，国家经济中心由制造业向第一产业转移，导致制造业市场竞争力下降，贸易逆差加大，失业率增加。制造业衰退导致美国综合国力下降，科技竞争力难以释放。

20世纪80年代，美国认识到制造业衰退对国家经济社会发展的影响，各届政府开始了制造业刺激计划。里根政府强调促进基础科学研究，用政策激励联邦实验室向企业转移转化技术成果，支持校企合作技术开发。

90年代初，克林顿政府提出“制造业仍是美国的经济基础”，大力支持先进制造技术发展。鉴于此，政府制定了一系列鼓励制造业技术创新的政策，如减免研究和技术开发税收，鼓励社会投资技术研发；通过税收或临时性税收减免鼓励企业增加设备投资；加强工程研究中心建设，鼓励校企合作开展技术开发和实验；全面有偿开放联邦实验室；全面放宽对高技术产品的出口控制；等等。这些政策措施从较大程度上促进了制造业尤其是装备制造业的振兴，促进了经济的持续增长。

进入21世纪，以金融危机为契机，奥巴马政府提出了“再工业化”和“重振美国制造业”战略，采取促进先进制造业发展的重大政策举措，特别是整合政府、企业、高校及其他社会资源，构建全国制造业创新研究网络等，这不仅有利于促进美国制造业的复兴，也有助于巩固和加强美国制造业强国的地位。① 2012年3月，奥巴马提议建立“美国国家制造业创新网络”，通过组建各领域的制造业创新研究所（IMIs），建立起全国性的制造业领域的政产学研协同创新网络。②

2. 美国制造业技术创新机制

美国制造业技术创新得益于充分发挥市场机制在资源配置中的决定性作用和政府的积极干预作用，从而形成完善的技术创新政策、激励制度和政策体系。这使美国得以再次实现制造业复兴，保持持久的竞争活力。归结起来，美国制造业技术创新激励机制包括：

第一，国家创新文化和冒险文化。美国是由不同种族组成的移民国家，不同种族的移民本身就是一种探索活动。移民活动的目标就是实现更高的价值和获得更好的生活。由于国家历史短暂，不受根深蒂固文化的影响，探索和创新是美国的文化基因。崇尚成功和宽容失败是美国文化的精髓。在这种国家文化的引导下，就业吸纳能力强的制造业得到了联邦政府政策的青睐，政策激励促进了制造业技术的研发和产业化。

第二，培养、吸纳、集聚全球高端人才。美国高度重视教育和人才培养。建国后不久就颁布了《全民教育法案》，实行全民教育。1976年，美国联邦政府制定了《终身学习法》（即《蒙代尔法》），以法律推进和保障终身教育理念形成。全民教育和终身教育提高了国民素质。同时，美国善于引进、吸纳全球各类高端人才，以优厚的待遇和完备的工作条件吸纳、集聚

---

① 甄炳禧．智能制造与国家创新体系——美国发展先进制造业的举措及启示［J］．理论前沿，2015（6）：27-39.

② 冷单，王影．美国国家制造业创新网络运行机制与经验启示［N］．中国经济时报，2016-01-12（005）．

各国科技精英。这些人才为美国的制造业技术创新注入了活力和动力。

第三，鼓励竞争的制度安排和政策支持。一是保护发明创造。美国建国之初就制定了专利法，将保护知识产权写进宪法，充分调动了科技人才发明创造的积极性。为防止专利的过度保护和垄断，1890 年 7 月，美国联邦国会通过了《保护贸易及商业以免非法限制及垄断法案》，简称《谢尔曼反托拉斯法》，限制垄断贸易和不公平竞争。二是政府持续大规模地进行技术研发投入。20 世纪 40 年代以后，美国政府持续大规模支持基础研究、关键共性技术及前沿性共性技术研究和军用科技研究等，并采取税收减免等措施鼓励企业增加研发投资。三是政府大力支持科技成果转化和产业化。为加快研究成果向应用技术转化，美国先后出台了《购买美国产品法》《小企业创新法》等法案，建立和完善了军民融合、技术转移和中小企业发展等法律法规。通过税收优惠等措施扶持中小企业发展，通过军事订购和政府采购等方式支持技术成果的产业化生产。

专栏 5-1 案例分析：美国制造业创新研究所

美国制造业创新研究所（创新中心）是美国政府为应对新一轮工业革命而搭建的一种新型创新平台。美国制造业向海外转移，导致国内工业空心化。这种产业转移的结果是新技术成果无法商业化，创新能力被相应地削弱。为占领新一轮产业革命的制高点，联邦政府把产业界（如大、中、小企业和初创企业）、学术界（如大学、社区学院、技术机构、国家实验室等）、政府部门（如联邦、州和地方政府）等公私部门、营利和非营利力量集聚在一起，建立了制造业创新研究所，每个创新研究所选择一个战略性前沿领域研究方向，打造枢纽性区域创新共同体。2013 年，美国政府提出 10 年内在 45 个州创建 45 个制造业创新研究所，形成一个覆盖全国的制造业创新网络。

（1）创新研究所的建设目标。其目标旨在解决美国联邦研发投入和税收优惠政策与国内制造技术不对等的矛盾。创新研究所的具体目标是开发、推广和商业化制造技术，形成适合大规模生产的新产品和新工艺，减少技术成果商业化的成本和风险，并为国内制造业培训各种技能人才和技术工人。联邦政府资助创新研究所建设的目的是解决国内基础研究与规模化生产之间的矛盾，重振美国制造业，培育经济发展新的增长点，力求在新一轮产业技术革命中占领高端制造业的制高点。美国最初计划投资 10 亿美元建设 15 个区域性制造业创新研究所，随后奥巴马政府又提出在未来 10 年内将建设 45 家 IMIs 的宏伟目标。

（2）创新研究所资金来源。联邦政府资助每个制造业创新研究所 7000 万美元以上，非联邦政府及其他机构以超过 1∶1 的比率配套资金。创新研究所初期（两三年内）以联邦政府投资为主，初期投入占到政府全部投入的一半以上（第一年为 15%，第二年和第三年分别为 20%）；从第四年开始政府投入逐年减少，相应地逐渐增加非联邦政府及其他部门的投入；5~7 年后，联邦政府投入逐步取消，创新研究所依托自身技术和专业知识多渠道获得经费来源，通过收取会员费、有偿服务、产品试制、各类奖励和捐助等方式获得自营收入，逐步实现自负盈亏。

（3）创新研究所的组织结构。创新研究所由美国高端制造业国家项目办公室（AMNPO）全权负责，美国商务部国家标准与技术研究所（NIST）先进制造项目办公室负责协调管理。创新研究所是一个独立运行的非营利性组织，是一个产业界、大学和政府机构合作组成的区域制造业创新中心，采用政府、产业界、学术界以及非营利组织联合治理模式。该组织成立独立的董事会，由核心企业、高校等负责人组成，董事长一般由核心企业领导人担任。每个创新研究所都必须通过美国国防部（DOD）和能源部（DOE）开放、竞争程序招标，经过跨部门技术专家审查后公布中标团队的程序建立。[①]创新研究所成立后，不断吸纳来自大企业和小企业、大学、社区学院、经济开发组织、联邦实验室和政府机构的新成员加入，形成可持续创新生态。

（4）建设多功能创新研究所。创新研究所的核心功能是通过开发新兴技术、培训技能劳动力、探索成熟的商业模式，促进先进制造技术向高工艺化、可规模化和高效率的美国国内制造能力转化，并通过创新网络把每个创新所的经验教训输送到全国。第一，向美国制造商（尤其是中小企业）提供技术工艺成熟的成套生产设备和资本密集型基础设施。包括创新研究所自主研发的新技术、新型设备及其技术专家，以降低企业新技术开发、推广的技术风险。第二，为制造企业培训劳动力，使之掌握最先进的制造方法和技术工艺。第三，集聚公私部门的知识要素和创新力量，形成稳定的先进制造业创新生态系统。

（5）美国制造业创新研究所的启示。技术成果商业化受技术、金融和市场等多重风险的约束。无论是中国全国先进制造研发基地建设还是“中国制造 2025”国家示范区建设，都离不开一个平台组织。美国从工业空心化到再工业化发展历程表明，联邦政府充分认识到技术研发、成果推广和产业化、制造业规模化是一个不可或缺的整体，制造技术创新与制造产业相互依赖、相互促进；同时也表明，美国以往的技术创新政策没有聚焦创新资源要素整合，导致财政资金分散，创新绩效下降。美国制造业创新研究所的实践可以为“中国制造 2025”国家级示范区建设提供如下经验借鉴：

第一，发挥财政资金对创新平台建设的启动作用。美国联邦政府改变了分散的创新投入方式，集中支持创新共同体建设，建成了全国制造创新网络。我国财政资金和税收优惠政策重点支持创新企业，而对创新平台支持不足。平台组织建设前期存在市场失灵，需要政府先行投入启动资金，才能形成预期收益，带动社会资金投入，形成自主运行的创新生态系统。

第二，加强技术成果产业化平台建设。由于高的技术风险和融资风险，技术成果转化推广存在市场失灵。从新技术到可规模化生产的产品需要政府干预。我国成果转化和产业化依靠的是行政力量，尚未形成市场化成果转化机制，政府存在缺位和越位。美国政府在技术商业化领域有为而不越位，既发挥了投资催化和监督管理职责，又没有替代市场主体。我国应调整政府创新管理职能，搭建科技成果产业化平台，充分发挥国有部门的创新实力和民营企业的创新活力，形成制造业创新共同体。

第三，合理布局先进制造创新网络。“中国制造 2025”战略实施可借鉴美国经验，树立全国“一盘棋”意识，加强制造业全国布局规划，构建全国创新生态系统网络，防止重复建设和无序发展。国家可根据“中国制造 2025”战略，具体规划国家级先进制造创新中心的产业布局和区域布局，形成布局合理、结构优化、相互支持的创新生态网络。在国家级创新平台网络带动下，各地区构建本地域内的先进制造业创新中心或其他创新平台。

注：①冷单，王影．美国国家制造业创新网络运行机制与经验启示［N］．中国经济时报，2016-01-12（005）．

5.1.3 日本制造业技术创新体制机制

1. 日本制造业技术创新动力机制变迁

第一，开放与改革形成了工业发展原动力。日本自然资源匮乏，在较长的历史时期内一直是一个贫穷、弱小、落后的封建国家。明治政府执政后，锐意改革维新，在确立天皇绝对权威下构建议会、内阁、军部并立的中央集权制后，大力推行“脱亚入欧”战略。这些改革维新措施产生了制造业的原始动力。由此，日本丝织业、棉纺织业、铁路车辆与机车、造船业以及电气机械等制造业得到了快速发展，对外贸易结构也从以资源型产品为主向棉纱、棉布等轻工业产品主导转变。

第二，西方技术本土化推动了日本制造业技术升级。19 世纪末，日本的崛起得益于大胆引进、模仿西方先进技术，使之本土化，着力建立现代工业体系。明治维新时期，日本中央政府专门设立了工部省，大力推行“殖产兴业”计划。各官营产业中广泛引进、采用西方的先进技术设备和技术工艺，大量获取西方科技信息，聘用外国工程技术人员，派遣留学生以及通过技术协作等快速引进吸收西方先进制造技术，实现国外技术转移和本土化生产。①

第三，人力资本投资使“二战”后日本制造业迅速崛起。“二战”后，日本经济濒临崩溃，但通过大量引进国外先进技术，开展引进、吸收和再创新，20世纪60年代末再次崛起，成为世界第二大经济体。除技术引进吸收外，人力资本投资也是当时日本经济崛起的又一原因。“二战”摧毁了日本经济，但生产技术能力仍然存在。“二战”后日本大力推进教育改革，为制造业发展培养了一大批熟练劳动力和中高级科技人员。这些科技人员能够替代西方专家管理工业企业，实现技能人员和科技人员的本土化。

2. 日本制造业创新体制安排②

第一，设立科技政策咨询机构——综合科学技术会议。2001年1月6日，日本政府实行内阁改革，新设立了内阁办公室，直接对内阁总理大臣负责。内阁办公室设立了五个相应的“智囊”机构（“会议”），综合科学技术会议（CSTI）是内阁五大重要政策咨询会议之一，负责科学技术政策咨询。CSTI由内阁官房长官，科技、总务、经济产业等大臣，日本学术会议会长以及不同领域的资深专家组成，通过审议科学技术政策、科技预算、科技资源分配、国家重要研发项目评价等，为科技创新活动提供咨询服务。

第二，制定中小企业创新促进制度。中小企业占日本全部企业数量的99%。为促进中小企业新技术研发，日本颁布了《新事业创出促进法》，实施“以补贴形式援助中小企业在新技术、新商品、新服务、经营革新等方面进行创新研究及成果产业化”的中小企业创新研究促进制度。政府每年制定补贴额度，由经济产业省等7部门发布支持领域，分阶段择优提供资金支持。研发初期，采取小额普惠资助的方式，覆盖企业研发风险；研

① 王昌林，姜江．大国崛起与科技创新——英国、德国、美国和日本的经验与启示［J］．全球化，2015（9）：39-49.

② 李杨，谢振忠，陈笑天．日本制造业创新体系的启示［J］．中国工业评论，2017（10）：42-45.

发中期，对进入研发中期阶段的中小企业，补助标准上升为初期的 3～4 倍；产业化阶段，对符合条件的中小企业提供新产品开发和销售网络构建所需经费的 1/2，不超过 500 万日元的补助。

第三，颁布高校技术转移促进法。1998 年，日本国会通过了促进大学技术研究成果向民营企业转移转化的相关法律《大学技术转移促进法》和《研究交流促进法》的部分修正案，加速科技成果向民营企业转让。该法规定，成立若干代表日本政府、由高校牵头组建的技术转移机构，促进大学科技成果的专利化、实用化和产业化。这些机构采用会员制，以股份制形式运营。政策方面，技术转移机构可享受资金以及融资担保上的优惠，允许高校教师兼职技术转移工作、技术入股等。

第四，制订官产学研合作的产业集群计划。日本 20 世纪 90 年代被称为“失去的十年”；90 年代末，面对资产泡沫，日本经济产业省启动了产业集群系列规划。产业集群计划是指以骨干企业为核心，整合区域范围内高校、研究机构，围绕制造业发展技术需求，开展资源共享和技术研发合作。产业集群规划分为三个阶段：第一阶段（2001—2005 年）为产业集群初始阶段；第二阶段（2006—2010 年）为产业集群发展阶段；第三阶段（2011—2020 年）为产业集群自组织扩张阶段。① 日本产业集群计划特别强调构建区域内官产学研合作的协同创新网络。具体而言，地方政府组织企业、高校、研究机构对区域内产业发展方向、技术攻关、成果产业化等进行论证，制订产业集群计划，设立计划实施机构。计划实施机构承担官产学研合作网络的建设工作，建立与金融机构、技术转移机构、地方经济产业局之间的合作网络。

第五，实施“COE 计划”。“COE 计划”即“高校 COE 基地建设计划”，于 1992 年 7 月由日本学术审议会在《关于展望 21 世纪学术研究综

① 朱惠斌．日本产业集群规划的特征及启示［J］．世界地理研究，2014（1）：93-102.

合推进方案咨询报告》中提出。通过科技体制改革，提升日本大学科研水平，以调动师生科研积极性，进而辐射带动整个社会创新水平的提高。2002 年，日本学术振兴会对“COE 计划”整体评估后，提出了“21 世纪 COE 计划”，旨在推行、利用第三者评估制度，创建大学间自由竞争环境，以期建立世界级高水平教育与研究基地。① 2007 年，日本学术振兴会再次对“COE 计划”目标进行了调整，将计划目标设定为建设具有国际竞争力的大学，培养国际顶尖的创新性人才，推动世界高水平卓越教育科研基地建设。② 该计划命名为“全球 COE 计划”，由日本最具权威的官办科学资助机构代表文部省学术审议会与学术振兴会联合组织成立 COE 计划委员会，由该委员会负责“COE 计划”的整体构建与实施，包括大学评估、入选大学考核、经费拨放、项目评估等环节。③

3. 日本制造业技术创新对中国的启示

第一，政府在科技创新活动中发挥着不可替代的作用。从明治维新到“二战”后经济重新崛起，政府发挥了不可替代的作用。科技创新活动具有外部性，尤其是基础性研究和前沿领域研究，创新主体承担着较大的创新风险，外部性内部化需要政府发挥作用。从日本科技创新体制安排看，政府能够及时从失败中总结教训，改革行政机构，根据市场效率配置财政资金，降低了科技创新风险。我国科技创新活动同样存在较大的外部性和风险，但政策作用不够精准，政策不够细化，没有细分政策对象特征，导致政策实施效果不佳。在基础创新和集成创新领域，政府存在缺位。“中国制造 2025”战略实施需要攻关共性技术和集成技术，需要政府调整科技

---

① 独立行政法人日本学術振興会 . 21 世紀 COE プログラム［EB/OL］.（2008-05-28）［2017-07-01］. http://www. jsps. go. jp/j-21coe/index. html.

② 独立行政法人日本学術振興会 . 平成 26 年度グローバルCOE プログラムパンフレット［EB/OL］.（2013-05-20）［2017-07-01］. http://www. jsps. go. jp/j-globalcoe/date/h26_ phanphlet. pdf.

③ 唐钰滢，王校羽，刘文静 . 科技体制改革下的创新驱动发展——日本“COE 计划”特征与启示［J］. 科技经济导刊，2018（6）：8-9.

创新政策和财政资金分配，最大限度地激发市场主体的创新创造潜能，提高制造业技术创新的激励效果。

第二，着力激励市场主体的创新动能。高校、科研院所和中小企业是创新活动的主体。日本“COE 计划”针对高校创新人才培养，以项目形成支持具有国际竞争力的大学和研究机构，打造世界高水平卓越教育科研基地；而中小企业创新推进制度聚焦创新创业活动卓越的中小企业，通过财政补贴的方式补助企业技术研发和成果转化，有效地降低了中小企业新产品、新技术、新管理方法的创新研究和成果产业化、商业化的风险。我国创新主体除中小企业和高校科研院所外，还有国有企业。政府对国有企业和高校的创新扶持较多，但对中小企业的支持较少。中小企业市场经营能力较弱，但市场活跃程度较高。不同于大型企业，中小企业创新风险承担能力较低，需要政府分担风险。如果完全按照效率原则，采用事后补助方式，中小企业将降低创新动能。日本根据中小企业创新过程阶段性特征给予差别化补贴，有助于补齐创新过程资金短板，值得我国政策制定者参考。

第三，政策促进成果转化和产业化。我国制造业科技成果转化和产业化程度较低，主要原因是市场主体的风险承担能力差。在技术成果产业化过程中，市场需要是影响产业化的主要因素。这就需要组织建立成果转化中介机构，有效对接技术成果的供给和需求。日本制定《大学技术转移促进法》，通过财政资金扶持和融资担保优惠，着力培育技术转移机构，鼓励高校教师参与技术转移转化。我国技术转移机构数量少，服务能力差，难以承担技术成果转移转化的主体作用。政府需要制定倾斜性政策，着力培育和扶持各类技术转移机构。对制造业而言，技术成果转化需要大量资金，单靠个人创业难以承担转化资金风险。政府需要建立制造业技术转化专项引导基金，通过引入社会资本，共同分担成果转化风险，分享成果转化收益。

第四，高度重视人力资本投资。“二战”后日本经济崛起得益于技术、教育和人力资本。日本推进教育改革，为制造业发展培养熟练劳动力和中高级科技人员，实现了技能人员和科技人员的本土化。不但如此，日本通过推行“COE 计划”，建设具有国际竞争力的大学，培养国际顶尖创新性人才。这些措施有效激发了社会人力资本投资，为制造业的发展提供了高端科技人才、技能人才和技术劳动力。我国正在建设“双一流”大学，大力资助入选学校。相比学术人才，技术技能人才培育竞争力较低，社会歧视仍然存在，政策扶持力度尚有上升空间。根据“中国制造 2025”战略要求，我国还需要加大全社会各类人力资本投资，尤其是创新创业人才、高端技能人才和国际顶尖人才的引进和培育，实现人才强国的战略目标。

5.2 制造业科技成果转化模式国际比较

5.2.1 美国政府干预模式

美国政府积极参与科技成果转化和产业化：

第一，美国政府在科技成果产业化中担任经纪人角色。政府通过成立联邦技术利用中心、研究与技术应用办公室、产业技术中心等，为科研院所与工业企业之间搭建了转化平台。政府制定技术成果产业化相关政策和法律法规，以期沟通科技成果的供给和需求，如建立了小企业创新研究项目 SBIR、小企业创新研究中心、小企业技术转移计划、制造技术推广伙伴计划等，用以推动技术开发和产业化。

第二，建立完善的科技成果转化法律体系。1980 年，美国通过了《技术创新法》《政府专利政策法》《专利与商标法修正案》，把联邦政府拥有的技术发明所有权授予学术部门和小企业，允许学术部门和企业自主制定专利转让办法。美国联邦政府还制定了《拜杜法案》《联邦技术转移法》

等，提高了创新主体推广应用联邦实验室科技成果的积极性。

第三，建立风险投资体系。风险投资在美国被誉为高新技术产业的“孵化器”。为了鼓励风险投资，美国政府于20世纪50年代推出了“小企业投资公司”（SBIC）计划，规定SBICS发起人每投入1美元到风险投资项目中，便可从小企业管理局（SBA）得到4美元的利率仅为2%的低息贷款，同时还可享受特定的税收优惠。80年代后期，美国政府又对税制进行了改革，使风险投资税率由49%大幅降到20%。①

第四，建立完善的信贷担保体系。美国建立了全国性、区域性和社区性三个层次的中小企业信用担保体系。在小企业管理局及其在各地的96个办公室负责运行的全国性信用担保体系中，小企业管理局为15.5万美元以下的贷款提供了90%的担保，为15.5万~75万美元的贷款提供了85%的担保。通过政府担保，商业银行可对小企业提供长达25年低利率的贷款。

5.2.2 德国校企合作模式

第一，德国通过校企合作构建了包括科技研发、成果转化、科普和人才培养的科研创新体系。德国政府在高等院校和科研院所较为集中的地方组织建设科技园和孵化器，科技园中企业利用高校的研发资源开发市场需要的技术、产品和服务，创办高新技术企业，而高校参与共建企业孵化器，为科技园提供知识与技术支持。科技园区为高校教学和科研提供了便利条件。

第二，建立多元化科技中介机构。科技中介机构在技术扩散和成果转化中发挥着重要作用，成为高校科研机构和企业之间的桥梁和纽带。德国科技中介机构包括为政府部门提供前沿技术和新兴产业发展规划的政府决策中介机构，以技术转让为主的科技中介机构，以及纯营利性中介机构。

① 彭于彪．国内外金融支持科技成果转化的经验比较及启示［J］．金融经济（理论版），2014（3）：64-66.

第三，构建政策性金融体系。同日本政府专门设立中小企业金融公库、国民金融公库、工商组合中央金库、日本开发银行等各类政策性融资机构一样，德国联邦政府为了促进德国中小企业特别是科技企业的发展，专门筹资设立了复兴银行和平衡银行，为科技项目提供长期低息信贷。政府出资设立风险补偿基金，为开展科技贷款业务的银行提供风险担保、贴息和风险补偿。

5.2.3 英国政府基金模式

第一，设立专业化科技成果转化机构。英国设立了学术成果转化公司，促进技术转让。英国高校成立了技术转化办公室（TTO），统一负责审查发明专利、知识产权的转让与授予许可、股权管理等。企业通过资助大学的科技攻关和技术开发促进科技成果产业化。

第二，政府设立风险投资基金。21 世纪初，英国各地建立了风险基金和早期成长基金。早期成长基金采用政府与社会资本共同投资的方式设立，主要投向高技术领域的初创公司，平均投资水平为 5 万英镑。为帮助初期高风险的中小企业融资，从 2006 年开始，英国政府采取招标方式成立了 9 个“企业资本基金”（ECF）。政府投入不超过 2500 万英镑，竞标者筹集不少于政府投入一半的私人投资。ECF 投资期约为 l0 年，投资规模在 100 万到 200 万英镑之间。

第三，政府支持创新投资基金。2009 年，英国政府启动了“创新投资基金”（UKIIF）计划，用于投资数字、生命科学、低碳技术和先进制造行业等高增长潜能的小型科技企业。该基金采取基金对基金的投资方式，即不直接投资企业，而是投资给那些具有优良资质的专业创新基金，由其投资给企业。

5.2.4 日本高校设立技术许可机构

1998 年 5 月，日本政府制定并颁布了《大学技术转让促进法》（*Technology*

Licensing Organization，*TLO*），旨在促进高校科技成果转化、技术创新和技术转让。在法律保障下，日本高校设立了 TLO 机构，由其专门负责科技成果转化工作。目前，政府审核认可的 TLO 机构达 50 家，主要包括内部组织型（由学校选派人员，自主管理、经营，对外行使法人资格的高校内设机构）、外部控股型（由学校出资控股的校外独立机构，学校与 TLO 之间是业务委托关系）和外部独立型（独立于大学又与多所大学有广泛业务关系的完全法人资格的 TLO 机构①）。不同类型的 TLO 组织开展高校科技成果转移、转让和技术开发的工作流程基本相同。各个 TLO 机构的工作都包括成果的收集登记、技术评估、应用前景与市场需求分析、转化开发、专利申请、技术转移与转让、转化效果反馈等基本环节。② 如图 5-1 所示。

5.2.5 国外科技成果转移转化模式对中国的启示

1. 加强专业化科技成果转化机构建设

科技成果转化工作具有较强的专业性和综合性，单靠中介服务组织难以胜任科技成果转化工作。科技成果转移转化需要建立专业化的管理机构、中介服务机构和平台组织。为促进技术成果转移，英国设立了“学术成果转化公司”。为加强科技成果转化管理，英国高校成立了技术转化办公室（TTO），统一负责审查成果转让与授予许可、股权管理等。我国高校也设立了科技成果转化工作机构（如科技服务公司或中心等），隶属学校的科研管理部门，负责将学校的科研成果推介给市场。但高校科技成果转化机构的组织设置、工作职责、运营经费等缺乏法律界定和保障（2015 年修订后的《促进科技成果转化法》没有相关条款），影响机构职能的发挥和成果转化工作的开展。我国可借鉴日本的经验与做法，由国家制定相应

① 刘华翔. 日本高校技术转移模式浅析及对中国高校技术转移的启示［J］. 大陆桥视野，2016（4）：195.

② 李小丽，何榕. 日本 TLO 运行策略研究及启示［J］. 当代经济，2014（3）：134-136.

的法律政策，以加强高校成果转化机构的工作职责，扩展其职能范围，发挥其应有的作用。① 不但如此，我国科技成果转化中介服务机构和平台建设滞后，没有充分发挥科技成果供求衔接的桥梁和纽带作用，没有实现科技成果供求的有机对接。网络平台和实体平台组织建设不能承载科技成果的跨区域跨国交易和产业化。

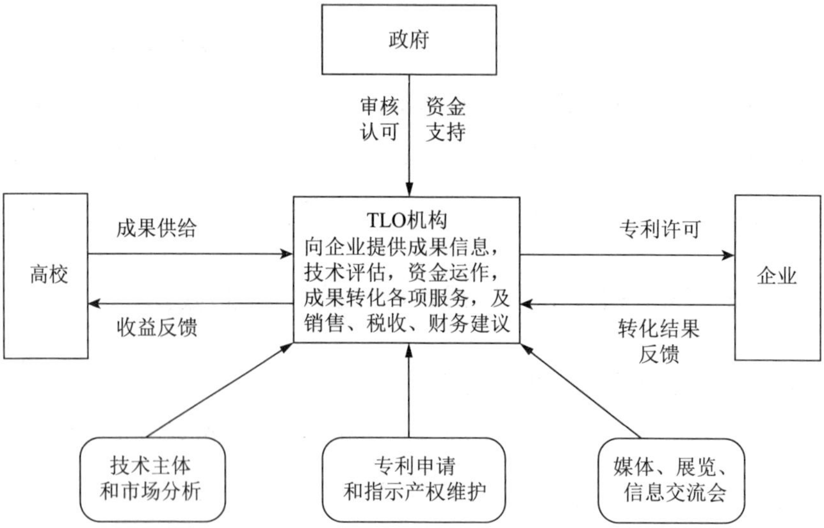

图 5-1 日本 TLO 机构工作流程

（资料来源：刘华翔．日本高校技术转移模式浅析及对中国高校技术转移的启示［J］．大陆桥视野，2016（4）：195．）

2. 政府对初创小微企业融资提供多元支持

科技成果转化推广是一项高投入、高风险、高收益的技术创新过程，存在较高的不确定性，资金需求量较大，尤其是在初创期。制造技术成果产业化对资金的依赖性更强（需要试制生产设备和配套设备等），技术成果转化推广必须有充分的资金支持作保障。从国际看，美国、德国、英国

① 李晓慧，贺德方，彭洁．日本高校科技成果转化模式及启示［J］．科技导报，2018（2）：8-12.

和日本等国家都建立了较为完善的风险投资体系和信贷担保体系，为初创期小微企业提供各种融资支持和信贷担保服务，政府资金在小微科技企业成长中发挥了重要的扶持作用。我国财政资金对科技型中小企业的支持有限，中小企业融资难的问题始终没有得到有效解决。借鉴国际经验，我国政府应持续加大对科技成果转化和产业化的支持，通过政府资金和社会资金联合建立风险投资基金和创新支持资金，持续加大对科技型小微企业初创期和成长期的资金支持。

3. 加强复合型科技成果转化推广人才培养

科技成果转化和产业化需要复合型人才，日本科技成果产业化专业人才培养的经验值得中国借鉴。中国高校科技成果转化机构和社会化中介服务机构复合型人才缺乏，既缺乏具有专业教育背景的技术人才，又缺乏懂法律、市场、企业和金融知识的专门人才，难以科学分析、评判科技成果的技术价值、市场价值、企业需求、市场预测等，约束了科技成果的转移转化效果。对复合型人才可以采取引进和培养相结合、专职和兼职相结合的方式，一方面要多渠道、多方式地吸引高层次复合型人才从事科技成果转化工作；另一方面政府要组织人员培训，有计划、有组织地培养一批具有专业知识和综合能力、视野宽广、格局高大的专业化科技成果转化人才。

4. 探索国有科技成果产权改革

美国通过出台法律法规将联邦政府出资取得的科技成果处置权和收益权下放。美国《拜杜法案》（1980）、《史蒂文森－怀勒技术创新法》（1980）、《国家合作研究法》（1984）、《联邦政府技术转让法》（1986）等明确界定了责任单位（大学、联邦实验室）拥有科技成果的处置权和收益权。法案赋予雇员与单位谈判的权利，通过劳动合同约定职务发明的权属和奖励。① 我国《专利法》第六条规定："执行本单位的任务或者主要是

① 董树功，齐旭高，郭环．科技成果转化模式的国际比较与启示［J］．产权导刊，2014（6）：39-42.

利用本单位的物质技术条件所完成的发明创造为职务发明创造。职务发明创造申请专利的权利属于该单位；申请被批准后，该单位为专利权人。”虽然《关于国家科研计划项目研究成果知识产权管理的若干规定》（2002）已将我国国有科技成果的处置权下放至责任单位，但这些政策在现有的国有资产管理制度下难以落实。大多数高校和科研机构按照《事业单位国有资产管理暂行办法》（财政部第36号令）进行科技成果监管，主管部门由于要承担国有资产保值、升值的风险，对科技成果转化的积极性不高。责任单位也没有有效组织科技成果转化的力量。科研成果处置权没有进一步下放到发明人手中，发明人忙于办理主管部门的层层烦琐审批，可能会错过科技成果转化的最好时机。①

为提高职务发明人科技成果转化的积极性和创造性，我国应借鉴国际经验，加快科技成果国有产权改革。探索责任单位科技成果处置办法，处置风险责任分担，以及职务发明人获得科技成果的条件和路径；探索责任单位和职务发明人科技成果转移、转化收益的分享比例；探索建立差别化收益的分配制度，最大限度地调动科技成果转化的积极性，提高科技成果的转化率和转化效率。

5.3 制造业科技人才培养国际比较

5.3.1 美国制造业科技人才的培养

1. 探索和竞争的教育理念

美国不断重构研究型大学本科教育理念。1998年，《重建本科教育——美国研究型大学发展蓝图》明确提出“研究型大学应通过一种综合

① 贾佳，赵兰香，万劲波．职务发明制度促进科技成果转化中外比较研究［J］．科学学与科学技术管理，2015（7）：3-10.

教育”“造就出一种特殊的人才，他们富有探索精神并渴望解决问题，拥有代表其清晰思维和熟练掌握语言的交流技巧，拥有丰富的多样化的经验。这样的人将是下一个世纪科学、技术、政治上富于创造性的领袖”。① 由此可见，美国政府将受教育者置身于国际国内的竞争环境中，把高等教育的目标定位于培养具有探索精神、竞争能力和创造潜能的多样化人才。

2. 在实践中培养人才

自 20 世纪 90 年代以来，美国大学坚持一个“中心”、三个“结合”，即以学生为中心，课内与课外相结合、科学与人文相结合、教学与研究相结合，逐渐形成了独具特色的创新人才培养模式。② 美国构建了实践体系，旨在在实践中培养人才。实践体系包括工程实践、创业实践等。实践课程要求占到教学计划的 30%以上。

3. 多元化招生选拔评价体系

美国高校招生具有自主招生、双向选择、多元综合评价的特点。③ 每所高校都拥有足够的自主权。高校招生标准不拘泥于统一考试的成绩，而是更加看重学生的能力、特长和兴趣等多元化特征。这种多元化招生机制能够招录到具有创新、创造潜能的学生。

4. 充足的教研经费

1981 年，美国公立院校 60.2%以上的经费都来自政府（特别是州政府），私立院校也有 21.4%的经费来自政府④，政府拨款在美国二元化的高等教育机构中占主导地位。除此之外，众多的非营利组织、基金会、宗教组织、协会、研究会、工会等社会组织，以及教育团体和企业，为大学的

① 陈煜，汤智．创新人才培养：美国比照下的反思与变革［J］．中国高教研究，2008（4）：35-36.

② 张晓鹏．美国大学创新人才培养模式探析［J］．中国大学教学，2006（3）：7-11.

③ 同①.

④ 冯生尧．美国高校经费来源概观［J］．南方教论论丛，1993（2）：56-60.

创新型人才培养和教育改革捐赠了充足的资金。① 多渠道的教研经费来源为人才的培养提供了充分的资金保障。

5.3.2 英国制造业科技人才的培养②

1. 构建终身教育培训体系

终身教育理念在英国形成。面对日益复杂的市场竞争环境，英国提出了“工业大学”这一全新的培训教育模式。工业大学是“为工人继续学习提供的大学”，也就是要求工人开展继续教育和终身教育，采用入校学习、在职培训、网络课程等方式，让劳动者不断获得知识技能的更新，保障知识技能的时效性。

2. 双导师制培养

英国导师分为两种——学习导师和生活导师，两种导师各自负责帮助解决学生学习和生活的难题，每个导师大约指导 12～16 个不同专业的学生。英国大学的学院具有较高的自治权，学院之间受干扰较少，导师与学生进行自由交流互动，及时发现学生的兴趣爱好、个性特长以及发展潜力等。

3. 复合型学科结构

与美国大学的普通教育模式不同，英国许多大学改变了传统的以专业划分的教学机构设置，试行扩大学科领域，把传统的单学科院系转型为多学科、跨学科院系。这种复合型院系的设置较好地融合了主干课程和辅助课程，摆脱了固定学科界限的制约。

---

① 谢小萌，孙伟，战弋．中美高校素质、创新、创业教育三位一体协调发展的比较研究［J］．长春大学学报（自然科学版），2008，18（6）：105-107.

② 同①.

5.3.3 日本制造业科技人才的培养

1. 科技人才培养从基础教育抓起

日本政府在2004年7月提出的《关于科学技术相关人才培养与使用的意见》中强调，科技创新人才的培养必须从基础教育阶段抓起。日本在中小学教育中加入科技知识教育，如要求中小学校开展科普教育；定期邀请科学家和工程师来校举办讲座，培养学生对自然科学的兴趣；通过开展多种多样的科技活动，发现具有科技创新潜质的学生。

2. 树立“三识”教育理念

所谓“三识”就是危机意识、竞争意识、成功意识。“二战”后，日本树立了“教育优先”和“智慧创新立国”理念，把科技人才培养放在高等教育首位。“三识”教育理念为科技人才的成长提供了精神动力。

3. 开展校企合作教育

校企合作教育是日本高等教育的特征之一。在研究生教育阶段，日本是以官方主导的“官产学研一体化”研究生培养模式和“工业实验室”为主的研究生教育模式。在这种模式下，企业提供资金、项目和就业机会，研究生负责项目研究，技术成果在企业中转化。

4. 实行企业培训免税制度

日本制造业人才培养主要由经济产业省负责。2005—2012年，日本实施了《人才投资促进税制》，该制度规定，依据培训费占劳务费的比重，企业可获得8%~12%的税收减免。该制度实施后，企业的培训积极性得到提高，培训费支出增量达到了减税额的1.31倍。①

① 李杨，谢振忠，陈笑天．日本制造业创新体系的启示［J］．中国工业评论，2017（10）：42-45.

5.4 沪深津制造业科技创新文化比较

天津市是全国先进制造研发基地，上海（和北京）是世界科技创新中心，深圳是国家科技产业创新中心。沪深津科技创新定位不同，科技创新活动特征也不相同。上海是长三角的领头羊，其科技创新活动离不开国家力量的支持，体制内单位是科技创新的主体。深圳是中国改革开放的前沿阵地，是珠三角发展的引擎，其科技创新活动更具有市场化特征，体制外单位构成科技创新的主体。天津是京津冀经济圈的支撑城市，承接北京科技资源的疏解和辐射，科技创新活动具有北方城市的特征，形成了资源集聚、政府主导、市场引导型的科技创新路子。三地创新文化的差异较大地影响了制造业技术创新活动。

5.4.1 上海的海派文化引领开放创新

根据2018年上海文化发展系列蓝皮书，上海是文化底蕴深厚的古老城市，上海传统文化中包含着三个非常鲜明的前后相继的文化形态，即吴越文化、江南文化、海派文化。其中，海派文化是上海文化的主要特色。它是在中国江南传统文化（吴越文化）的基础上，与开埠后传入的对上海影响深远的欧美文化等融合而逐步形成的，既古老又现代，既传统又时尚，区别于中国其他文化，具有开放而又自成一体的独特风格。海派文化在外来文明和中国传统文明之间，在精英文化和通俗文化之间呈现出开放的姿态，敢于打破成规，锐意革新，广采博纳，“海纳百川，兼容并蓄”成为海派文化的精髓，并体现于上海文化的方方面面。

上海目标定位于打造国际科技创新中心。海派文化引领着上海改革开放和科技创新。无论是创新理念还是创新模式，海派文化都实现了国际理念和国内体制的融合。上海创新发展采取“政府主导”型模式，创新主体主要为外资企业、国有企业、高校、科研机构，众多产学研合作项目带着明显的官方背景。上海着力吸纳海外科技人才，成为海外人才集聚高地，有效推进了技术研发和科技进步。①

5.4.2 深圳的包容文化激发民营经济的创新活力

2008 年，深圳被确定为国家首批创新型城市试点城市。2015 年 5 月，深圳重新定位，要建成现代化国际化创新型城市。自主创新是创新型城市的内涵。

深圳原来是广东与香港接壤的一个小渔村。1987 年，深圳常住人口为 30 万人，现在已经翻了 30~40 倍，人口规模超过了 1500 万人。深圳作为移民城市，移民多为具有高学历或具有一定开拓精神的年轻人，具有淘金的梦想和冒险精神。移民主导的城市受当地土著文化的影响较少，更易于容纳全国各地不同特色的文化。深圳的新老市民包容、借鉴，形成了深圳开放、包容的文化特征。

深圳的创新文化体现在其观念上。“深圳观念”是深圳创新文化的标志。深圳在改革开放中提出了“时间就是金钱，效率就是生命”“空谈误国，实干兴邦”“改革创新是深圳的根、深圳的魂”“鼓励创新，宽容失败”等一系列创新观念。在创新型城市建设中，深圳更是“敢为天下先”，勇于探索，善于实践。

从创新模式来看，深圳的创新发展是“市场驱动”型模式；从创新主体来看，本土民营企业是深圳最重要的创新主体，科技中介机构、风险投资机构通过市场化运作成为推动企业创新的重要引擎；从创新文化来看，人口年轻化与包容性文化是深圳创新文化的特征。②

---

① 张龙鹏. 建设全国先进制造研发基地的政策建议［EB/OL］.（2018-01-04）［2018-01-15］. http://www.nkear.com/News/201801/201801041636196.htm.

② 同①.

5.4.3 天津的本土文化影响市场竞争活力

天津文化形成于漕运文化，运河发展带来了中国历史上大规模的南北物资交流，也促进了南北文化的交流，影响着天津形成独特的民俗、饮食、工艺、文学艺术等特色文化。但漕运文化不是海外文化，运河发展没有推动开拓型海外文化在天津扎根，天津文化隶属北方文化，具有按部就班、政府主导等特征。这给全国先进制造业发展带来了不良影响。

官方文化导向影响民营经济的发展。天津创新主体多为外资企业、国有企业、高校、科研机构，而民营经济占比仅为1/3。官方文化导致科技创新体制具有资源配置行政化特征，民营科技中介组织、风险投资机构发展相对缓慢。

5.5 基于借鉴国内外经验的天津市先进制造研发基地建设思路

5.5.1 “中国制造2025”必须走自主创新之路

从世界科技发展进程看，每个国家都是从引进模仿创新向自主创新转变，如日本、美国。日本通过西方技术本土化，实现了从引进的消化、吸收到激励自主创新；美国建国后的前100多年，主要是引进欧洲先进技术，“二战”后才开始从技术引进向自主创新转变，政府开始支持基础研究和前沿性重大技术研发。模仿创新是科技创新的一个必要发展阶段，大国的崛起必须依靠自主创新。中国科技创新已经到了从技术引进向自主创新为主阶段的转变。

从国际发展环境看，中国经济总量已成为世界第二。GDP超过美国的60%以上。20世纪80年代，美国颁布“自愿出口限制”项目，签订“广场协议”，最终让日本陷入“失落的二十年”。美国限制中国制造业高新技术产品出口，提高从中国进口产品的关税并不断扩大加征税产品范围。中国很难从美国进口到前沿制造技术。在日趋激烈的全球综合国力竞争中，我们没有更多选择，非走自主创新道路不可。① 中兴通讯被全面禁止采购美国元器件固然有其自身原因，但缺乏自主创新能力、没有自主知识产权的芯片，是主要原因。

目前，我国仍处在以技术引进的消化、吸收、再创新和集成创新为主的时期，还没有完全进入以原始创新为主的阶段，对国外的基础技术和核心技术仍然存在较大需求。短期内传统制造业改造和价值链升级会对国外技术、设备和服务产生需求。摆脱这种依赖需要政府大力支持企业开展基础研究和原始创新，走自主创新之路。

5.5.2 政府在技术成果产业化方面应发挥更大的作用

技术成果从实验室到工厂仍有较长的路要走。我国通常偏重技术成果研发，而轻视成果产业化。技术成果变成可规模化生产的技术需要中试和熟化过程，这个过程既需要资金支持也需要专业化技术人才，还需要承担较大的市场风险。从国际实践看，美国制造业创新研究所将技术开发、成果转化和小规模生产融为一体，通过一个联合的非营利性组织实现技术成果转化外部性内部化，并通过出售成熟的成套技术设备和技术服务获得科技研发的资金。日本建立中小企业创新促进制度，通过财政补贴的方式鼓励中小企业独立开展技术创新和产业化，在较大程度上降低了企业技术成果产业化的资金风险。通过制定高校技术转移促进法，着力培育技术转移机构和技术转移人才，促进了高校技术成果商业化。

我国无论是技术转移服务机构、技术转化机构，还是技术转移人才都

---

① 习近平．在参加全国政协十二届一次会议科协、科技界委员联组讨论时的讲话（2013 年 3 月 4 日）［M］//习近平关于科技创新论述摘编．北京：中央文献出版社，2016.

没有对技术成果转化形成有力支撑。从技术转移服务机构看，政府对技术转移机构的政策支持较少，技术转移服务机构无论是数量还是规模都不具有较强的竞争力；从技术转化机构看，政府缺少对专业化中试组织的培育，缺少政策安排；从技术转移人才看，我国注重对高端人才的培养，而轻视对亟须、紧缺的中等人才的培育，从科学专业设置到政策支持，尚未形成完善的技术转移人才培养体系。政府缺位造成了技术成果产品化、商业化和产业化短板。天津先进制造研发基地建设需要充分发挥政府在技术创新、成果转化中的主导作用，通过平台搭建和环境构建，营造技术成果转移转化的技术环境、政策环境和法律环境，补偿技术成果转化的外部性，降低技术成果转化的风险，提高市场主体技术创新创业的内在活力。

5.5.3 构建联合创新体推进天津先进制造研发基地建设

美国遍布全国的制造业创新网络整合优势资源，有效地促进了当地技术研发、成果转化和产业化生产。在财政资金的支持下，整合社会优势创新资源，实现了科技创新资源互补集聚，形成了优势互补、风险共担、利益共享的联合创新体。中国全国科技创新中心和全国先进制造研发基地建设同样需要借鉴美国创新研究所的经验，打造区域创新中心。从区域创新中心建设状况看，市场主体参与的动力不足，技术联合攻关长周期性和高风险性降低了社会资本参与的积极性，而政府财政资金参与较少，尚未形成政府和市场风险共担、利益共享的联合创新机制。

区域创新中心建设固然需要政府引导，更需要发挥市场在创新资源配置中的决定性作用，引导市场主体科学地识别和判断潜在收益和潜在风险，自主寻找合作伙伴或由政府牵线搭桥。市场自主选择可形成创新共同体。财政资金在研发初期可提供有力支持，在成果产业化时期可提供融资支持，从而降低创新共同体的经营风险。

5.5.4 培育有利于创新创造的文化环境和制度环境

第一，营造有利于创新创造的文化环境。美国将自己界定为参与者和竞争者身份，国民教育中增加了危机意识教育，将探索和竞争精神融入民族文化，塑造了崇尚成功和宽容失败的美国文化；日本危机意识、竞争意识和成功意识的“三识”教育塑造了国民不断进取、不甘落后的精神意志，成为创新创造的精神支柱。科技创新需要培育有利于创新创造的文化环境。国民教育中应着力培育崇尚创新创造的意识形态，弘扬全社会创新创业精神，培育有利于发明创造人才、企业家和技术专家人才辈出，大众创业、万众创新蔚然成风的国家文化，形成全社会尊重知识、尊重科学、尊重人才、崇尚成功、宽容失败的社会文化氛围。

第二，构建有利于创新创业的制度环境。人从本质上看没有根本差别，制度让人的行为发生改变。一个成功的制度设计能够引导人们在激励约束的框架内从事社会经济活动，人们在制度框架内能够因为获得其余收益而产生激励效果，也会因为触犯制度边界而受到处罚。综观国内外科技强国，这些国家的共同之处就是构建了一套比较完善的激励创新制度，包括知识产权制度、教育制度、反垄断制度、投融资制度等，如美国是第一个将知识产权保护写入宪法的国家。“中国制造 2025”战略的实施同样需要构建完备的激励约束制度。例如，完善知识产权保护制度、技术成果转化和产业化制度，会让科技人员从发明创造中获得预期收益。设计财税、金融、政府采购等制度安排，将会促进新一代信息网络技术、生物技术、新能源新材料、智能制造技术等的攻关。

5.5.5 全社会持续开展人力资本投资

中国的 GDP 居世界第二位，但人民生活水平仍不够高，从小康到富裕需要教育、科技和人才支撑，这些都是教育和人力资本投资的结果。综观国际发达国家，无一不重视人力资本投资，如美国的全民实践教育、日本的中小学科技教育、英国的终身教育和德国的职业教育。我国的中小学素质教育取得了一定的成果，但高等教育体制机制迫切需要改革。重塑尊师重教的社会氛围，重塑年轻人吃苦耐劳、勇于担当的人格品质，树立全社会崇尚科学、热爱学习、不断进取的社会价值观，树立全民教育和终身教育的理念，这一切都在推动全社会进行人力资本投资。

5.6 本章小结

本章主要比较北京中关村与美国、日本制造业技术创新体制机制，比较美国、英国、日本制造业科技人才的培养，比较沪深津制造业科技创新文化的差异。通过国内外比较，发现可供全国先进制造研发基地建设借鉴的经验和教训，为制造研发基地创新文化建设、科技研发创新、科技成果转化和高端人才引进、培育等提供了启示。

6　全国先进制造研发基地建设体制和运行机制

2016年4月，国家发布了《京津冀协同发展规划纲要》，将天津市定位为“一基地三区”，即“全国先进制造研发基地”“北方国际航运核心区”“金融创新运营示范区”“改革开放先行区”。其中，全国先进制造研发基地建设是“一基地三区”的重点内容。

6.1　天津全国先进制造研发基地建设初见成效

2015年12月，天津市工业和信息化委员会制定了《天津市建设全国先进制造研发基地实施方案（2015—2020年）》，明确了主要任务、发展重点、重点工程和重点举措等。2016年5月，天津市委市政府出台了《关于进一步加快建设全国先进制造研发基地的实施意见》，成立了由41个市相关部门组成的先进制造研发基地建设协调小组，编制了27个重点产业发展行动方案，建立了涉及162项具体工作的2017年工作台账，做到了路线图明晰、时间表明确、任务分工准确。

6.1.1　全国先进制造研发基地建设初见成效

根据市工信委的统计数据，2017年上半年，天津市高端装备、新一代信息技术、航空航天等十大优势产业占工业总产值的比重达到了80.4%，先进制造业比重达到了 57.2%，分别较 2016 年年末提高了 3.6 个百分点和 0.6 个百分点。全市已建成汽车、航空、石油化工、电子信息、装备制造、资源综合利用、软件和信息服务等九大国家新型工业化产业示范基地和 24 个市级新型工业化产业示范基地，成为拉动全市 GDP 的优势支柱产业①，围绕这些产业，在相关功能区聚集了物流、零配件等配套产业。

天津科技型中小企业数量达到了 6 万多家，在新能源、生物医药、节能环保、高端装备制造等产业领域形成了规模效应。空客 A330、腾讯数据中心、云赛数据中心、国家超级计算（天津）中心、"天河三号"百亿亿次超级计算机相继落户天津，智能化印刷设备、汽车焊装生产线、复合型压力传感器和汽车冲压模具均居行业首位，形成了节能汽车及其关键零部件和通用部件、新能源汽车、航空航天装备、新能源汽车智能化仪器仪表和控制系统等一批先进制造业产业集群。②

6.1.2 制造业传统动能改造和新动能培育成效显现

2017 年上半年，天津市规模以上工业总产值达到了 1.47 万亿元，同比增长了 13%。其中，新兴产业增势良好，航空航天产业产值增长了 11.6%，机械装备产业增长了 16.7%，新材料产业增长了 17.1%，生物医药产业增长了 16.4%。传统产业加快转型，石化产业增长了 24.6%，冶金产业增长了 16.3%，轻纺工业增长了 6.8%；生产性服务业加快发展，其全市增加值达到了 3591 亿元，占全市服务业比重的 70.7%，占全市 GDP 比重的 38.3%。

---

① 杨畅，李家祥．天津先进制造研发基地国际影响力的培育研究［J］．天津师范大学学报（社会科学版），2017（3）：62-66.

② 孙明华．天津建设全国先进制造研发基地的实施路径——基于京津冀协同发展的视角［J］．开发研究，2018（2）：27-32.

6.1.3 制造业创新体系基本形成

对接国家制造业创新中心建设工程，天津市制定印发了《市工业和信息化委关于开展天津市制造业创新中心创建工作的通知》，重点围绕现代中药、动力电池、智能网联车、安全可控操作系统等优势领域，创建了一批市级制造业创新中心。截至2017年底，天津市国家企业技术创新中心达到54家，国家技术创新示范企业达到15家，全市企业整体创新能力较强，企业整体创新能力在全国排名第10~12位，与上海、北京、山东差距较大。新产品销售收入占总收入的比率达到10%~22%，仅次于浙江。市级企业技术创新中心达到了620家，其中，占比较大的是传统产业。天津市传统产业技术改造能力较强，而生物制药、电子信息、新能源类等新兴制造业创新较少（如生物医药产业主要是生产制造，科技研发较弱）。天津正在筹建先进制造业产业技术研究院，构建“总院”+“研发机构、服务机构”的架构模式，探索解决成果转移转化瓶颈约束的体制机制问题。

6.1.4 智能制造进入试点和示范推广

深入推进互联网与制造业融合发展。全市重点企业“双创”平台普及率达到了60.9%，数字化研发设计工具普及率达到了63.7%，关键工序数控化率达到了49.2%。全市共有10个智能制造专项项目、1个智能制造试点示范项目、2个中德智能制造合作试点示范项目入选国家工信部智能制造试点示范名单。

6.1.5 同步推进政府服务体制改革

第一，深化行政管理体制改革。天津市成立的市场准入负面清单制度改革试点领导小组，完成了八项制度改革试点具体任务。

第二，深化行政审批制度改革，取消了工业技改投资备案项目审批，转为服务事项。

第三，设立海河产业基金。市财政出资200亿元设立引导基金，通过引导基金注资和市场化募集，构建1000亿元左右的母基金群，撬动社会投资5000亿元，并出台了《天津市海河产业基金管理暂行办法》等八项制度。

6.1.6 推进京津冀产业协同发展

天津积极承接北京非首都功能，加强京津冀产业对接协作，并于2017年成功举办了首届世界智能大会。2017年上半年，全市共引进北京工业投资项目143个，资金实际到位额约为194.3亿元，占全市工业国内招商引资到位额的比重达到了35.6%。

6.2 天津全国先进制造研发基地建设的体制安排及其缺陷

体制是资源要素配置的方式。全国先进制造研发基地建设的体制也就是如何配置政府资源、社会资源和企业资源，提高各类资源配置效率，促进全国先进制造研发基地的建设。

6.2.1 天津国家自主创新示范区建设体制及其缺陷

2014年12月，国务院正式批复，同意天津滨海高新技术产业开发区享受国家自主创新示范区的相关政策。2015年2月，天津国家自主创新示范区（简称天津自创区）挂牌成立。自创区是全国先进制造研发基地的主要功能区。市政府通过了《天津国家自主创新示范区“一区二十一园”规划方案》，确立了“一线”“两带”“一城”的建设格局，见专栏6-1。①

① 该部分内容来源于周立群、马云泽、薄文广、刘洪银等完成的天津市政协经济社会发展研究咨询委员会重点课题“深化体制机制改革，推动滨海新区和自贸区在京津冀协同发展中发挥更大作用”。

专栏 6-1 《天津国家自主创新示范区“一区二十一园”规划方案》出台

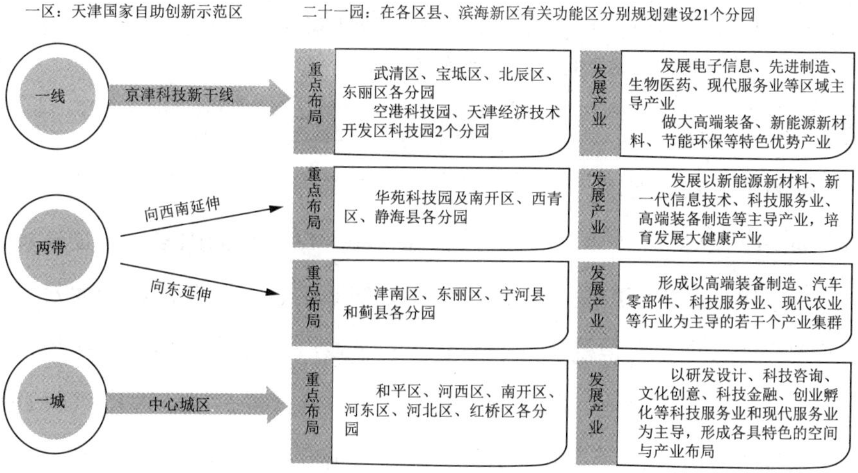

专栏图 6-1 天津自创区建设格局

2015 年 2 月 15 日，天津市政府正式印发了《天津国家自主创新示范区“一区二十一园”规划方案》。根据规划方案，“一区二十一园”用地总面积为 244.67 平方千米。核心区（包括华苑科技园、北辰科技园、南开科技园、武清科技园和塘沽海洋科技园）用地面积为 55.24 平方千米，未来科技城为核心区的拓展区。21 个分园（共 31 个片区）用地面积为 189.43 平方千米，其中，市内六区各分园用地面积为 9.15 平方千米；滨海新区（包括开发区、空港经济区、东疆保税港区、中新天津生态城、中心商务区、临港经济区）各分园用地面积为 46.03 平方千米；其他区县各分园用地面积为 134.25 平方千米。依据天津市市级高新技术产业开发区认定管理办法，31 个片区被认定为市级高新区。

“一线”即京津科技新干线，从北京中关村到天津滨海新区，借重首都创新资源，构建天津市高新技术产业发展中轴线。沿线重点布局武清区、宝坻区、北辰区、东丽区各分园及空港科技园、天津经济技术开发区科技园 2 个分园，重点建设京津协同创新载体，承接首都科技成果和资源溢出。依托特色园区、大院大所和龙头企业，发展电子信息、先进制造、生物医药、现代服务业等区域主导产业，做大高端装备、新能源新材料、节能环保等特色优势产业。

“两带”即围绕京津科技新干线主轴延伸形成的两条高新技术产业研发转化带。向西南延伸，重点布局华苑科技园及南开区、西青区、静海县各分园，发展以新能源新材料、新一代信息技术、科技服务业、高端装备制造等主导产业，培育发展大健康产业；向东延伸，重点布局津南区、东丽区、宁河县和蓟县各分园，形成以高端装备制造、汽车零部件、科技服务业、现代农业等行业为主导的若干个产业集群，促进周边高校及科研院所科技成果转化与资源开放共享。

“一城”指中心城区，包括和平区、河西区、南开区、河东区、河北区、红桥区各分园，依托中心城区高端工业布局及都市工业园区、科教资源聚集区等空间载体，以研发设计、科技咨询、文化创意、科技金融、创业孵化等科技服务业和现代服务业为主导，形成各具特色的空间与产业布局。

资料来源：张璐．“一线两带一城”布局“自创区”[N]．天津日报，2015-02-15（001）．

按照国家政策规定，天津自创区享受中关村国家自主创新示范区实行的全部 10 项政策。其中，4 项政策仅在天津等已批复的国家自主创新示范区推行，包括股权奖励个人所得税 5 年分期缴纳、有限合伙制创业投资企业法人合伙人企业所得税优惠、5 年以上非独占许可使用权转让所得税优惠、中小高新技术企业向股东转赠股本的个人所得税 5 年分期缴纳等政策。在国家特惠政策扶持下，中小高新技术企业降低了运营成本，得到了快速发展。但作为功能区之一，天津市自创区管理体制与滨海新区现行管理体制匹配不够合理。2013 年，滨海新区管理体制改革后，上收了各功能区部分事权、人权、财权。在当时的背景下，改革在整合区内资源等方面取得了较好成效。但随着时间的推移，体制机制不顺的问题开始显现，突出表现为在加强滨海新区统筹经济社会发展能力建设的同时，各功能区自身发展能力有所削弱，影响制约了作为发展主体的功能区抢抓机遇、加快发展的积极性和主动性。

6.2.2　中国（天津）自由贸易试验区建设体制及其缺陷

2015 年 4 月，中国（天津）自由贸易试验区正式挂牌成立。天津自贸区通过贸易制度创新和管理体制变革实验，为天津先进制造产业对外贸易与国际合作打开了窗口，降低了国际业务成本，见专栏 6-2。

专栏 6-2　中国（天津）自由贸易试验区正式挂牌成立

2015 年 4 月 21 日，中国（天津）自由贸易试验区（简称“天津自贸区”）正式挂牌成立。天津自贸区将重点在加快政府职能转变、扩大投资领域开放、推动贸易转型升级、深化金融开放创新、推动实施京津冀协同发展战略五个方面进行探索。

天津自贸区下辖三个片区，即天津港片区（30 平方千米）、天津机场片区（43.1 平方千米）、滨海新区中心商务片区（46.8 平方千米）。

中国（天津）自由贸易试验区设立中国（天津）自由贸易试验区管委会负责管理，管委会领导班子为“一正七副”，天津市委常委、常务副市长段春华出任主任，副市长阎庆民出任第一副主任，三大片区所涉功能区管委会主任出任自贸区管委会副主任。

天津自贸区管委会负责组织实施自贸区各项改革措施，研究提出深化自贸区各项改革的政策建议；负责组织开展自贸区各项改革措施的后评估；负责配合拟订自贸区相关政策法规；负责协调自贸区投资、贸易、金融服务、规划、统计等有关行政工作；负责协调自贸区内金融、海关、检验检疫、海事、边检等部门的相关工作；组织研究拟订自贸区事中事后监管的相关制度和措施，并组织实施；负责发布自贸区公共信息，提供相关的咨询、服务；负责承办市委、市政府交办的其他事项。

自贸区管委会下设办公室、综合改革局、综合协调局、综合监管局及信息服务中心。

资料来源：曹方超．天津自贸区挂牌成立　力促京津冀发展［N］．中国经济时报，2015-04-24（009）．

天津自贸区成立以来，在制度创新和金融开放等方面进行了深度探索，取得了重大突破，发挥了深化改革和扩大开放试验田的重要作用。

一是在政府职能转变、投资贸易便利化等领域的改革成效显著。自贸区以制度创新为核心，在全国率先实施“一照一码”登记制度改革，实行外商投资负面清单管理，建立国际贸易“单一窗口”，形成了更加开放、透明的投资管理制度体系，为京津冀协同发展提供了对外开放的新平台。

二是金融开放创新步伐加快。融资租赁、保理等新型金融企业聚集度不断提升。截至 2016 年底，自贸区各类持牌金融机构达到 132 家，跨境收支额近 800 亿美元，跨境人民币结算达 1885 亿元。

三是租赁业创新保持全国领先地位。区内各类租赁公司已达到 2534 家，其中，融资租赁公司总部超过 1000 家；租赁飞机累计达到 837 架，约占全国的 90%；租赁船舶达 104 艘，约占全国的 80%，集聚效应明显。率先开展了

SPV 租赁、保税租赁、跨境租赁、离岸租赁、转口租赁等创新业务模式，在为国家试制度、为区域谋发展方面做出了有益的探索。但滨海新区与自贸区出现了体制交叉、多头管理的现象。按照现行自贸区管理体制，管委会主要负责组织研究、推动落实和总结评估改革创新措施，办公室设在市商务委。三个片区管理机构具体负责行使管理职能，落实改革创新任务。但是，自贸区三个片区又是滨海新区所属的三个功能区，这种体制分离、职能交叉的状况难以形成自贸区与滨海新区的联动，并在一定程度上影响、制约了自贸区制度创新效率的提升和产业集聚示范作用的发挥。

6.2.3 天津与京冀制造业协同发展的体制及其缺陷

2016 年 11 月，作为京津深度合作的典范，天津滨海—中关村科技园管委会挂牌成立。滨海—中关村科技园建设瞄准北京中关村高新技术企业转移和重大科技成果转化，促进天津制造业转型升级和高新技术产业发展，见专栏 6-3。

专栏 6-3 天津滨海—中关村科技园管委会揭牌

2016 年 11 月 22 日，天津滨海—中关村科技园管委会正式揭牌。天津滨海—中关村科技园以原北塘企业总部园区作为起步区与核心区，规划面积 10.3 平方千米，将充分利用北京中关村和天津滨海新区创新政策叠加优势，积极承接高新技术企业转移和重大科技成果转化，并在 2018 年实现起步区基本建成。

据悉，2016 年 9 月 28 日，两市共建协议签署以来，滨海新区在借鉴先进经验基础上，研究提出了创新滨海—中关村科技园合作建设和管理发展模式，拟定了管委会的主要职责和内设机构。管委会不设行政级别，设双主任，执行主任 1 名、党组书记 1 名、副主任若干名（实行聘任制）等。另外，园区管委会所需其他人员，尽量通过社会招聘的方式解决，实行市场化的薪酬体系和激励机制，探索园区建设和管理新模式。

协议规定，双主任分别由中关村科技园区管理委员会主任和滨海新区区长担任。同时，两市建立了协商合作与联动推进机制，设立天津滨海—中关村科技园领导小组，由两市常务副市长任组长，两市分管领导任副组长，相关部门以及滨海新区政府、中关村管委会、中关村发展集团主要领导为成员。

资料来源：徐晶晶．落实国家战略　协同创新发展　共建共享共赢［N］．滨海时报，2016-11-23（001）．

滨海—中关村科技园成立以来，成功引进了百度、京东、深之蓝、威努特等一批高科技企业，孵化了致导创新（天津）科技有限公司等一批高科技企业。常住人口为3万人，已建成100万平方米的办公楼和配套设施。但总体看来，天津与北京的合作尚处于起步阶段。天津对接北京创新资源的机制不畅，京津产业协同创新不足。近年来，天津承接北京科技成果转化数量迅速增加，但是从总量来看，北京科技成果的外溢和转化呈“东南飞”格局，滨海新区远没有成为北京科技成果外溢转化的首选地区，京津创新链与转化链没有实现“无缝链接”。同时，滨海新区的主导产业与周边地区的产业协同也不紧密，远未形成更有活力、更畅通的知识链和产业链。造成上述问题的原因之一是天津企业与北京科研院所合作的深度不够，没有形成产业与科技有效对接的机制，市场自发承接创新成果转化的体制机制不畅。

6.3 天津全国先进制造研发基地建设体制再设计思路

先进制造、口岸服务、创新生态是全国先进制造研发基地建设的三个核心资源，体制机制改革的目标就是要将这三大优势的作用充分释放出来，促进先进制造业转型升级和高新技术制造业的发展壮大。

6.3.1 加强京津冀政府间的合作

天津是老工业基地，但全国先进制造研发基地建设需要依靠科技研发推进传统制造业转型升级。北京作为全国科技创新中心，具有科技资源集聚优势和科技成果外溢特性。河北具有承接传统制造业转移和发展先进制造配套性产业的基础条件。天津全国先进制造研发基地建设需要加强京津冀政府间的合作，按照优势互补和合作共赢原则，搭建全方位、多层次的合作框架和合作平台，实现先进制造产业链在京津冀之间合理分工、科学布局，充分承接北京市制造业科技成果转移转化和产业化，加强与河北先进制造配套性产业的协作，实现先进制造创新资源的集聚和研发成果的吸纳转化。

6.3.2 搭建平台和平台网络

平台是产业发展的载体，产业发展需要依托平台。平台已成为现代市场经济中资源要素流动配置的新型方式。在传统市场经济中，资源要素通过价格机制、供求机制和竞争机制直接向产业集聚。而在共享经济中，资源要素为追求最大化使用率和收益率，改变了传统的流动方向，从自由分散的流动配置方式向平台和平台网络整合转变。平台成为产业获取和利用资源的有效渠道和载体。天津全国先进制造研发基地建设体制如图 6-1 所示。

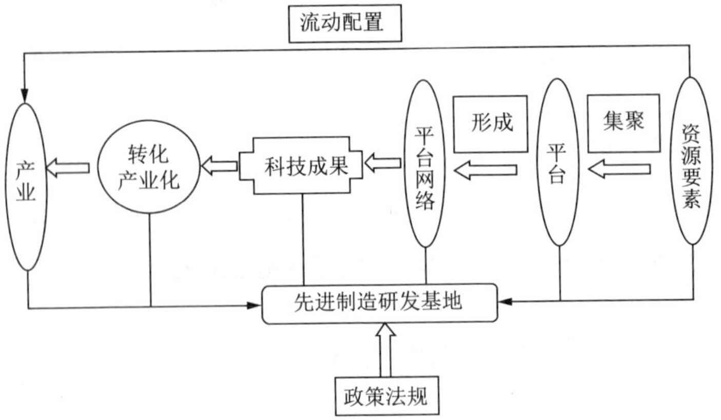

图 6-1　全国先进制造研发基地建设体制

在图 6-1 中，先进制造业资源要素在预期收益驱使下向各类平台集聚，各类平台形成平台网络系统，依托平台网络系统，先进制造科技成果被创造出来。在政策引导和市场机制的作用下，科技成果实现转移转化和产业化，产业化了的科技成果引领和推进了制造业转型升级和高新技术制造业的形成和壮大。从建设体制看，先进制造研发基地建设既需要平台载体，也需要区域间合作；既需要充分发挥市场机制作用，又需要法律法规的保障和倾斜性政策的支持。只有这样，先进制造研发基地建设才能集聚京津冀科技资源，依靠科技研发推进先进制造产业形成，并通过配套性产业跟进和规模化发展，实现先进制造从研发到产业，从产业到产业集群的跨越。

6.3.3 充分发挥天津自贸区对先进制造业的开放引领作用

自贸区、自创区联动发展，即“双自”联动发展。

1. 以“双自”联动拓宽制造业融资渠道

第一，实现天津自贸区和自创区功能联动。“双自”联动可以将自贸区金融制度和政策创新成果应用到自创区科技企业，促进自创区科技金融服务的创新；可以利用自贸区的政策优势降低自创区的科技开发成本，促进自创区的成果转化和新兴产业的形成，提高两个国家级战略的叠加效应。

第二，利用自贸区金融开放深化培育自创区科技金融服务的国际环境。深化和广化天津自贸区的金融开放，健全本外币一体化的自由贸易账户功能，会扩大人民币境外使用，加快资本项目可兑换进程。

第三，利用自贸区试点成果拓宽科技企业融资渠道。利用自贸区境外借款试点改革措施，可协助自创区内的科技中小微企业从境外借入人民币资金。

2. 以“双自”联动促进国际科技资源整合和科技成果国际贸易

体制短板使国际科技资源整合不足和科技成果国际转移转化不充分，进一步导致了先进制造研发基地配套性产业发展滞后、产业规模化发展缓慢等问题。

第一，利用自贸区贸易政策创新优势，推进国际资本和技术向天津先进制造业领域流动，推动国际先进制造技术成果向天津转移，以及天津先进制造研发成果向国外转化，促进京津冀科技资源的全球配置。

第二，以贸易转型升级引领制造业科技创新。利用自贸区贸易转型升级优惠政策，天津自创区科技制造企业以贸易转型为方向重新确定自主创新领域，实现研发创新、产业化和对外合作与贸易的有机衔接。

6.4 平台组织推进先进制造业创新发展机制

党的十九大报告提出，加快建设制造强国，加快发展先进制造业，培育新经济增长点。供给侧结构性改革需要提升改造传统动能，培育发展新动能。制造业新型动能培育需要实现传统制造业的转型升级，发展先进制造业，提高供给侧质量。先进制造业规模化发展需要全方位多层次支持，需要建设创新平台。“平台”概念最初由 Wheelwright 和 Clark 提出，以云计算和大数据为代表的信息技术极大地推动了平台的发展，平台已成为要素集聚和资源承载的载体。先进制造业创新平台集聚各种创新资源，为先进制造业的形成和发展提供了多元化多层次支持。

2008 年金融危机之后，世界主要经济体根据各自国情提出了新的工业战略。2014 年 12 月，中国提出了“中国制造 2025”；2015 年 3 月 25 日，国务院常务会议审议通过了《中国制造 2025》发展战略。世界将进入新一轮工业革命时期，以科技创新重振制造业，发展高新技术产业是世界产业竞争的主要抓手。2014 年，北京战略定位中增加了全国科技创新中心功能；2017 年，广东聚力打造国家科技产业创新中心……中国正在掀起新一轮科技创新的浪潮，依靠科技创新平台建设打造高新技术产业，实现新旧动能转换。2017 年 11 月，国务院办公厅印发了创建“中国制造 2025”国家级示范区的通知，要求激发创新活力，建立以市场为导向、以企业为主体、产学研深度融合的技术创新体系，开展共性技术、通用技术研发和产业化示范。目前，示范区建设尚处于起步阶段，先进制造业创新平台的构成和运行需要科学理论的指导。

先进制造业平台推进高新产业技术形成的机理如图 6-2 所示。

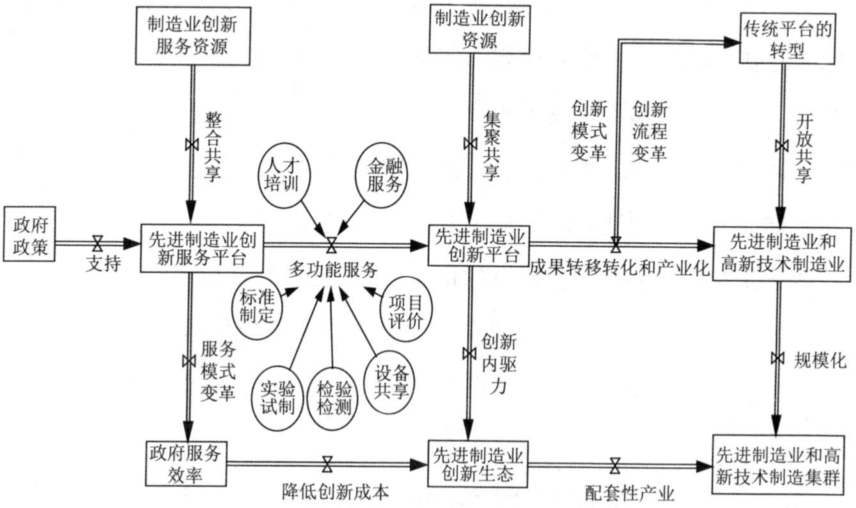

图 6-2 全国先进制造业平台推进高新技术产业形成机理

先进制造业平台包括先进制造业创新服务平台、先进制造业创新平台和先进制造业创新生态系统。创新服务平台通过多功能服务推动先进制造业创新平台建设，先进制造业创新平台通过激发持续稳定的创新内驱力，进一步推进先进制造业创新生态系统的形成。先进制造业创新平台通过制造业创新流程和创新模式变革，促进传统平台转型升级；同时，通过科技研发、成果转移转化和产业化，推动先进制造业和高新技术制造业的形成。先进制造业创新生态系统推动企业自主创新能力的形成，并通过吸纳配套性产业集聚，推动形成先进制造业和高新技术制造业产业集群的形成。

先进制造业创新服务平台和创新平台改变了资源的传统配置方式，平台成为新型市场要素配置的主流方式。在这种配置方式下，制造业创新服务资源向创新服务平台集聚，实现了资源的整合和共享；制造业创新资源向创新平台流动，实现了创新要素的集聚共享。不但如此，依托创新服务平台和创新平台，政府改变了服务模式。政府服务对象从单一分散的市场主体向整合统一的平台转移，政府服务平台，平台服务企业，实现了政府服务供给的规模经济。

先进制造创新服务平台为创新主体提供了多种服务，如技术标准和行业标准的制定，产品的检验检测和实验试制，协调实验室和仪器设备的开放共享，科技项目和研究成果的评价，融资服务以及人才吸纳、培训和交流等。通过制造业分工和产业化，创新服务平台推动了科技研发和成果产业化，推动了先进制造业的形成和发展。

政策是制造业创新平台建设的助推器。政府财税金融等政策改变了创新要素的流动方向，平台成为要素预期收益最高的集聚地。资源要素向平台集聚后，进一步提高了自身的使用频次和使用效率，提高了要素收益率。

6.5 平台网络推进先进制造业创新发展机制

6.5.1 发展背景

2000年以前，平台理论研究较少；2005年以后，平台相关研究快速增加，尤其是近几年，随着阿里巴巴、滴滴等平台企业的快速崛起，平台研究达到高峰。平台已由产品平台演化为平台企业，进一步发展为平台生态系统。平台经济是一种新型产业组织形式，是以数字技术、数据驱动、平台支撑为基础，以业务流程变更、产业链整合、多业务组合为手段，以提高效率、降低成本为目标的新业态。平台经济的核心特征是交叉外部性，包括成员（间接）外部性和用途（直接）外部性。间接网络外部性指平台一类用户的数量影响该平台对于另一类用户的价值。直接网络外部性，一般是指平台的价值与使用该平台的消费者的交易相关，尤其是与用户对该产品的使用数量相关。多属行为是平台经济的一个突出特征。当目标群体加入平台的固定费用很低或为零时，就出现了多属行为。这时，双边市场就拓展为多边市场。在平台经济中，企业间的竞争力不再取决于企业的规模、企业的品牌，而是取决于其所在平台的资源整合能力、满足用户需求的反应速度。平台经济主要的贡献在于价值链重塑。数字平台正在瓦解经济活动的传统组织方式，调整经济活动的进入门槛，从而改变了价值创造和价值分配的逻辑。平台作为一种新型商业模式使越来越多的企业得以通过新的途径重新定义或分配它们所提供的产品和服务。平台经济对不同的制造业影响不同，对消费品零售业影响较大，对重工业影响较小。2015 年 4 月，《京津冀协同发展规划纲要》将天津定位为全国先进制造研发基地；2015 年 5 月，先进制造被列入《中国制造 2025》计划。2017 年 11 月，国务院办公厅印发了创建“中国制造 2025”国家级示范区的通知，要求紧密结合“互联网+”和大众创业万众创新，加快培育平台型大企业，推动大中小企业的融通发展。本书立足于全国先进制造研发基地的建设状况，揭示了平台网络推进先进制造研发基地的建设机理，确定了先进制造业平台的建设路径。

6. 5. 2　先进制造业创新平台网络的发展思路

1. 营利性与非营利性相结合

平台组织可以建成营利性平台企业，也可以建成非营利性组织（如商会、协会等）。平台企业通过低成本地向客户群开放资源、提供有偿服务等获取收益。与其他市场主体一样，平台企业自主经营、自负盈亏。非营利性组织是公益性较强的平台组织，政府在一定时期内给予资助，然后通过市场化运行实现收支平衡，如美国的创新研究所。创新研究所是一个独立运行的非营利性组织，由核心企业、高校等负责人组成独立的董事会。联邦政府资助 5~7 年后，创新研究所通过收取会员费、有偿服务、各类奖励和捐助等方式获得自营收入，实现盈亏平衡。

2. 线上和线下相结合

互联网大数据平台采取线上运行方式实现资源信息共享，但智能化制造业平台需要采取线上和线下相结合的运行方式。控制终端通过线上实现信号传输，信息和数据资源获取和利用需要线上平台。但产品的制造、检验、检测等生产服务活动需要依托线下平台，产品的传递、运输等也需要线下物流平台。线上平台与线下平台应实现即时互动、上下关联、内外一体，线上交易，线下交割，如B2B、B2C等电商模式。

3. 财政支持与区域共建共享

无论是非营利性平台还是营利性平台都离不开财政的支持。制造业集群化发展催生了制造业平台经济，平台经济打破了时空边界，具有正向外部性。平台建设既需要中央和地方政府财政的支持，也需要区域内外共建共享（如京津冀制造业创新平台等）。政府针对平台发展的不同阶段给予不同期限、不同力度的支持，或联合成立区域制造业平台发展专项资金，支持制造业平台建设。城市群应联合建设制造业网络平台，整合城市群内外优质资源要素，实现资源信息通达和即时交易。

4. 构建平台生态系统整合优势资源

鉴于平台的网络外部性，平台组织在实现稳定发展后，需要通过协同多群体行为，逐渐建立以平台产品、服务或部件为核心，众多互补性企业参与的平台生态系统。制造业平台同样需要整合产品设计开发、检验检测、产品生产、营销等模块，形成以核心产品和技术为主导，多个互补性平台企业参与的兼容性平台生态系统，形成制造业内纵向联系、区域间横向关联的平台生态系统。通过构建平台生态系统，跨区域整合制造业产业链优势资源，实现优质资源网络化、集约化和一体化配置。

6.5.3 平台网络推进制造业创新发展的机理

1. 平台经济对制造业创新发展的作用

（1）平台经济改变了制造业资源的配置方式。制造业对生产资源要素形成了较高的依赖，渠道是制造业传统资源的配置方式。例如，招工和贷款等，都通过某种渠道发布和获取信息。平台形成后，借助于互联网和大数据，制造企业生产要素配置实现了从直线式向网络化转变，平台成为新型的资源配置方式。平台资源的集聚和共享拓宽了资源的来源，提高了信息和资源的可获得性。资源的网络化配置降低了要素交易成本，提高了配置效率，有助于制造企业获取和利用优质资源，推动升级转型。

（2）平台经济推动制造业智能化升级。平台的信息集聚功能为制造业智能化提供了便利。平台提供的各类数据拓宽了制造企业的信息来源，降低了信息获取成本，既有助于企业管理决策制定，又可以用信息技术改造生产流程，从而提高产品智能化和自动化生产水平。平台的信息供给功能在制造业与科技服务业之间架设了桥梁和纽带，实现了制造业与科技服务业（产品检验和检测等）的有机对接，推动了技术成果交易、产品中试熟化和产业化推广等。

（3）平台经济改变了制造业商业模式。平台直接连接供给方和需求方，替代中介组织，实现了资源要求与供求的直接对接和自主选择。制造业企业之间的竞争从规模和品牌转变为平台对资源整合能力和对客户需求反应能力的竞争，无论是制造资源的获取、利用还是产品销售，制造业商业模式从渠道和市场转变为平台组织，平台成为新的采购模式和营销模式。

（4）平台经济重塑制造业价值链。平台重构了制造业价值链。依托制造业平台，根据竞争优势原则，制造业产业链企业围绕着价值增值功能进行模块化分工，形成了模块供应商、模块集成商、终端用户。模块化分工后，制造企业只从事最擅长、最具竞争力的核心业务，而将不具竞争优势的业务委托给其他企业，形成了由最高增值能力的模块组成的价值链，提高了制造业整体价值。

2. 平台网络推进制造业创新发展机理

平台网络推进制造业创新发展的逻辑路线如图 6-3 所示。在平台经济中，平台企业通过资源要素集聚共享提高制造业资源配置效率，平台组织以第三方职能推动研发创新社会服务效率提高，平台网络以模块化实现内部再分工促进制造业商业模式创新，平台生态系统通过打破传统组织边界重塑制造业价值链。

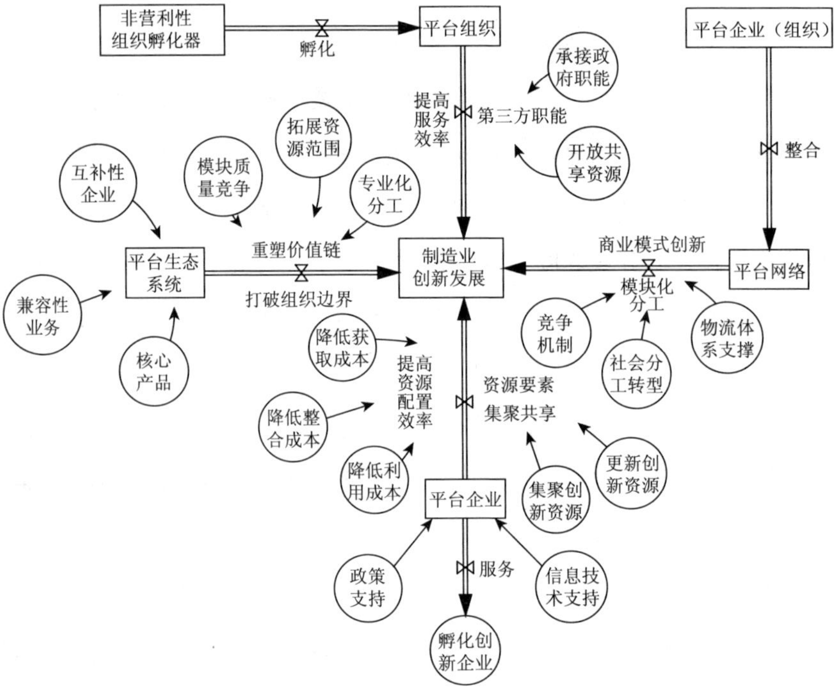

图 6-3　平台经济推进制造业创新发展机理流图

（1）平台企业通过资源要素集聚共享提高制造业资源配置效率。制造业技术创新需要异质性人才和低成本融资，并且随着技术创新升级，制造业对科技服务需求的层级也在不断提高。传统稳固型组织结构的科技中心等不能满足创新型制造企业资源整合的需求，平台经济按照制造业需求导向，借助于互联网技术改变信息资源流动的范围和速度，实现了各类信息的便利获取、交流、沟通和利用。平台企业不断集聚和更新、创新资源，实现了各类资源的集聚、共享，如各类孵化器等借助于政府倾斜性政策实现资源要素低成本的集聚，并通过向客户收取使用费用盈利运行。平台创新资源整合和共享替代制造企业资源信息搜集、筛选、识别和整合等行为，降低了制造企业资源整合的成本，提高了资源配置的效率。平台企业资源开放实现资源共享，扩大了目标客户群，提高了平台资源的使用效率。

（2）平台组织以第三方职能推动研发创新社会服务效率提高。商会、协会等平台作为第三方组织承担了政府转移的部分职能，这些平台组织在行业规范治理、行业标准制定、行业数据调查、先进技术推广、企业环境建设、社会资源共享等方面承担着政府职能或准政府职能。例如，中关村民营科技企业家协会通过建立技术研发平台和检测服务平台，为会员企业提供检测认证、委托研发和共建实验室等科技服务，提高了企业研发创新的效率。

制造企业自身创新资源有限，需要社会创新资源的支持，如高校和科研院所的实验室等。各种商会、协会在社会创新资源整合方面独具优势，这些平台组织能够发挥政府委托的职能，动员会员企业开放各自的资源，实现会员企业间资源的共享和互补，发挥了平台组织的作用，推进了社会服务效率的提高。

（3）平台网络以模块化实现内部再分工，促进制造业商业模式创新。一是社会分工转变促进商业模式创新。随着全球经济一体化发展，制造业社会分工开始从以利润最大化为导向的产业化分工向以消费者价值最大化为核心的模块化分工转变。在全球化社会分工下，传统制造业的流水线生产被拆分成若干相对独立的模块，这些模块在全球最有效率的国家（或地区）进行设计、生产，然后借助于物流体系，通过平台集成商整合形成最终产品。每个企业只从事最具竞争优势的模块，模块供应商与模块集成商之间形成多边市场，同质模块供应商之间形成竞争，异质模块供应商之间形成合作。模块集成商由独立生产的自供模式变成购买模块供应商产品和服务的新型商业模式。二是竞争机制推进商业模式创新。平台网络拓展了资源配置的范围，制造业创新资源和业务模块配置可以从区域向全国延伸，从国内向国际拓展。优质资源的筛选使供应商之间形成竞争，集成商可以通过竞争机制识别和利用优质资源和优势供应商，有助于创新效率的提高。制造企业商业模式开始从国内交易向国际交易转变。三是物流体系支撑商业模式创新。线下交割需要物流体系的支持。平台组织通过数字化、网络化和信息化实现了制造企业便捷的线上交易，交易对象从国内拓展到国外。模块供应商的产品需要通过国际物流通道按时运抵模块集成商处，发达快捷的国际国内物流体系为制造企业商业模式创新提供了支撑。

（4）平台生态系统通过打破传统组织边界重塑制造业价值链。一是以产品或技术为核心，众多互补性企业参与形成的平台生态系统整合了多个不同类型的平台企业，形成了边界模糊型的组织结构。同质模块供应商为了进入平台生态系统和提高平台在网络中的竞争力，不得不在技术能力、产品质量、交货时间以及成本等方面展开竞争，提升模块质量和制造业价值链。二是在模块化分工下，更加专业化的模块供应商（如新产品开发供应商、检测服务商、产品销售商等）利用平台各类资源，专注新技术和新工艺的研发，有助于提高模块价值。三是平台生态系统扩展了资源集聚的规模和范围，平台企业得以直接对接所需各种资源，开展各种交易。围绕核心产品，互补性平台企业提供各种产品的专业化生产和服务供给（如应用软件开发等），拓展了平台生态系统的应用空间，提升了平台系统的服务能力。

6.6 天津先进制造业培育机制

随着第四次科技产业革命浪潮的到来，发达国家先后制定实施了先进制造业发展计划。鉴于此，2014 年，北京战略定位中增加了全国科技创新中心功能；2017 年，广东聚力打造国家科技产业创新中心。中国正在掀起新一轮科技创新的浪潮，依靠科技与产业结合打造高新技术产业，实现新旧动能转换。2015 年 4 月，《京津冀协同发展规划纲要》将天津功能定位为全国先进制造研发基地；5 月，先进制造列入《中国制造 2025》计划。先进制造业的形成是科技研发、成果转移转化和产业化的结果，揭示了先进制造业培育机制是天津全国先进制造研发基地建设研究的关键所在。

在京津冀协同发展背景下，先进制造研发基地的建设中心是科技成果转化和产业化，动力机制是自主创新、技术转移和政策安排。自主创新动能源于科技成果市场价值的实现、收益的分配和政策的激励。自主创新成果和技术转移成果都可以进行转化和产业化。天津可以吸纳国际科技成果、国家科技成果、京冀科技成果来津转移、转化。科技研发和成果转化需要检测服务、中介服务、评估服务等科技服务业的支持支撑，需要科技人才、科技金融、创新文化和科技政策等科技资源要素的支持。先进制造研发基地建设需要发展配套性产业，形成先进制造产业集群和产业链。研究先进制造研发基地建设体制和运行机制，构建建设运行机制模型，如图 6-4 所示。

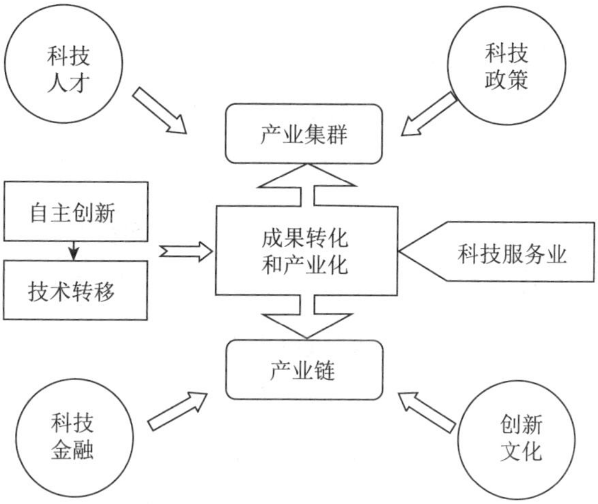

图 6-4 先进制造业培育机制

先进制造研发基地建设的目标是培育形成先进制造业，进一步形成高技术产业。现代化、科技化、高端化产业的培育、形成和发展是先进制造研发基地建设的目标。因此，科技研发、技术成果转移转化、技术产业化是先进制造研发基地建设的三个必要环节。三个环节对科技人才、科技金融、科技政策产生依赖。科技人才的引进和培养、科技金融的支持、科技政策的调整是先进制造研发基地建设的必要手段。

自主研发创新的动力来自创新文化和创新收益。中关村科技创新创业和科技产业的发展离不开创新文化。创新的社会文化、组织文化和个体文化形成的创新价值观产生内驱力，驱动科技人才创新创业。创新收益是科技创新的拉力。科技政策通过调整科技创新成果的收益分配，激发科技创新活动参与人员的积极性、主动性和创造性。

科技创新、科技成果转化和产业化离不开科技服务业。科技研发服务（如检测检验服务等）、科技中介服务、科技人才服务、科技金融服务等既是创造产值的产业，也是为科技创新活动提供全方位支持的产业。先进制造研发基地建设要求科技服务业与先进制造业、高技术产业协同发展。

机制体制改革是先进制造研发基地建设的必要支持。一方面，通过科技创新、成果转化、产业化机制体制再设计，可培育发展先进制造研发基地建设的新动能；另一方面，整合京津冀科技资源和国际创新资源，通过共建共享模式，向天津先进制造研发基地建设输入创新要素、创新文化和科技成果，可形成内在驱动、外部推动、条件保障相结合的先进制造研发基地建设模式。在体制改革方面，如调整新区和开发区内部体制，理顺新区政府与功能区的职责。新区政府在负责发展方向的规划制定、统筹各功能区协调发展、推进改革与开放等服务职能的基础上，进一步延续和放大功能区的优势，理顺与各功能区的功能职责，进一步简政放权。新区政府应将相关权力下放，赋予各功能区更大的项目及相关事项的审批权、用人管理权、财政支配权，真正做到权责统一，使其办事、做事的自主性更强、效率更高、创新发展的动力更足。在机制改革方面，如构建创新生态机制，在政策的激励和利益的保障作用下，形成市场主体自我创新、自主创新和持续创新的内生动力机制，让人才在政策体系下获得预期收益，产业在竞争环境中获得预期利润。

6.7 本章小结

建设体制和运行机制是全国先进制造研发基地建设路径研究的重心和根本。本章主要研究先进制造研发基地建设体制和运行机制，从天津全国先进制造研发基地建设的初步成效入手，分析了先进制造研发基地建设体制安排及其缺陷，从京津冀政府间合作、平台搭建和自贸区发展的视角提出了先进制造研发基地建设体制再设计的思路。在此基础上，从产业、平台、平台网络三个层次研究全国先进制造研发基地的建设机制，依次揭示了天津先进制造业培育机制、天津先进制造业创新平台建设机制、平台经济推进制造业创新发展机制，为整个研究奠定了理论基础。

7 京津冀协同发展背景下先进制造研发基地建设对策

7.1 京津冀协同发展背景下中关村示范区对天津先进制造研发基地建设的辐射带动举措

2009 年 3 月，中关村科技园区被认定为国家自主创新示范区，到 2020 年将中关村科技园区打造成为具有全球影响力的科技创新中心。中关村示范区通过自主创新成果向全国转化，辐射带动京津冀及其他地区。2017 年，中关村示范区技术合同成交额达 4485.3 亿元。北京市、外省/自治区/直辖市和出口技术合同成交额分别为 1193.9 亿元、2327.3 亿元和 964.1 亿元。中关村示范区对天津先进制造研发基地建设的辐射带动作用主要有三点。

7.1.1 打造京津冀“4+N”协同创新共同体，推进协同创新园区链建设

中关村深入贯彻《京津冀协同发展规划纲要》等有关文件的精神及要求，以疏解北京非首都功能、优化提升首都核心功能为出发点，进一步推动中关村各类创新主体聚焦“4+N”重点区域，打造京津冀协同创新共同体。重点打造雄安新区中关村科技园区、天津滨海—中关村科技园、保定中关村创新中心、中关村（曹妃甸）高新技术成果转化基地四个重点园区。通过协同创新园区链建设，带动京津冀区域科技创新和成果转化。到

2018年6月，中关村的企业累计在天津和河北建立分支机构达7244家，其中，设立分公司3360家（天津有1088家、河北有2272家），设立子公司3884家（天津有2104家、河北有1780家）。[①]

北京非首都核心功能疏解并非全部产业对外转移，要保留城市经济功能，保留研发设计等高精尖产业，实现产业高端高质高效发展。基于这个视角，中关村示范区采取产业梯次转移方式，在北京市区和城郊之间形成自主创新和成果转化的产业区域布局。例如，设计研发集中在海淀科学城，成果转化集中在昌平未来科技城，实验开发落地在怀柔科学城，亦庄将成为未来科技成果转化的承载地。这样就形成了北京市高新技术产业和津冀高技术产业协同发展的格局。

7.1.2 聚焦科技创新园区链，促进京津冀产业协同发展

1. 天津滨海—中关村科技园建设

2016年9月，北京市政府与天津市政府、中关村管委会、滨海新区政府分别签署了协议，在天津滨海新区共建天津滨海—中关村科技园。计划将中关村的创新政策应用到天津滨海—中关村科技园，也希望中国（天津）自贸区政策移植到滨海—中关村科技园，实现合作共建共享。2018年，中关村管委会会同天津滨海新区政府制定了《关于支持天津滨海—中关村科技园创新发展的若干措施》，由北京和天津两市政府办公厅联合发布实施。自挂牌到2018年底，滨海—中关村科技园新增注册企业941家，初步具备了相关产业集群化发展的基础，并形成了“新理念做好园区顶层设计、新机制构建园区管理模式、新政策促园区改革发展、新方式促合作共建”的“四新”模式。

2. 加快推进京津中关村科技城建设

2016年4月，中关村发展集团与天津宝坻区政府签署了项目合作备忘

① 子公司是独立法人，津冀子公司的设立能够较好地体现京津冀区域合作。

录，双方成立了京津中关村科技城项目工作小组，制定了《宝坻京津中关村科技城行动计划》。

2016 年 12 月，天津京津中关村科技城发展有限公司正式成立。京津中关村科技城主要承接北京中关村在互联网、生物工程、医疗器械等领域的科研成果转化任务。

7.1.3 推进中关村各类创新主体跨区域合作，促进京津冀联合创新

1. 跨区域开展科技成果转化服务

促进中关村天合科技成果转化，促进中心建设“京津冀协同发展科技成果转化促进平台”。中国技术交易所依托全流程技术交易信息服务平台——技 E 网，推动河北创新资源与全国及境外创新资源的融合，建设区域内科技成果交易的市场平台。

2. 引导创新创业孵化体系跨区域延伸

以市场化运营机制引导中关村创新创业服务资源服务津冀，支持 36 氪、启迪、北大创业训练营、创业公社等创业服务机构，在津冀已设置分支机构 33 家。联合天津滨海新区政府、河北省科技厅，支持腾讯众创空间、阿里云创客、百度众筹等创新创业服务机构，在滨海新区成立了“京津冀众创联盟”等。

3. 推动京津冀传统产业转型升级

节能环保产业是中关村示范区的第二大产业，产业总产值达 5000 亿元，其中环保产业占到了 10%。2016 年以来，中关村管委会在天津组织召开了首次“天津—北京中关村钢铁行业节能减排技术对接会”，面向中关村节能环保企业“众筹”合作方案，京津冀钢铁行业节能减排创新联盟、天津钢协、北京中关村等 10 余家企业、天津市 30 余家钢铁企业参加对接活动，初步达成了 20 余项合作意向。2017 年 5 月，中关村管委会联合天津市科委、河北省科技厅共同印

发了《发挥中关村节能环保技术优势 推进京津冀传统产业转型升级工作方案》。2017 年 7 月，中关村管委会、天津市科委、河北省科技厅三部门联合召开了《节能环保工作方案》媒体发布会。三部门联合开展了《节能环保工作方案》落实工作，召开了京津冀节能减排技术对接会，积极引导京津冀科研技术服务机构与企业，跨区域开展联合技术攻关与示范应用。

7.2 促进先进制造科技成果转移转化的建议

7.2.1 加强科技成果转移转化组织机构、服务平台以及示范性社会组织和枢纽性社会组织建设

第一，加强科技成果转移转化组织建设。财政支持专业化评估机构、信用评价机构、中试机构和各类中介机构等服务组织建设，相关协会引导中介机构按照紧缺程度建立科技成果供求目录，沟通科技成果供给和市场需求，引导开展科技成果转化成熟度评价研究。

第二，加强科技成果转移转化服务平台建设。打造科技成果转化应用中心、科技成果转化体制机制创新中心、国际先进技术承接扩散地和国际科技成果交易中心四个服务平台，提高科技成果转移转化服务能力和水平。

第三，财政支持示范性社会组织和枢纽性社会组织建设。2015 年 7 月，中关村国家自主创新示范区制定了社会组织发展支持资金管理办法，财政资助示范性社会组织和枢纽性社会组织（如中关村社会组织联合会、中关村产业技术联盟联合会）的建设。

7.2.2 减少技术入股审批环节，提高成果完成人和中介服务者收益分享的比率，完善科技成果转移转化激励机制

第一，减少技术入股审批环节，进一步降低科技成果转化审批监管的门槛，逐步建立市场导向的科技成果转移转化机制。

第二，建议职务科技成果完成人和参加人在科技成果作价投资、折算股份或一次性转让时获得80%以上的股份或收益。

第三，政策规定技术转移中介机构或个人可以从转化收益中提取不超过10%的中介费用，或者一定比例（如10%以下）参股受让的技术成果。

7.2.3 建设复合型科技服务人才队伍，开展技术发明家和科技企业家培育工程，补齐中端人才结构性短缺的短板

第一，人社部门有重点地组织建立一支专业素质高、业务能力强的技术经纪人和复合型科技服务人才队伍。吸收价值评估、信用评价、技术经纪、法律咨询、金融投资、财务等方面的专家，建立科技服务人才数据库。开办科技服务人才实务培训班，培养懂金融、会评估、知技术、善经纪的复合型科技服务人才。

第二，开展技术发明家和科技企业家培育工程。在技术发明家和科技企业家崭露头角的时期，政府加一把火，财政资助其创业和成长。

7.2.4 建立跨国和跨区域的技术转移服务机构，加强科技成果转移转化国际国内交流合作

第一，建立跨区域的技术转移服务机构，充分利用现有技术经纪服务网络等资源，京津冀地区应加强与长三角、珠三角及国外技术经纪组织的交流与合作。

第二，持续引进战略性新兴产业国际高端研发机构和高端技术转移经纪机构，用政策鼓励大型研发机构“走出去”，在国外建立分支机构，就地转移转化成果。

7.2.5 面向技术服务和产业化机构推行信用贷款财政补贴制度，建立技术转移转化专项资金预算制度，完善科技成果转移转化财政支持政策

第一，面向科技成果转移转化和产业化机构推行科技企业信用贷款财

政补贴制度。

第二，完善技术合同认定制度，落实现有的财税优惠政策，提高技术合同减免税额及其兑现速度。制定技术转移转化服务机构和科技成果产业化企业财税优惠政策。

第三，以立法形式设立市、区两级财政技术转移转化专项资金预算制度，促进闲置成果的处置。

7.3 提升先进制造科技服务能级和水平的建议

7.3.1 建立先进制造研发设计和成果转化示范区，培育和完善研发设计产业链，鼓励企业“走出去”建立海外研发机构

第一，建立先进制造研发设计和成果转化示范区。借助于滨海—中关村科技园支持科技合作、重大成果转化和科技创新环境建设等方面的优惠政策，与从中关村分流到科技园的文化创意、生物医药、集成电路、高端制造业等领域高新企业开展合作研发设计创新。引导滨海—中关村科技园企业利用互联网和电子商务开展数字化设计、“众包”设计、研发协同，提高信息技术对研发设计的支撑和支持。

第二，培育和完善研发设计产业链，逐步实现研发设计集聚区检测服务企业化和产业化。

第三，鼓励先进制造研发企业“走出去”，支持科技型企业“走出去”与“一带一路”沿线国家以及欧美发达国家共建国际新型研发机构和海外研发中心。

7.3.2 加强科技成果转移转化组织和服务平台建设，做大成果转化示范机构和专业化评估机构

第一，加强科技成果转移转化机构建设，采用共建和联营模式引进一

批国际知名技术转移机构，引进培育市级专业化技术转移和成果转化示范机构，创建企业品牌。

第二，建设市场化科技成果转移转化服务平台，充分发挥各种专业协会和商会的作用，促进科技与市场双向转化服务。

第三，发挥专业化科技成果评估机构的作用，改革技术成果评价标准，以标准化评价体系代替技术鉴定。科学评价科技成果市场转化的成熟度，根据成熟度划分等级，建立科技成果优先转化和梯次转化目录。

第四，鼓励发展市场化人才中介服务机构，采用“团队+项目”的复合引才方式，以成就事业和特色文化吸纳人才。用政策鼓励发展市场化人才中介服务组织，打破政府人才服务机构的垄断，培育为天津市引进吸纳各类人才并提供专业化服务的中高端人才中介服务机构，采用“团队+项目”的引才方式，吸纳国内外领军人才和项目团队；以成就事业和文化建设吸纳留住人才，各地开发区、高新区和国家新区各功能区要为引进人才提供必备的工作条件，促进其关键技术开发和科技成果的转化。建设宽容人才、尊崇人才、厚待人才的文化环境，以人才成就事业，以特色文化留住人才。

7.3.3 推行科技服务企业信用贷款财政补贴制度，完善科技型中小企业知识产权质押融资体系，鼓励金融机构设立面向科技企业的专营机构，释放商业银行科技贷款活力

第一，推行先进制造科技服务企业信用贷款财政补贴制度。在前期试点基础上，可将商业银行信用贷款补贴政策从科技企业推广到科技服务企业，尤其是专业化的科技成果转移转化企业。

第二，完善科技型中小企业知识产权质押融资体系。建议成立科技担保公司，保障企业以专利、商标等知识产权质押贷款；设立专利权质押补偿基金，政府应根据担保风险和专利权变现风险大小确定风险等级，以此

给予相应的风险补偿金。

第三，鼓励银行等金融机构面向科技企业和科技服务企业设立专门的集企划、授信审批、股权融资等功能于一体的专营机构，加强业务流程管理，组织架构和产品创新，释放商业银行科技贷款活力。

7.3.4 建立科技咨询机构孵化器和公共信息服务平台，培育壮大民营科技咨询服务机构，提高科技咨询服务的能级和水平

第一，建立科技咨询机构孵化器。在企业孵化器内设立科技咨询机构专区，鼓励和吸引科技咨询机构入驻孵化器，为咨询机构免费提供服务场所和其他优惠政策。

第二，建立公共信息服务平台。整合科技咨询机构自建的信息网站，利用大数据建立大型公共信息服务平台，实现信息资源的共建共享。

第三，培育壮大民营科技咨询服务机构。深化放管服改革，降低民营咨询机构准入的门槛，拓展其发展空间。

7.4 加快先进制造业创新平台建设的对策建议

7.4.1 规划建设工业互联网平台，逐步建设制造业平台生态系统

2017 年 10 月 30 日，国务院常务会议审议通过《深化“互联网+先进制造业”发展工业互联网的指导意见》，推动工业互联网发展。计划到 2020 年，支持建设 10 个左右跨行业、跨领域的工业互联网平台。

第一，工业互联网平台培育需要以工业 PaaS 平台（平台即服务）建设为聚焦点和突破口，优先将拥有设备数据采集优势的装备和自动化企业以及拥有丰富工业 know-how 的先进制造企业打造成为平台提供商，通过平台技术模块化和知识经验软件化建设和使用工业互联网平台。这就需要

建立部省联动的输血机制，即国家通过专项支持等方式建设开放开源的工业基础数据库，各地政府通过购买服务的方式加快工业互联网平台的应用和推广。

第二，借助于移动互联网5G试点，建设制造业数字化、网络化和智能化网联平台。先进制造研发基地建设需要借助于5G试点，改造网络基础设施。建议政府实行制造业设备改造专项补贴，鼓励制造企业开展网络化、智能化设备改造，提高制造企业设备数字化率和数字化设备联网率，提高制造业智能化生产和管理水平。

7.4.2 调整财政投资方向和领域，支持构建区域性制造业综合创新中心网络

第一，建议国家制造强国建设领导小组办公室，根据东中西部和东北地区产业特点重新规划布局区域性制造业综合创新中心，力争每个省份建设一个制造业综合创新中心，每个创新中心根据本区域制造业升级需求选择一个战略性的前沿研究领域，开展该领域共性技术和通用技术研发、技术中试和产业化、技能人才培育和行业标准制定等活动。

第二，整合中央和省/自治区/直辖市各类财政资金和产业基金，优先支持制造业综合创新中心建设。财政资金负责3~5年初始投入，带动吸纳社会资金参与创新中心建设运营。政府采取加快设备折旧和永久性税收减免等措施支持创新中心科技研发和产业化活动。

第三，加强区域制造业综合创新中心组织管理。创新中心由央企和国有企业、大中小民营企业和初创企业，高校和科研机构，以及中央和省/自治区/直辖市政府、社会组织构成，由一个牵头单位（央企、国企或一流高校）负责运营管理。创新中心属于非营利性社会组织，实行自我管理、独立运行。中央和省/自治区/直辖市政府承担出资责任和监督责任，财政支持建设期结束，创新中心独立运营后，通过向社会提供成套设备、

技术咨询、技能劳动力培训、技术工艺服务等获得收入，各参与者根据贡献获得相应的收益。国家制造强国建设领导小组办公室负责创新中心审批、监督创新中心研发计划的制订和实施、评估创新中心绩效。

7.4.3　整合区域科技创新资源，构建先进制造产学研合作创新联盟

第一，建立先进制造创新微中心。依托大企业或产业园区，在新一代信息技术、高端装备制造、新能源新材料、生物医药等重点领域，建立先进制造业创新微中心，探索“科技创新+企业孵化+产业化”三位一体创新模式。

第二，搭建先进制造区域合作创新促进中心。借鉴先进制造产业园区建设经验，以特大城市高技术产业生产性研发、制造环节和配套产业疏解为契机，建设高端装备制造、新一代信息技术、生物医药等产业区域合作创新促进中心。

第三，构建先进制造产学研合作创新联盟。将高校研究生（专业硕士）培养与先进制造研发成果转化相结合，与国内外知名高校和研发机构共建重点实验室、工程实验室，企业技术中心和工程（技术）研究中心。行业协会整合研究院所、研发中心、产业创新联盟、技术服务机构等创新资源，建立区域先进制造业合作创新联盟。

7.4.4　建设科技成果产业化服务平台，促进高新技术制造业的形成

规划建设技术成果中试熟化、技术转移转化推广、产品检验检测等产业化技术服务平台。技术服务平台建设应整合分散的平台企业或功能，建立技术服务平台网络，并实现线上线下的互动关联。

第一，建立技术成果中试熟化平台。美国创新研究所自行开展技术成果的中试熟化，直接出售成熟的成套设备和技术服务。我国技术成果中试

熟化多数是科技创新企业自行完成，尚未形成独立的产业平台，制造技术研发“去中心化”和“去中介化”后，应代之为整合集聚中试资源的各类平台形成的平台网络。与联盟不同，平台网络是以专业化职能为中心，整合众多具有互补性的平台企业形成的相对稳定的网络系统。

第二，建设技术转移转化推广服务平台。构建以市场需求为导向、研发机构为源头、技术转移转化服务为纽带、产学研用相结合的新型科技成果转化体系，建立技术转移转化服务平台网络。

第三，加强产品检验检测服务平台建设。在协会主导下，整合散布在各高校科研院所重点实验室以及各类国家工程（技术）中心和企业研究中心的检验检测资源，形成专业化检验检测平台网络。

第四，加强科技成果产业化服务组织建设。例如，建设第三方评估机构，大力开展科技成果价值评估、市场评估、投融资咨询、企业信用评价、人才培训等社会化服务；建设先进制造业金融服务平台，创新融资模式，促进产融结合，为制造业科技创新和成果产业化提供融资服务。

7.4.5 加快培育平台型企业，深入推进先进制造示范区建设

在区域性制造业综合创新中心建设基础上，在国家综合配套改革试验区、自由贸易试验区、国家自主创新示范区、国家级新区、国家级开发区等区域建设国家先进制造示范区。重点支持建设平台型企业，带动大中小企业融通发展。用政策引导行业龙头企业建立平台型企业，与大中小企业、初创企业、高校、科研院所和社会组织建立创新联盟，开展协同创新。以各地区平台型企业和具有核心竞争力的制造企业为主导，探索能够充分发挥本区域资源优势和产业优势的制造业转型升级模式，如传统制造业的智能化升级、先进制造业和高新技术制造业培育等。

7.4.6 建设非营利性平台组织，有效整合制造创新资源

第一，财政支持建设非营利性组织（NPO）孵化器。借鉴美国等发达

国家经验，建议通过政府的资助方式（如设立专项建设资金）建设非营利性组织孵化器。非营利性组织孵化器是一种新型平台组织，该组织利用自身资源，联合政府和民间力量为初创社会组织提供服务，帮助非营利性组织获取更广泛的资源。政府的资助是非营利性组织平台建设的主要资金来源，如美国非营利性组织协会（NCN）83%的资金来源于联邦政府的拨款和社会捐款。

第二，财政支持示范性社会组织和枢纽性社会组织建设。各省区市成立了许多协会和商会，但缺乏统筹协调管理协会商会和创新创业主体的枢纽性社会组织，各自为政的社会组织难以形成服务合力。建议政府支持建设一批示范性社会组织和枢纽性社会组织，引导枢纽性社会组织发挥桥和梁纽带作用，为各种社会组织提供公共服务，推动社会组织协同创新发展。

7.4.7 改革薪酬制度和住房制度，营造富有竞争力的海外高端人才吸纳环境

我国留学人员回国率总体达到70%以上，但高层次留学人才回流率仍然处于较低水平。按照中央人才工作协调小组的报告，中国流失的顶尖人才数量居世界首位，其中，科学和工程领域滞留率平均达87%。“中国制造2025”战略离不开高端人才，尤其是科学技术和工程技术人才。当前亟须营造富有竞争力的海外高端人才吸纳环境。

第一，一线城市政府建立高层次海外回国人才公共租赁住房制度，住房条件达到国内中高水平。公共住房建设应符合海外人才审美标准和居住习惯，建构优美的居住环境，配套建设完善的生活设施、高端教育和医疗服务机构，为海外高端人才提供优质的生活条件。

第二，改革高层次海外回国人才薪酬制度，按照贡献而非资格向领军归国人才发放薪酬和社会保险等，提供优质的医疗保健服务和其他社会公

共服务，如子女教育、家属工作和社会保险等。制定科技成果转化收入税收优惠政策，降低成果转化收入应纳税额核算比率，提高科技人员成果产业化所得。

第三，根据“中国制造 2025”战略对海外人才的需求结构，改革签证和绿卡制度。针对制造技术创新亟须的科学技术人才、工程技术人才和高技能人才等简化工作签证程序，放宽永久居留签证的发放标准。

7.5 改善天津市民营企业营商环境的对策建议

7.5.1 细化政策条款，构建亲民亲商的公共组织文化，实行审核清单、正面清单和负面清单制度，探索实行公务员绩效考核制度

第一，构建亲民亲商的公共部门组织文化，引导各级干部彻底转变服务理念。充分运用舆论工具宣传为民服务的典型事迹，机关单位的“评先创优”要与服务效率、办事效率挂钩。将公共组织文化建设与党员“两学一做”活动结合起来，优先将党员干部培育成亲民亲商文化的引领者和推进者。纪检监察部门要及时将公务员推诿扯皮、刁难民商的行为列入“不担当不作为”范畴加以惩处。

第二，行政审批部门要根据法律法规、中央和国务院文件精神制定公布审核清单，明确规范不同类型审批需提交的文件明细，力争一次审核办结。

第三，建立民商服务的正面清单和负面清单。正面清单即规定公务员必须履行的责任，负面清单即界定严禁触碰的底线。

第四，探索实行公务员绩效考核制度。制定实施各级公务员绩效考核制度，突出对行政效率和服务业绩的考核，将考核结果与公务员薪酬和晋

升挂钩。

第五，建立政府部门与民营企业的直通平台，实现政策上情下达、民意下情上传，促进政商关系和谐。

7.5.2 充分发挥商会和协会的作用，完善互联共享的信用体系和产权质押制度，拓宽民营企业信用融资渠道

第一，建立互联共享的信用体系。完善现有的个人信用和企业信用征信体系，实现信用信息的市域和国家联网，保障信用体系的互联共享。

第二，探索实行“轻资产民营企业信用+联合担保”的融资办法。银行等金融机构应实行依据企业信用和企业家信用等级，商会或协会担保、财政局和行政主管部门有限责任担保的联合担保贷款管理办法，创新面向轻资产企业的金融产品。

第三，完善知识产权质押融资体系。建议成立科技担保公司，保障科技型中小企业以专利、商标、应收账款等产权证券质押贷款。建议政府将科技担保公司和从事质押贷款业务的商业银行纳入专利权质押补偿基金。

第四，实施土地产权质押融资。银行等金融机构应加快制定土地承包权、土地经营权证质押融资办法，探索农村钢骨架大棚及其他不动产抵押融资办法。

7.5.3 完善京津冀基础设施建设，健全教育医疗服务机构，提高津冀人口集聚能力；制定倾斜性人才优惠政策，提高民营企业人才竞争力

第一，完善京津冀各功能区基础设施建设，提升开发区、高新区等城市功能。例如，加强住宿、餐饮、交通、房屋租赁等城市公共服务设施建设，打造生态宜居城市，提升人口集聚能力。

第二，建立民营企业高端人才优惠政策，如降低个人所得税、实施子女上学的特殊照顾政策，健全学前教育、基础教育、社区医疗服务机构，

提高教育医疗服务质量水平。

第三，扩大蓝领公寓和白领公寓的建设规模，尤其是要建设各类面向民营企业不同阶层的租金低廉的城市公寓，保障民营企业员工的住房需求。

7.5.4 制定中小微企业服务政策，加大政府采购对民营企业的支持力度，提升民营企业的经营活力

第一，借鉴其他地区的做法，制定中小微企业服务政策。采用“企业定需求、市场出产品、政府来买单”的服务模式，减低中小微企业运营成本。

第二，政府采购中拟定面向中小微企业尤其是科技小巨人企业的定向招标项目，降低投标准入门槛，提高中小微企业竞标的竞争力。

7.6 创新驱动下推进全国先进制造研发基地建设的对策

7.6.1 深化产业合作机制改革，构建以企业为主体的“研发—转化—生产”创新链，推动智能科技产业化，打造智能制造高地

以先进制造业为滨海新区和自贸区的产业创新载体，将滨海—中关村科技园定位为北京科技创新中心和天津产业创新中心的对接点和集中承载地，依托航空航天、电子信息、生物医药、装备制造等战略性新兴产业，超前布局前沿领域产业技术研发，以智能科技改造传统产业，发展智能制造、智能物流、智能金融等，催生新的经济增长点，打造发展新引擎。同时，要从产业合作机制改革入手，构建以企业为主体、市场为导向的科技与产业合作新体制、新机制，使产业协同和科技合作真正成为市场主体的

行动。通过企业研发中心、高水平产业技术研发机构和技术创新战略联盟等平台或网络，实现关键核心技术和产业的重大突破，推动滨海新区研发型制造业、服务型制造业占据京津冀现代制造业研发链条的高端。通过吸引、对接、合作等方式整合创新资源，延伸京津冀“创新研发—快速转化—智能制造”的创新价值链条，为天津先进制造业集聚区与北京科技创新中心的对接提供制度保障。①

7.6.2 培育和完善研发设计产业链，实行科技研发企业减负政策，鼓励企业“走出去”

第一，培育和完善研发设计产业链。整合科技企业试验检验测验作业，形成专业化检测服务企业。

第二，鼓励先进制造研发企业“走出去”，共享国际科技资源。

第三，实行先进制造研发设计企业减负政策。降低税收负担和非税负担，将减半征收所得税优惠拓展到先进制造研发企业，延长先进制造研发企业研发支出结转抵扣年限，提高研发费用加计扣除比例到75%。返还先进制造研发设计企业增值税地方分享部分。

7.6.3 创新先进制造研发基地建设的组织和平台，加强创新微中心、成果转移转化服务平台和社会组织建设

第一，建立先进制造创新微中心，构建产学研科技创新联盟和科技创新网络。依托大企业或产业园区，在新一代信息技术、高端装备制造、新能源、新材料、生物医药等重点领域，建立先进制造业创新微中心，探索“科技创新+企业孵化+产业化”三位一体的创新模式；将高校研究生培养与先进制造研发成果转化相结合，与国内外知名高校和研发机构共建重点

① 该部分内容来源于周立群、马云泽、薄文广、刘洪银等完成的天津市政协经济社会发展研究咨询委员会重点课题“深化体制机制改革，推动滨海新区和自贸区在京津冀协同发展中发挥更大作用”。

实验室、工程实验室，企业技术中心和工程（技术）研究中心，构建产学研科技创新联盟和科技创新网络。

第二，加强科技成果转移转化服务平台建设。建立科技成果数据库、企业技术需求目录和线上线下互联互通的市场化服务平台，发挥行业协会作用，促进科技与市场双向转化服务。

7.6.4 加快制造业服务化转型，提高先进制造服务能级水平，补齐科技服务业发展短板

在工程招投标、第三方物流、供应链管理优化、集成解决方案等方面广泛开展制造业服务化示范工程，引导大型企业和装备制造业服务化转型，构建从生产型制造向服务型制造转变、从产品中心向用户中心转变的制造业新业态；大力发展面向制造业的现代物流、电子商务、科技服务、信息服务、质量认证、产品鉴定、检验检测等生产性服务业，提高生产性服务业对先进制造业研发、生产、商务、运营和管理等产业全程服务的能力；培育研发设计、技术转移、创业孵化等专业化科技服务企业，壮大科技服务企业规模，构建覆盖科技创新全程的科技服务体系。

7.6.5 推行信用贷款财政补贴制度，建立完善制造业供应链融资和知识产权质押融资体系

第一，推动信用共同体建设，构建制造业供应链融资体系。推行信用共同体建设，财政部门应根据参与信用共同体建设的商业银行支持的科技型中小企业数量、信用贷款余额数、打包贷款企业数等指标进行奖补；政府牵头构建制造业供应链融资体系，引导制造业融资从终端产品贸易融资向全产业供应链融资体系转变，实现贸易融资向供应链融资升级。

第二，推行科技服务企业信用贷款财政补贴制度，完善科技型中小企业知识产权质押融资体系，鼓励金融机构设立面向科技企业的专营机构，释放商业银行科技贷款的活力。推行先进制造科技服务企业（尤其是专业

化的科技成果转移转化企业）信用贷款财政补贴制度；完善先进制造企业知识产权质押融资体系，根据担保风险和专利权变现风险的大小确定风险等级，以此给予相应的风险补偿金。

第三，构建社会化融资体系，实行研发企业减负政策，做大做强民营科技企业。国外融资结构中专业投资机构的资金仅占3%，大部分资金来源于社会融资。在建立和完善征信制度的基础上构建社会融资体系是解决科技研发、成果转移转化和产业化等融资问题的关键。

7.6.6 夯实做大生产性服务体系，以物流、金融、交易平台的创新为重点，增强对区域的辐射带动作用

生产性服务业具有辐射范围广、带动力强的特点，辐射带动能力取决于服务的范围和水平，应加快滨海新区生产性服务业体系建设，以增强对区域的辐射和服务能力。一方面，依托口岸优势和腹地优势，拓展现代物流服务功能，加快向供应链服务商的转型，促成其与制造业深度融合。建立海上航线和过境班列通道多式联运体系，促进通关服务和口岸物流一体化，强化海港空港的枢纽地位，构建新亚欧大陆桥的桥头堡，融入中国开放的大格局。另一方面，扩大金融改革试验，以融资租赁、股权基金为切入点服务实体经济，实现金融服务业集聚化、产业化。以投资贸易便利化创新试验支持京津冀金融机构在自贸区开展跨区域金融协同，促进金融服务和监管一体化。同时，依托大宗商品交易平台推进京津冀产权、商品、技术等交易市场互联互通，完善前端控制、线上交易、线下物流、全程资金链支持体系，深化区域产业的电子商务服务，打造集仓储、物流、支付、金融等一体化的公共信息服务体系，形成集电商企业、物流企业、电子支付、海关、检验检疫、国税、外汇、商务等一体化的数据服务平台。①

① 该部分内容来源于周立群、马云泽、薄文广、刘洪银等完成的天津市政协经济社会发展研究咨询委员会重点课题“深化体制机制改革，推动滨海新区和自贸区在京津冀协同发展中发挥更大作用”。

7.7 本章小结

本章主要从京津冀协同发展对全国先进制造研发基地建设的影响、科技成果转化、科技服务业发展、先进制造创新平台建设、营商环境建设和全国先进制造研发基地建设等方面提出对策建议。从资源支持、产业发展、平台建设、营商环境等方面提出推进先进制造研发基地建设的对策建议。对策建议以咨政报告和科技战略研究报告的形式提交给政府相关部门，可作为全国先进制造研发基地建设行政决策和政策制定的参考依据。

参考文献

[1] Abdesslem A B, Chiappini R. Cluster Policy and Firm Performance: A Case Study of the French Optic/Photonic Industry [J]. Gredeg Working Papers, 2018 (1): 1-14.

[2] Best M H. The New Competitive Advantage : The Renewal of American Industry [M]. New York: Oxford University Press, 2001.

[3] Cantwell J, Tolentino P E. Technological Accumulation and Third World Multinational [J]. Discussion Paper in International Investment and Business Studies, University of Reading, 1990 (139): 436-452.

[4] Clark C. The Conditions of Economic Progress [M]. London: Macmillan Publishers, 1940.

[5] Coffey W J, Bailly A S. Producer Services and Flexible Production: An Exploratory Analysis [J]. Growth & Change, 1991, 22 (4): 95-117.

[6] Daniels P W. Some Perspectives on the Geography of Services [J]. Progress in Human Geography, 1989 (13): 427-437.

[7] Dayasindhu N. Embeddedness, Knowledge Transfer, Industry Clusters and Global Competitiveness: A Case Study of the Indian Software Industry [J]. Technovation, 2002, 22 (9): 551-560.

[8] Delgado M, Porter M E, Stern S. Clusters, Convergence, and Economic Performance [J]. Research Policy, 2014, 43 (10): 1785-1799.

[9] Eswarn M, Kotwal A. The Role of the Service Sector in the Process of Industrialization [J]. Journal of Development Economics, 2002, 68 (2): 401-420.

[10] Francois J. Trade in Producer Services and Returns due to Specialization under Monopolistic Competition [J]. Canadian Journal of Economics, 1990, 23 (1): 109-124.

[11] Guerrieri P, Meliciani V. International Competitiveness in Producer Services [R]. Social Science Electronic Publishing, March 2004.

[12] Hervas-Oliver J L, Lleo M, Cervello R. The Dynamics of Cluster Entrepreneurship: Knowledge Legacy from Parents or Agglomeration Effects? The Case of the Castellon Ceramic Tile District [J]. Research Policy, 2017, 46 (1): 73-92.

[13] James W Harrington. Empirical Research on Producer Service Growth and Regional Development: International Comparisons [J]. Professional Geographer, 1995, 47 (1): 66-74.

[14] John Humphrey, Hubert Schmitz. How Does Insertion in Global Value Chains Affect Upgrading in Industrial Clusters? [J]. Regional Studies, 2002, 36 (9): 1017-1027.

[15] Kadokawa K. A Search for an Industrial Cluster in Japanese Manufacturing Sector: Evidence from a Location Survey [J]. GeoJournal, 2013, 78 (1): 85-101.

[16] Kaplinsky R, Morris M. A Handbook for Value Chain Research [M]. (2016-02-28) [2019-11-25]. https://max.book118.com/html/2016/0228/36331405.shtm.

[17] Klepper S. The Origin and Growth of Industry Clusters: The Making of Silicon Valley and Detroit [J]. Journal of Urban Economics, 2010, 67 (1): 15-32.

[18] Klodt H. Structural Change Towards Services: The German Experience [R]. University of Birmingham IGS Discussion Paper, 2000.

[19] Krugman P. Increasing Returns and Economic Geography [J]. Journal of Political Economy, 1991, 99 (3): 483-499.

[20] Markusen J R. Trade in Producer Services and in Other Specialized Intermediate Inputs [J]. American Economic Review, 1989 (3): 85-95.

[21] Markusen J, Rutherford T F, Tarr D. Trade and Direct Investment in Producer Services and the Domestic Market for Expertise [J]. Canadian Journal of Economics, 2005, 38 (3): 758-777.

[22] Martin Kenney, John Zysman, 贾开. 平台经济的崛起 [J]. 经济导刊, 2016 (6): 64-69.

[23] O' Farrel P N, Hitchens D M W N. Producer Services and Regional Development:

A Review of Some Major Conceptual Policy and Research Issues [J]. Environment and Planning, 1990, 22 (9): 1141- 1154.

[24] Pilat D, Wölfl A. Measuring the Interaction Between Manufacturing and Services [R]. OECD Science, Technology and Industry Working Papers, 2005/05, OECD Publishing, Paris.

[25] Pim Den Hertog. Knowledge-intensive Business Services as Co-producers of Innovation [J]. International Journal of Innovation Management, 2000, 4 (4): 491-528.

[26] Porter M E, Kramer M R. Strategy and Society: The Link Between Competitive Advantage and Corporate Social Responsibility [J]. Harvard Business Review, 2006, 3 (12): 78-92.

[27] Quinn J B. Intelligent Enterprise: A Knowledge and Service Based Paradigm for Industry [M]. New York: The Free Press, 1992.

[28] Ramaswamy R, Rowthorn B. Growth, Trade, and Deindustrialization [C] // International Monetary Fund, 1998.

[29] Richard C M Yam, William Lo, Esther P Y Tang, et al. Analysis of Sources of Innovation, Technological Innovation Capabilities, and Performance: An Empirical Study of Hong Kong Manufacturing Industries [J]. Research Policy, 2011, 40 (3): 391-402.

[30] Turkina E, Assche A V. Global Connectedness and Local Innovation in Industrial Clusters [J]. Journal of International Business Studies, 2018, 49 (6): 706-728.

[31] Wong P K, He Z L. The Impacts of Knowledge Interaction with Manufacturing Clients on KIBS Firms Innovation Behavior [R]. Discussion Paper No. 2002/69.

[32] 薄文广，徐玮．天津加快建设全国先进制造研发基地的创新思考 [J]. 环渤海经济瞭望，2017 (4): 6-11.

[33] 曹东坡，于诚，徐保昌．高端服务业与先进制造业的协同机制与实证分析——基于长三角地区的研究 [J]. 经济与管理研究，2014 (3): 76-86.

[34] 陈文锋，刘薇．战略性新兴产业发展的动力机制研究 [J]. 中国科技论坛，2015 (3): 86-92.

[35] 陈宪，黄建锋．分工、互动与融合：服务业与制造业关系演进的实证研究

[J]．中国软科学，2004（10）：65-76.

［36］陈炎飞．江苏制造业产业集聚及其影响因素研究［D］．南京：中共江苏省委党校，2018.

［37］陈瑛，汤建中，邓立丽．长三角世界级先进制造业基地建设的经济评析［J］．上海经济研究，2005（5）：62-67.

［38］陈煜，汤智．创新人才培养：美国比照下的反思与变革［J］．中国高教研究，2008（4）：35-36

［39］楚明钦．装备制造业与生产性服务业产业关联研究——基于中国投入产出表的比较分析［J］．中国经济问题，2013（3）：79-88.

［40］董树功，齐旭高，郭环瑀，等．科技成果转化模式的国际比较与启示［J］．产权导刊，2014（6）：39-42

［41］高峰，贾蓓妮．创新驱动天津市先进制造业研发转化基地的对策研究［J］．天津经济，2016（9）：6-11.

［42］高觉民，李晓慧．生产性服务业与制造业的互动机理：理论与实证［J］．中国工业经济，2011（6）：151-160.

［43］高良谋，张一进．平台理论的演进与启示［J］．中国科技论坛，2018（1）：123-131.

［44］龚唯平，薛白，董华．先进制造业发展的动力模型与评价指标体系［J］．产经评论，2010（2）：34-42.

［45］顾乃华，毕斗斗，任旺兵．生产性服务业与制造业互动发展：文献综述［J］．经济学家，2006（6）：35-41.

［46］郭巍，林汉川，付子墨．我国先进制造业评价指标体系的构建［J］．科技进步与对策，2011，28（12）：125-129.

［47］郭长义，安玉兴．产业集群视角下辽宁先进装备制造业集聚区发展路径分析［J］．辽宁工业大学学报（社会科学版），2009，11（2）：26-29.

［48］洪银兴．产业结构转型升级的方向和动力［J］．求是学刊，2014，41（1）：57-62.

［49］侯峻，胡俊成，季斌．中国城市新型制造业评价指标体系研究［J］．现代城

市研究，2007（7）：35-42.

［50］胡晓鹏，李庆科．生产性服务业与制造业共生关系研究——对苏、浙、沪投入产出表的动态比较［J］．数量经济技术经济研究，2009（2）：33-46.

［51］黄刚伟，陈晓君．珠海市发展高端服务业存在的问题及对策［J］．经济纵横，2009（2）：57-59.

［52］黄征宇．平台经济助力“中国制造”转型升级［J］．中国信息化，2014（2）：28-30.

［53］火统梅．生产性服务业与先进制造业协调发展的实证分析——以浙江省为例［J］．现代经济信息，2017（20）：314-315.

［54］贾佳，赵兰香，万劲波．职务发明制度促进科技成果转化中外比较研究［J］．科学学与科学技术管理，2015（7）：3-10.

［55］江曼琦，席强敏．生产性服务业与制造业的产业关联与协同集聚［J］．南开学报（哲学社会科学版），2014（1）：153-160.

［56］蒋瑛．科技创新型人才培养的国际比较研究［J］．学术论坛，2009（12）：191-195.

［57］雷文艳．美国现代非营利性组织孵化器的发展现状及启示［J］．中国社会组织，2013（11）：52-54.

［58］冷单，王影．美国国家制造业创新网络运行机制与经验启示［J］．中国经济时报，2016-01-12（005）.

［59］李峰，韩静，孙丽文．经济新常态下京津冀产业协同与发展研究：以电子信息制造产业为例［J］．河北工业大学学报（社会科学版），2015（2）：9-15.

［60］李慧，崔茜茜，孙克强．对长三角先进制造业发展问题的研究［J］．上海经济研究，2008（4）：52-60.

［61］李慧燕，李宏．基于全球工序分工视角的中国制造业创新能力提升研究［J］．经济经纬，2015（1）：96-101.

［62］李慧燕．中国装备制造业垂直专业化地位的影响因素研究［J］．软科学，2013（10）：64-67，73.

［63］李慧燕，刘洪银．全国先进制造研发基地建设水平分析——基于六省市的比

较研究［J］. 科技管理研究，2019（22）：55-62.

［64］李慧燕，刘洪银．制造业创新中心建设难点剖析［J］. 合作经济与科技，2018（20）：12-13.

［65］李家祥．四大创新理念助力“天津制造”攻难关［N］. 天津日报，2016-05-09（009）.

［66］李金华．德国“工业 4.0”背景下中国制造强国的六大行动路径［J］. 南京社会科学，2016（1）：8-16.

［67］李廉水，杨浩昌，刘军．我国区域制造业综合发展能力评价研究——基于东、中、西部制造业的实证分析［J］. 中国软科学，2014（2）：121-129.

［68］李廉水，周勇．中国制造业“新型化”状况的实证分析：基于我国 30 个地区制造业评价研究［J］. 管理世界，2005（6）：76-81，88，172.

［69］李文增．如何认识和实践供给侧改革——对发挥全国先进制造研发基地作用的思考［J］. 产权导刊，2016（2）：7-10.

［70］李小丽，何榕．日本 TLO 运行策略研究及启示［J］. 当代经济，2014（3）：134-136.

［71］李杨，谢振忠，陈笑天．日本制造业创新体系的启示［J］. 中国工业评论，2017（10）：42-45.

［72］李允尧，刘海运，黄少坚．平台经济理论研究动态［J］. 经济学动态，2013（7）：123-129.

［73］励贺林．建设先进制造研发基地之创新思考［N］. 天津日报，2018-01-01（005）.

［74］林苍松，张向前．中国培育具有全球影响力的先进制造业基地动力机制研究［J］. 科技管理研究，2018（2）：161-170.

［75］刘刚．实施创新驱动发展战略建设先进制造研发基地［N］. 天津日报，2015-12-07（009）.

［76］刘恒江，陈继祥．要素、动力机制与竞争优势：产业集群的发展逻辑［J］. 中国软科学，2005（2）：125-130.

［77］刘洪银．城市蔓延与服务业发展——基于城市面板数据的实证研究［J］. 财

贸研究，2015（3）：1-11.

［78］刘洪银．加快培育高级蓝领　为先进制造提供人力支撑［N］．天津日报，2015-09-28（013）．

［79］刘洪银．民营企业营商环境约束与对策建议——基于京津冀地区的调查［J］．中共天津市委党校学报，2018（3）：86-89.

［80］刘华翔．日本高校技术转移模式浅析及对中国高校技术转移的启示［J］．大陆桥视野，2016（4）：195.

［81］刘军跃，李军锋，钟升．生产性服务业与装备制造业共生关系研究——基于全国31省市的耦合协调度分析［J］．湖南科技大学学报（社会科学版），2013，16（1）：111-116.

［82］刘欣然．天津建设全国先进制造业研发基地研究［D］．天津：天津师范大学，2016.

［83］刘雅君．供给侧结构性改革视角下东北经济振兴动力机制优化——基于制造业的实证分析［J］．社会科学研究，2016（6）：37-43.

［84］柳卸林，丁雪辰．2017年中国创新50人论坛“平台经济与中国制造的未来”［J］．今日科苑，2017（10）：80-85.

［85］陆文聪，胡雷芳，祁慧博．知识密集型产业集群发展动力机制模型构建：基于人力资本集聚的视角［J］．科技进步与对策，2013，30（5）：65-68.

［86］吕政，刘勇，王钦．中国生产性服务业发展的战略选择——基于产业互动的研究视角［J］．中国工业经济，2006（8）：5-12.

［87］马歇尔．经济学原理［M］．孙利，译．天津：天津人民出版社，2012.

［88］迈克尔·波特．竞争论［M］．高登第，李明轩，译．北京：中信出版社，2003.

［89］美云．论服务业的跨产业渗透和融合［J］．外国经济与管理，2006（10）：25-33.

［90］牟绍波，王成璋．产业集群持续成长的动力机制：基于集群文化视角［J］．科技管理研究，2008，28（4）：221-223.

［91］彭本红．现代物流业与先进制造业的协同演化研究［J］．中国软科学，2009

（S1）：149–153.

［92］彭诗言．平台经济视阈下制造业转型升级机制研究［J］．社会科学战线，2017（7）：258–261.

［93］乔如娟，千庆兰．2004—2013 年东莞先进制造业与现代服务业耦合度变化［J］．技术与创新管理，2017，38（6）：635–640.

［94］任声策，宋炳良．航运高端服务业的发展机理——服务业融合的视角［J］．上海经济研究，2009（6）：112–117.

［95］斯拉法．大卫·李嘉图全集：第 1 卷：政治经济学及赋税原理［M］．郭大力，王亚南，译．北京：商务印书馆，2013.

［96］孙明华．天津建设全国先进制造研发基地的实施路径——基于京津冀协同发展的视角［J］．开发研究，2018（2）：27–32.

［97］孙奇茹．北京协同创新研究院挂牌［N］．北京日报，2014–08–29（001）.

［98］唐茂华．天津加快建设全国先进制造研发基地的研究［J］．城市，2016（2）：60–64.

［99］唐强荣，徐学军，何自力．生产性服务业与制造业共生发展模型及实证研究［J］．南开管理评论，2009，12（3）：20–26.

［100］陶伟民．搭建产业协作创新平台，促进本市制造业转型升级［J］．上海人大，2015（2）：28.

［101］万里洋．山东省先进制造业与知识密集型生产性服务业的互动发展研究［D］．淄博：山东理工大学，2016.

［102］王昌林，姜江．大国崛起与科技创新——英国、德国、美国和日本的经验与启示［J］．全球化，2015（9）：39–49.

［103］王得新．构建京津冀协同发展的现代产业体系研究［J］．天津行政学院学报，2018（2）：36–43.

［104］王荣来，赵洁川．产业带聚集经济效益研究［J］．地域研究与开发，1991（1）：14–17.

［105］王旭章．区域性的主导产业市场选择、集聚和扩散［J］．苏州科技大学学报（自然科学版），1998（5）：24–27.

［106］韦伯．工业区位论［M］．李刚剑，陈志人，张英保，译．北京：商务印书馆，1997.

［107］吴郡．天津市生产性服务业与制造业互动发展研究［D］．天津：天津师范大学，2015.

［108］席枫，董春美．我国先进制造业的战略选择与实现路径研究——基于天津市建设“全国先进制造研发基地”的评价［J］．价格理论与实践，2016（11）：154-157.

［109］席枫，李海飞，董春美．生产性服务业与先进制造业协调发展关系研究——基于天津市先进制造业发展的实证分析［J］．价格理论与实践，2016（4）：151-153.

［110］席枫，李家祥．构建全国先进制造研发基地的指标体系研究［J］．天津师范大学学报（社会科学版），2016（6）：64-68.

［111］谢晓燕，刘洪银．创新驱动下先进制造研发基地建设路径研究——以天津市为例［J］．工业经济论坛，2018（4）：54-63.

［112］谢晓燕，刘洪银．平台经济推进制造业创新发展机制及其建设路径研究——基于全国先进制造研发基地建设的实践［J］．广西社会科学，2018（9）：78-82.

［113］熊彼特．经济发展理论：对于利润、资本、信贷、利息和经济周期的考察［M］．何畏，易家祥，译．北京：商务印书馆，2009.

［114］许爱萍．天津落实全国先进制造研发基地建设的体系设计及实现路径［J］．当代经济管理，2016，38（9）：42-46.

［115］许红洲．培育制造业创新动力之源［N］．经济日报，2016-07-01（011）．

［116］亚当·斯密．国民财富的性质和原因的研究［M］．郭大力，王亚南，译．北京：商务印书馆，2014.

［117］闫嘉有．现代物流业与先进制造业协同发展：制约瓶颈与路径选择［J］．经济研究参考，2010（5）：65-68.

［118］闫凌州，李金中．关于促进天津市高校和科研机构研发成果转化的建议［J］．天津科技，2017，44（1）：35-38.

［119］颜廷标．基于中观视角的京津冀协同创新模式研究［J］．河北学刊，2016（2）：149-154.

［120］杨宝良．外部经济与产业地理集聚——一个基本理论逻辑及对我国工业经济

的实证研究［J］. 世界经济文汇，2003（6）：53-63.

［121］杨畅，李家祥. 天津先进制造研发基地国际影响力的培育研究［J］. 天津师范大学学报（社会科学版），2017（3）：62-66.

［122］杨欣，汤玉巧，李旭东，等. 基于工业云的天津建设先进制造研发基地对策研究［J］. 现代商业，2018（15）：73-74.

［123］杨玉秀. 天津市发展先进制造业的SWOT分析［J］. 环渤海经济瞭望，2016（7）：11-15.

［124］叶秀敏. 平台经济的特点分析［J］. 河北师范大学学报（哲学社会科学版），2016（2）：114-120.

［125］阴保民，于爱丽，程圣杰，等. 天津市技术转移机构现状分析［J］. 天津科技，2015（12）：4-5.

［126］于明言. 天津市建设全国先进制造研发基地的对策研究［J］. 产业创新研究，2018（4）：26-31.

［127］余桂玲. 天津先进制造业发展"短板"分析及应对策略——基于京津冀协同的视角［J］. 未来与发展，2016，40（7）：93-96.

［128］臧维，秦凯，于畅. 基于资源视角的京津冀高新技术产业协同创新研究［J］. 华东经济管理，2015（2）：47-54.

［129］张贵，李俊林，韩彦清，等. 中国高新技术产业自主创新能力评价——基于产业链为核心的视角［J］. 河北经贸大学学报，2011，32（1）：72-79.

［130］张恒梅. 当前中国先进制造业提升技术创新能力的路径研究——基于美国制造业创新网络计划的影响与启示［J］. 科学管理研究，2015（1）：52-55.

［131］张建华. 构建先进制造业新型创新机制——一个美国政府的案例分析［J］. 上海对外经贸大学学报，2017（3）：50-58.

［132］张金华，俞金红. 江苏省制造业区域竞争力分析［J］. 江苏统计，2002（3）：20-22.

［133］张晓芹，王宇. 基于《中国制造2025》的新型制造业综合评价——以佛山市制造业为例［J］. 科技管理研究，2018（3）：100-106.

［134］张益丰，黎美玲. 先进制造业与生产性服务业双重集聚研究［J］. 广东财经

大学学报，2011（2）：9-16.

［135］张振刚，陈志明，胡琪玲．生产性服务业对制造业效率提升的影响研究［J］．科研管理，2014，35（1）：131-138.

［136］张志元，李兆友．新常态下我国制造业转型升级的动力机制及战略趋向［J］．经济问题探索，2015（6）：144-149.

［137］赵玉林，汪美辰．产业融合、产业集聚与区域产业竞争优势提升——基于湖北省先进制造业产业数据的实证分析［J］．科技进步与对策，2016（3）：26-32.

［138］赵云峰，许爱萍．京津冀先进制造业的协同发展路径研究［J］．天津大学学报（社会科学版），2017，19（1）：18-22.

［139］甄炳禧．智能制造与国家创新体系——美国发展先进制造业的举措及启示［J］．理论前沿，2015（6）：27-39.

［140］郑秋锦，孔德议，许安心．技术创新与产业升级：基于福建省先进制造业的实证研究［J］．东南学术，2017（2）：156-162.

［141］郑蔚，林添福，王知桂．先进制造业与生产性服务业互融效应的区域比较与启示——基于沪、津、闽、粤投入产出表的分析［J］．福建师范大学学报（哲学社会科学版），2016（6）：27-34，169.

［142］周剑，肖琳琳．工业互联网平台发展现状、趋势与对策［J］．智慧中国，2017（12）：56-58.

［143］周景丽．山东省先进制造业与现代服务业融合动因分析［J］．科技视界，2017（24）：17-18.

［144］朱洪倩．浙江省先进制造业基地的构建研究［D］．南京：南京航空航天大学，2006.

［145］朱惠斌．日本产业集群规划的特征及启示［J］．世界地理研究，2014（1）：93-102.

［146］祝尔娟．立足自主创新、提高开放水平、促进产业振兴的途径探讨［J］．科学学与科学技术管理，2007（S1）：94-97.

附　录

咨询报告一　促进天津先进制造技术成果转化的建议

【摘要】先进制造研发基地建设离不开科技成果的转化和产业化，但制造业技术成果转化存在投融资困难、中介服务不能满足技术成果转化需求、成果转化平台的资源配置作用不强、成果转化机制没有充分激发市场活力等短板约束。建议如下：加强科技成果转移转化组织机构、服务平台以及枢纽性社会组织建设；构建制造业供应链融资体系和社会化融资体系；建立先进制造技术成果转化专项基金，鼓励开展技术开发设备融资租赁；减少技术入股和转化资金审批环节，建立科技成果标准化评价体系，完善转化激励机制。

我市科技成果转化取得了一定的成效。2016 年，在我市登记的 2450 项成果中，应用技术成果达 2232 项，约占登记成果总数的 91.10%。其中，达到成熟阶段的成果有 1546 项，约占应用技术成果总数的 69.27%；达到产业化应用阶段的成果有 1170 项，成果应用率约达 52.42%。为促进高新技术制造业发展，2017 年，我市修订了《天津市促进科技成果转化条例》，成立了先进制造业产业技术研究院，全面开展与中科院的科技合作，促进了制造业技术成果的转移转化。但我市科技成果转化仍然存在的诸多短板，成为先进制造研发基地建设的阻碍。

一、我市先进制造技术成果转化的短板约束

1. 投融资难是技术成果转化的最大短板

制造业技术成果转化对资金存在较大依赖，投融资困难是制造业科技成果转化的最大短板。

第一，缺乏科技成果开发的财政支持。科技成果从实验室到产业化需要经过初试、中试、熟化和产业化等环节，每个环节都会产生较大的资金需求，并产生较大的经营风险和融资风险。但财政资金对科技型中小企业的支持仅限于研发初期的种子基金，缺乏对科技开发和产业化阶段的支持，企业从事技术成果产业化开发活动的积极性不高。

第二，科技与金融没有实现有效对接。金融界对科技成果转化项目市场评估和项目论证能力较差，金融机构难以精准地识别科技项目的市场前景和运行风险，这降低了金融机构放贷的积极性，科技与金融没有实现有效对接。

第三，银行发放的一年期流动资金贷款需要土地、厂房抵押和两年内盈利状况，不能用于购买设备，且审批时间长，手续繁杂，技术成果开发者难以达到银行的门槛条件。

第四，社会融资体系不完善。由于企业征信体系建设滞后，中小企业社会融资困难。科技成果产业化企业和科技创业企业难以获得社会融资支持。

2. 中介服务不能满足技术成果转化的需求

第一，天津技术转移组织建设滞后。专业化科技中介服务机构种类不多、专业化不强。京沪在市科委备案并由市科委指导的技术转移机构均在70 家以上，技术经纪人均在 1000 人以上，而天津只有 20 家左右技术转移机构和少量兼职技术经纪人，技术经纪人队伍规模较小。

第二，科技中介服务不到位。中介服务机构注重成果宣介而不善于市场需求评估与市场潜力挖掘，没有有效沟通技术成果的供给和需求，技术市场出现供求错位。

第三，科技成果评价服务发展滞后，缺乏科技成果价值评估、市场评估、投融资咨询、企业信用评价等专业化服务，尚未形成完善的科技成果转化评价机制，难以客观、科学地评估科技成果技术水平、市场需求、转化效益和转化可行性等，亟须第三方评估机构参与。

3. 技术成果转化平台对科技资源的配置作用不强

第一，科技市场服务平台建设滞后。2017 年底，天津市初步建成了科技成果转移转化服务网络，但服务平台尚未有机对接高校科研院所和区县技术转移机构，尚未实现天津市及京津冀科技成果供需对接和高效转化。

第二，成果转化平台作用没有充分释放。转化平台信息推送不充分，资源整合能力不强，难以有效沟通技术成果的供给和需求，平台的中介服务作用没有充分释放，以致成果供需双方信息交流不畅，难以形成互信。

4. 技术成果转化机制没有充分激发市场活力

第一，技术成果转化的配套政策不够细化。科技政策制定笼统，实施细则没有及时匹配。政策条款对成果转化相关主体的影响较小，难以形成预期收益，政策落地困难。

第二，市场化成果转化机制尚未形成。当前政府是推动科技成果转化的主导力量，行政审批干预科技成果挖掘、加工、交易、转化等，产业化资金申请和获取需要政府部门审批，且审批严格、环节烦琐，市场化科技成果运行机制尚未形成。

第三，政策激励效果有限。较高的税收负担，科技人员、科技成果转化人员从成果转移转化中获得的税后收益不高，不足以激发成果转移转化的动力。在事业单位严格的财务管理制度下，科研人员难以从科学研究和项目开发中获取预期的价值收益。

二、促进我市先进制造技术成果转化的建议

1. 加强科技成果转移转化组织机构、服务平台以及枢纽性社会组织建设

第一，加强科技成果转移转化组织建设。财政支持专业化评估机构、信用评价机构、中试机构和各类中介机构等服务组织建设，相关协会引导中介机构按照紧缺程度建立科技成果供求目录，沟通科技成果供给和市场需求，引导开展科技成果转化成熟度评价研究。

第二，加强科技成果转化服务平台建设。整合各类成果转化资源，建立对接天津高校科研院所和区县成果转化机构，联通京冀科技成果转移组织交易平台，实现科技成果与资本市场的有机对接。

第三，财政支持示范性社会组织和枢纽性社会组织建设。相关省区市成立了许多协会和商会，但缺乏统筹协调管理协会、商会和创新创业主体的枢纽性社会组织，各自为政的社会组织难以形成服务合力。借鉴美国等发达国家的经验，建议通过政府资助的方式（如设立专项建设资金）建设非营利性组织（NPO）孵化器。通过 NPO 孵化器孵化建设一批示范性社会组织和枢纽性社会组织，引导枢纽性社会组织发挥桥梁、纽带作用，为各种社会组织提供公共服务，推动社会组织协同创新发展。

2. 完善科技型中小企业征信体系，构建制造业供应链融资体系和社会化融资体系

第一，政府应联合银行系统优先为科技型中小企业建立信用信息征集机制和评价体系，加大中小企业信息数据的透明度。财政部门应根据参与信用共同体建设的商业银行支持的科技型中小企业数量、信用贷款余额数、打包贷款企业数等指标进行奖补。

第二，政府牵头构建制造业供应链融资体系，实现贸易融资向供应链全过程融资升级。制造业产业链长，资金需求稳定。初创制造企业资金短

缺严重，制造业融资应从终端产品贸易融资向全产业供应链融资体系转变。

第三，构建社会融资体系。国外融资结构中，专业投资机构的资金仅占 3%，大部分资金来源于社会融资。在建立和完善征信制度的基础上构建社会融资体系是解决科技研发、成果转移转化和产业化等融资问题的关键。

3. 建立先进制造技术成果转化专项基金，鼓励开展技术开发设备融资租赁

针对制造技术成果产业化较高的运营风险和融资风险，建议政府设立先进制造技术成果产业化专项基金，由天津市科技创业服务中心负责运营管理。

第一，鼓励银行开展先进制造技术开发信用担保和知识产权质押贷款业务。银行因技术成果产业化信用贷款和知识产权质押贷款产生的损失，按照本金实际损失部分的 60% 给予补贴。

第二，鼓励担保机构开展先进制造技术开发担保业务。给予技术开发企业一定比例（如 3%）的贷款贴息和融资担保服务费用补贴，按照新增担保金额给予担保机构一定比例的补贴。

第三，鼓励租赁机构开展先进制造技术产业化设备融资租赁业务。按照新增业务规模给予开展技术产业化设备融资租赁企业一定比例的奖励，按照融资额给予技术开发企业融资租赁手续及服务费用补贴。

4. 减少技术入股和转化资金审批环节，建立科技成果标准化评价体系，完善成果转化激励机制

第一，减少技术入股和成果转化资金审批流程和审批时间，进一步降低科技成果转化审批监管的门槛。

第二，改革制造业技术成果评价标准，以标准化指标评价体系（包括技术指标、市场指标、效益指标、可行性指标、转化能力指标等）代替技

术鉴定，科学评价科技成果的价值。

第三，建议政府对职务完成人和参加人的科技成果转让转化收益减半征收所得税，政府按照交易金额给予技术成果购买企业一定比例的交易补贴。

（本报告刊载于中国特色社会主义经济建设协同创新中心《成果要报》2018 年第 16 期。收入本书时，略有改动。）

咨询报告二　提升先进制造研发基地科技服务能力的建议

【摘要】我市全国先进制造研发基地建设存在科技研发服务产业链不完整、科技中介服务能级与技术转移转化不对等、科技金融服务没有精准支持科技活动需求、科技咨询服务支持先进制造研发基地建设的效能不高等问题。建议如下：设立先进制造研发设计和成果转化示范区，培育和完善研发设计产业链；建立专业化评估机构，加强科技成果转移转化组织和服务平台建设；推行科技服务企业信用贷款财政补贴制度，完善科技型中小企业知识产权质押融资体系；建立科技咨询机构孵化器和公共信息服务平台，培育壮大民营科技咨询服务机构。

一、科技服务能力成为全国先进制造研发基地建设的短板

近年来，我市科技服务业发展规模不断壮大。2016 年，科技服务业增加值为 550 亿元，占服务业比重的 5. 69%；各区县、滨海新区各功能区围绕自身发展定位、资源禀赋和区域特征，打造和形成了一批现代科技服务业创新示范园区、示范企业和产业化基地。与全国先进制造研发基地建设要求相比，我市科技服务业研发实力和自主创新能力还有待提高，科技与金融结合不够充分，科技中介组织培育滞后，阻碍了科技服务业高质、高效的发展。

1. 科技研发服务产业链不完整

天津先进制造研发基地在制造业增加值率、创新能力、核心技术、关键零部件生产和高端产业占比等方面不具有竞争优势，这主要源于科技研发滞后，推进制造业技术创新能力不足。

第一，尚未实现科技服务业与先进制造业的同步发展。2016 年，天津科技服务业增加值占先进制造业的比率仅为 16. 1%，而北京市同口径比率超过 70. 0%。科技服务业对制造业科技创新支持不够。

第二，科技研发服务产业链不完整，设计、测试、营销、服务等产业链高端环节聚集的企业较少。检验检测服务散落在各大企业，独立的专业化检测产业规模较小。

第三，研发设计、科技咨询、软件与信息服务等科技服务业骨干领域带动作用不足，占科技服务业的比重较低。

2. 科技中介服务能级与技术转移转化不对等

第一，科技成果转移转化环境缺乏竞争力，技术交易市场规模较小，技术承接、孵化和转化能力不强，吸纳市外技术转移转化的能力弱。2016 年，北京流向天津的技术合同达 1486 项，成交额达 56. 0 亿元，仅占北京流向外省/自治区/直辖市成交额的 2. 8%，低于河北的 4. 94%。

第二，天津技术转移组织建设滞后。科技成果转化服务机构种类不多、专业化不强。京沪在市科委备案并由市科委指导的技术转移机构均在 70 家以上，技术经纪人均在 1000 人以上，而天津只有 20 家左右的技术转移机构和少量兼职技术经纪人，技术经纪人队伍规模较小。

第三，科技成果产业化开发组织建设滞后。科技成果从实验室到产业化需要经过小试、中试、熟化等环节才便于转化应用，但由于较高的经营风险，专门从事技术开发的组织较少。

第四，科技市场中介平台建设滞后。2017 年底，天津市初步建成了科技成果转移转化服务网络，但服务平台尚未有机对接高校科研院所和区县技术转移机构，尚未实现全市及京津冀科技成果供需对接和高效转化。

第五，科技成果转化服务水平低，成果转化服务机构专注成果宣介而不善于对市场需求的评估与市场潜力的挖掘。

3. 科技金融服务没有精准对接科技活动需求

先进制造业发展需要传统技术的改造升级，天津市有技改需求的企业较多，受资金约束，企业技术改造动力不足。投融资困难仍然是制约先进制造研发基地建设的主要因素之一。科技研发需要雄厚的资金投入支持。受经济体量约束，天津市制造业研究与实验发展投入不高，投入强度高于全国平均水平，但低于沪深。2016 年，天津市全年 R&D 经费投入为 537 亿元，仅为上海的一半；R&D 投入强度为 3%，远低于北京（5.96%）、上海（3.82%）等先进地区。

现行金融体制不能满足科技成果转化的需要。一方面，科技金融服务没有精准对接科技活动需求。统计显示，“十二五”期间，79%的年销售收入 500 万以下的科技企业难以获得银行贷款。研发基地金融机构贷款占科技活动筹资总额的比例不足 10%。金融机构对科技活动贷款占金融机构贷款的比例基本徘徊在 0.3%。另一方面，社会融资体系不完善。由于企业征信体系建设滞后，中小企业社会融资困难，科技成果产业化企业和科技创业企业难以获得社会融资支持。

4. 科技咨询服务支持先进制造研发基地建设的效能不高

调研发现，天津先进制造企业对咨询服务存在较大需求，尤其是在项目引进、技术开发、融资担保、营销策划、专利代理、成果申报代理等方面需求旺盛，但天津科技咨询服务供给不能满足先进制造研发基地建设的需要。

第一，科技咨询服务发展滞后。专业化咨询人员缺乏限制了天津科技咨询服务业的发展，科技咨询服务供需失衡。

第二，科技咨询服务市场管理不规范。行业管理不到位，科技咨询服务市场运行不规范，缺乏信息交流平台和行业质量标准。

第三，科技成果评价服务发展滞后，尚未形成完善的科技成果转化评价机制，难以客观、科学地评估科技成果技术水平、市场需求、转化效益和转化可行性等，亟须第三方评估机构参与。

二、提升先进制造研发基地科技服务能级水平的建议

1. 建立先进制造研发设计和成果转化示范区，培育和完善研发设计产业链，鼓励企业“走出去”建立海外研发机构

第一，建立先进制造研发设计和成果转化示范区。借助于滨海—中关村科技园支持科技合作、重大成果转化和科技创新环境建设等方面的优惠政策，与从中关村分流到科技园的文化创意、生物医药、集成电路、高端制造业等领域高新企业开展合作研发设计创新。引导滨海—中关村科技园企业利用互联网和电子商务开展数字化设计、众包设计、研发协同，提高信息技术对研发设计的支撑和支持。

第二，培育和完善研发设计产业链，整合科技企业实验检验测验作业，形成专业化检测服务企业，逐步实现研发设计集聚区检测服务的企业化和产业化。

第三，鼓励先进制造研发企业走出去，支持科技型企业“走出去”与“一带一路”沿线国家以及欧美发达国家共建国际新型研发机构和海外研发中心，共享国际科技资源。

2. 加强科技成果转移转化组织和服务平台建设，做大成果转化示范机构和专业化评估机构

第一，加强科技成果转移转化机构建设，采用共建和联营模式引进一批国际知名技术转移机构，引进培育市级专业化技术转移和成果转化示范机构，创建企业品牌。

第二，建设市场化科技成果转移转化服务平台，建立科技成果数据库、企业技术需求目录和线上线下互联互通的市场化服务平台，充分发挥各种专业协会和商会的作用，促进科技与市场双向转化服务。

第三，发挥专业化科技成果评估机构的作用，改革技术成果评价标准，以标准化评价体系代替技术鉴定。科学评价科技成果市场转化成熟

度，根据成熟度划分等级，建立科技成果优先转化和梯次转化目录。

3. 推行科技服务企业信用贷款财政补贴制度，完善科技型中小企业知识产权质押融资体系，鼓励金融机构设立面向科技企业的专营机构，释放商业银行科技贷款活力

第一，推行先进制造科技服务企业信用贷款财政补贴制度，在前期试点基础上，可将商业银行信用贷款补贴政策从科技企业推广到科技服务企业，尤其是专业化的科技成果转移转化企业。

第二，完善科技型中小企业知识产权质押融资体系，建议成立科技担保公司，保障企业以专利、商标等知识产权质押贷款；设立专利权质押补偿基金，政府将科技担保公司和从事质押贷款业务的商业银行纳入补偿范围，根据担保风险和专利权变现风险大小确定风险等级，以此给予相应的风险补偿金。

第三，鼓励银行等金融机构面向科技企业和科技服务企业设立专门的集企划、授信审批、股权融资等功能于一体的专营机构，加强业务流程、组织架构和产品创新，释放商业银行科技贷款活力。

4. 建立科技咨询机构孵化器和公共信息服务平台，培育壮大民营科技咨询服务机构，提高科技咨询服务能级和水平

第一，建立科技咨询机构孵化器。在企业孵化器内设立科技咨询机构专区，鼓励和吸引科技咨询机构入驻孵化器，为咨询机构免费提供服务场所和其他优惠政策。

第二，建立公共信息服务平台。整合科技咨询机构自建的信息网站，利用大数据建立大型公共信息服务平台，实现信息资源共建共享。

第三，培育壮大民营科技咨询服务机构。深化放管服改革，降低民营咨询机构准入门槛，拓展民营咨询机构发展空间。

（本报告刊载于中国特色社会主义经济建设协同创新中心《成果要报》

2018年第28期；刊载于天津市科学学研究所《科技战略研究报告》2018年第16期；刊载于中共天津市委研究室《观点与动态》2018年第49期。收入本书时，略有改动。）

咨询报告三 加快推进先进制造业创新平台建设的建议

【摘要】我市先进制造研发基地建设存在诸多问题：工业互联网大数据平台建设滞后，制造业智能化升级受阻；难以识别和形成共同利益，线下平台建设难、关联性差；政府资金支持不足，平台初创期建设困难；网络化联盟替代创新中心，制造业平台出现了“去中心化”趋向；科技成果转化和产业化平台建设滞后，技术成果商业化难；等等。建议如下：规划建设工业互联网平台，逐步形成制造业平台生态系统；调整财政投资方向、领域，支持构建先进制造业区域性创新中心；建设科技成果产业化服务平台，促进高新技术制造业形成；加快培育平台型企业，深入推进先进制造示范区建设；建设非营利性平台组织，有效整合社会创新资源。

一、先进制造业创新平台建设问题

1. 工业互联网大数据平台建设滞后，制造业智能化升级受阻

电商产业快速发展过程中工业比重较高的地区（如东北和天津等）反应较慢，工业互联网平台建设滞后。虽然有零星的互联网企业或企业分部进入，天津尚未形成有影响力的平台网络。无论产品设计研发，还是高新技术制造业的形成都离不开大数据资源的支持，离不开互联网平台的支撑。我国在设备数字化、网络化方面与美、德相比差距较大。2017 年，我国企业设备数字化率为 44.8%，数字化设备联网率为 39.0%，制造业互联网平台建设需要加快信息技术和数字技术创新，构建支持智能制造升级和先进制造集群化发展的数字化、网络化平台。

2. 难以识别和形成共同利益，线下平台建设难、关联性差

一方面，共同利益是创新平台组建的基础。平台参与者只有识别共同利益，才能产生参与的积极性和主动性，形成优势互补的创新力量。由于创新风险和金融风险的存在，潜在参与者在综合评估风险、成本和收益后，倾向于选择低风险的租赁性服务模式。部分潜在参与者看重显性收益而忽视隐性利益，没有挖掘形成潜在共同利益，影响了平台建设的参与动力。另一方面，各个创新平台之间应形成互联互通的创新网络，形成平台生态系统。但我国制造业平台组织规模小，平台之间存在着行业分割和区域分割，难以形成分工明确、布局科学的创新网络。各类孵化器规模有限，难以形成平台网络，抑制了平台潜能的释放。

3. 政府资金支持不足，平台初创期建设困难

平台要产生收益，需要一定规模的初始投资，当产生显性收益或收益预期时，才会吸引社会资本注入。美国联邦政府在前 2~3 年内向每个制造创新所注资 7000 万美元；5~7 年后，创新所通过向社会提供有偿服务产生了造血功能，开展营利活动。我国财政资金和税收优惠政策主要投向了创新型企业，平台组织获益不多。平台组织缺乏沉淀资金来源，难以承担融资风险，难以形成具有吸引力的收益预期。国家创新政策应调整投资方向，从企业导向向平台导向转变。

4. 网络化联盟替代创新中心，制造业平台出现了“去中心化”趋向

创新中心等机构吸引力下降，而网络化联盟等松散型组织被广泛接受。制造业平台建设出现了“去中心化”和“去中介化”倾向。以项目为纽带的联盟更具有灵活性和可选择性，项目参与者获得各自收益后即行退出。但制造业技术创新既需要各种各样不断更新的异质性资源，也需要形成稳定的创新平台生态系统，以实现相对稳定的互补性合作，而松散型联盟难以形成稳定的合作关系，不利于科技研发、成果转化和产业化等一系列创新活动的开展。快餐式的联盟增加了创新活动的交易成本。例如，

《人民日报》2016 年调查，高校和科研院所的创新资源（高端仪器设备、重点实验室等）开放共享的积极性不高，租用企业沟通时间长、费用高，难以满足创新要求。

5. 科技成果转化和产业化平台建设滞后，技术成果商业化难

当前我国科技成果转化平台建设滞后，阻碍了技术推广和产业化，如高校发明专利转化率为 13. 5%、科研院所为 28. 2%、企业为 67. 5%，高校和科研院所许多技术发明被束之高阁。制造业创新平台建设滞后，国内外科技资源和市场信息整合能力不足，导致制造技术成果供求错位，降低了成果转化率、转化效率。高的技术风险、投资风险和市场风险降低了民营资本参与科技成果转化的积极性，政府资本应参与成果转化平台建设。

二、加快推进先进制造创新平台建设的对策建议

1. 规划建设工业互联网平台，逐步形成制造业平台生态系统

第一，工业互联网平台培育需要以工业 PaaS 平台建设为聚焦点和突破口，优先将拥有设备数据采集优势的装备和自动化企业以及拥有丰富工业 know-how 的先进制造企业打造成为平台提供商，通过平台技术模块化和知识经验软件化，建设和使用工业互联网平台。这就需要建立省部联动的输血机制，即国家通过专项支持等方式建设开放开源的工业基础数据库，各地政府通过购买服务的方式加快工业互联网平台的应用推广。

第二，借助于移动互联网 5G 试点，建设先进制造数字化、网络化和智能化网联平台。建议政府实行制造业设备改造专项补贴，鼓励制造企业开展网络化、智能化设备改造，提高制造企业设备数字化率和数字化设备联网率，加快制造业智能化改造升级。

2. 调整财政投资方向、领域，支持构建先进制造业区域性创新中心

第一，建议国家制造强国建设领导小组办公室根据东中西部和东北地区的产业特点规划布局区域性制造业创新中心，力争每个省份建设一个制

造业创新中心，每个创新中心根据本区域制造业升级需求选择一个战略性前沿研究领域，开展该领域共性技术和通用技术研发、技术中试和产业化、技能人才培育和行业标准制定等。

第二，整合中央和省/自治区/直辖市各类财政资金和产业基金，优先支持制造业区域创新中心建设。财政资金负责 3~5 年的初始投入，带动吸纳社会资金参与创新中心建设运营。政府采取加快设备折旧和永久性税收减免等措施支持创新中心科技研发和产业化活动。

第三，加强区域制造业创新中心组织管理。创新中心由国有企业、大中小民营企业和初创企业，高校和科研机构，以及社会组织构成，由一个牵头单位负责运营管理。中央和省（市、自治区）政府承担出资责任和监督责任，财政支持建设期结束，创新中心独立运营后，通过向社会提供成套设备、技术咨询、技能劳动力培训、技术工艺服务等获得收入，各参与者根据贡献获得相应的收益。

3. 建设科技成果产业化服务平台，促进高新技术制造业形成

规划建设科技成果小试、中试、熟化，成果转移转化推广，产品检验检测等线上线下互动关联的产业化技术服务平台。

第一，建立技术成果中试、熟化平台。美国创新研究所自行开展技术成果的中试、熟化，直接出售成熟的成套设备和技术服务。我国技术成果中试、熟化多数是科技创新企业自行完成，尚未形成独立的产业平台，亟须整合各类中试平台资源形成平台网络。

第二，建设成果转移转化推广服务平台。整合科技成果转化推广中心、国际先进技术承接扩散地和国际科技成果交易中心，建立技术转移转化服务平台网络。

第三，加强产品检验检测服务平台建设。在协会主导下，整合散布在各高校科研院所重点实验室以及各类国家工程（技术）中心和企业研究中心的检验检测资源，形成专业化检验检测平台网络。

4. 加快培育平台型企业，深入推进先进制造示范区建设

用政策重点支持建设平台型企业，带动大中小企业融通发展。政策引导行业龙头企业建立平台型企业，与大中小企业、初创企业、高校、科研院所和社会组织建立创新联盟，开展协同创新。以平台型企业和具有核心竞争力的制造企业为主导，探索能够充分发挥本区域资源优势和产业优势的制造业智能化、高新技术化升级模式。

5. 建设非营利性平台组织，有效整合社会创新资源

第一，财政支持建设非营利性组织（NPO）孵化器。政府资助是非营利性组织平台建设的主要资金来源，如美国非营利性组织协会（NCN）83%的资金来源于联邦政府的拨款和社会捐款。借鉴美国等发达国家的经验，建议通过政府资助的方式建设非营利性组织孵化器，促进非营利性组织孵化和生成。

第二，财政支持示范性社会组织和枢纽性社会组织建设。建议政府支持建设一批示范性社会组织和枢纽性社会组织，引导枢纽性社会组织发挥桥梁和纽带作用，为各种社会组织提供公共服务，推动社会组织协同创新发展。

（本报告刊载于中国特色社会主义经济建设协同创新中心《成果要报》2018 年第 44 期。收入本书时，略有改动。）

咨询报告四　推进天津先进制造创新发展的调研与建议

【摘要】京津冀协同发展规划纲要将天津定位为全国先进制造研发基地。但研发基地建设受到传统制造升级改造缓慢，科技创新主体培育不足，制造业服务化转型滞后，科技金融支持力度不够，研发人才和研发转化人才短缺等短板约束。本报告建议：加强先进制造研发基地建设，推进智能制造过程的数字化、网络化、智能化；建立先进制造创新微中心和区域合作促进中心，构建产学研科技创新联盟和科技创新网络；聚力发展生产服务业和科技服务业，提高服务能级水平；完善先进制造企业知识产权质押融资和新三板交易市场服务体系，实行先进制造研发企业减负政策；采用“团队+项目”的复合引才方式，以成就事业和特色文化吸纳并留住人才。

2015年4月，《京津冀协同发展规划纲要》将天津功能定位为全国先进制造研发基地；2015年5月，先进制造被列入《中国制造2025》计划。计划到2020年，研发基地先进制造业比重提高到70%以上，高技术产业产值占制造业的比重提高到25%以上。

一、全国先进制造研发基地创新发展的短板约束

全国先进制造研发基地在创新能力、产业层级、配套服务等方面与先进制造发展目标存在一定差距，主要表现为：

1. 传统制造业升级改造缓慢，产业层级不高

第一，传统制造业升级转型缓慢。附加值低的石化、冶金、轻纺等传统制造业占基地工业的比重超过50%，产业两端拓展不够。制造企业多集

中于产业链低端，而设计、测试、营销、服务等产业链高端聚集的企业较少。

第二，现代制造未形成主导地位。智能制造、新一代信息技术等战略性新兴产业占基地工业的比重不足20%，航空航天等高端产业对配套产业拉动不强，产业集群化程度不高。

第三，缺乏领军企业和重大项目。具有影响力的领军企业、品牌企业较少，天津市工业名牌产品有500余项，仅为上海的一半。

2. 科技创新主体培育不足，企业研发及转化能力不强

第一，科技创新主体总量不足、结构有偏差。天津市开展创新活动的企业不足四成。高新技术企业数量仅为北京的1/7、上海的1/4、深圳的1/2。民营企业创新创造活力较高。民营企业数量较多，但规模较小。2014年，全市工业总产值超过3万亿元，其中民营工业总产值仅为1万多亿元。

第二，研发投入不足。2014年，全市研发经费投入为3%，仅为北京的1/3、上海的1/2。其中，全市规模以上工业企业研发投入占主营业务收入的比重较低。

第三，研发转化能力不强。天津技术交易市场规模较小，技术承接、孵化和转化能力不强，吸纳市外特别是北京市的技术辐射能力弱。2014年，北京流向外省/自治区/直辖市的技术合同项数达到了37212项，其中输出到津冀的技术合同达3475项，仅占技术合同输出总数的9.3%。

3. 制造业服务化转型滞后，生产性服务业发展不强

一是生产性服务业发展严重不足。生产性服务业增加值仅为北京、上海的50%；工业增加值与生产性服务业增加值之比仅为1∶0.74，而北京、上海分别为1∶3.06和1∶1.38。

二是制造业服务化转型滞后。企业从产品生产向全过程服务转型滞后，制造业产业链、价值链向研发设计、营销服务两端延伸不足，制造业尚未实现服务化转型。

4. 科技与金融没有充分结合，金融对科技创新活动支持力度不够

金融与科技创新结合不紧密，间接融资与直接融资出现双低。

第一，间接融资的比重较低。天津市金融机构贷款占科技活动经费筹资总额的比例偏低。“十一五”和“十二五”期间，金融机构贷款占科技活动筹资总额的比例不足10%，且上升空间有限。金融机构对科技活动的贷款占金融机构贷款的比例一直较低，在0.3%左右徘徊。

第二，直接融资较少。天津上市公司数量仅为北京的16%、上海的18%、深圳的20%。“走出去”整合利用海外创新资源的企业数量更少。

5. 科技人才和技能人才引进培养不足，研发人才和研发转化人才短缺

第一，尚未形成京津冀人才无障碍流动机制体制，北京人才虹吸效应没有逆转，天津从北京人才溢出获益较少。

第二，配套政策不到位，市外和海外高端人才及其创新团队引进困难。

第三，滨海新区产业人口集聚效应没有释放，高技能人才培养不足，满足先进制造研发试制和转化的人才短缺。

二、深入推进全国先进制造研发基地创新发展的对策建议

1. 攻关产业核心技术和共性技术，推进智能制造过程的数字化、网络化、智能化，加强先进制造研发基础建设，提升智能制造发展水平

一是攻克一批关键技术和共性技术。以经济社会发展重大需求为导向，针对制约先进制造业发展的重大技术瓶颈难题，在智能制造、大数据与信息安全、新药创制、高端医疗器械和关键材料升级换代等领域实施一批重大专项，带动相关技术领域整体提升。

二是推进制造过程的数字化、网络化、智能化。选择重点企业，开展智能生产示范工程，提升企业生产系统的功能、性能和自动化程度，并进一步向柔性制造系统、智能车间、智能工厂、智能制造系统发展，实现产

品全生命周期各环节各业务要素的协同规划与决策优化管理。

三是强化先进制造研发基础建设。加快构建信息—物理系统，通过计算、通信、网络、控制技术的有机融合与深度协作，实现生产系统的实时联通、精确感知、有效交互和智能控制。

2. 建立先进制造创新微中心和区域合作促进中心，构建产学研科技创新联盟和科技创新网络，实施标准化提升计划

一是建立先进制造创新微中心。依托大企业或产业园区，在新一代信息技术、高端装备制造、新能源、新材料、生物医药等重点领域，建立先进制造业创新微中心，探索“科技创新+企业孵化+产业化”三位一体的创新模式。

二是搭建区域合作促进中心。借鉴滨海新区中欧先进制造产业园的建设经验，以北京高技术产业生产性研发、制造环节和配套产业疏解为契机，建设高端装备制造、新一代信息技术、生物医药等产业创新发展平台，建立区域合作促进中心。

三是构建产学研科技创新联盟和科技创新网络。将高校（专硕）研究生培养与先进制造研发成果转化相结合，与国内外知名高校和研发机构共建重点实验室、工程实验室、企业技术中心和工程（技术）研究中心。行业协会整合京津冀创新资源建立京津冀产业创新联盟，整合研究院、研发中心、产业创新联盟、技术服务机构，形成京津冀制造业科技创新网络。

四是实施标准化提升计划，构建与国际接轨的制造业质量、安全、卫生、环保及节能标准体系，鼓励企业采用国际标准或国外先进标准组织生产，支持龙头企业参与国际标准、国家标准、行业标准的修订和制定。

3. 加快制造业服务化转型，大力发展生产服务业和科技服务业，提高先进制造服务能级水平

一是加快推进制造业服务化转型。在工程招投标、第三方物流、供应链管理优化、集成解决方案等方面广泛开展制造业服务化示范工程，引导

大型企业和装备制造业服务化转型，构建从生产型制造向服务型制造转变、从产品中心向用户中心转变的制造业新业态。

二是加快发展生产服务业。大力发展面向制造业的现代物流、电子商务、科技服务、信息服务、质量认证、产品鉴定、检验检测等生产性服务业，提高生产性服务业对先进制造业研发、生产、商务、运营和管理等的全程服务能力。

三是加快发展科技服务业。培育研发设计、技术转移、创业孵化等专业化科技服务企业，壮大科技服务企业规模，构建覆盖科技创新全程的科技服务体系。

4. 完善先进制造企业知识产权质押融资和新三板交易市场服务体系，实行研发企业减负政策

第一，完善先进制造企业知识产权质押融资体系。建议成立科技担保公司，保障企业以专利、商标等知识产权质押贷款。政府将科技担保公司和从事质押贷款业务的商业银行纳入专利权质押补偿基金。

第二，完善新三板交易市场服务体系。建立新三板专业化中介服务组织和专业协会，形成联合组织、中介组织、自律组织和服务中心等主体组成的竞争有序的社会化场外交易市场服务体系。

第三，实行先进制造研发企业减负政策。降低先进制造业税收负担和非税负担，将减半征收所得税优惠拓展到先进制造研发企业，延长先进制造研发企业研发支出结转抵扣年限，提高研发费用加计扣除比例到75%。

5. 鼓励发展市场化人才中介服务机构，采用“团队+项目”的复合引才方式，以成就事业和特色文化吸纳人才

第一，用政策鼓励和发展市场化人才中介服务组织，打破政府人才服务机构的垄断，培育引进吸纳各类人才并提供专业化服务的中高端人才中介服务机构。采用“团队+项目”的引才方式，吸纳国内外领军人才和项目团队。

第二，借助于北京中关村资源，在中关村建立人才孵化器，收购中关村专业研发机构，为全国先进制造业定向培养高级技术人才和管理人才。

第三，以成就事业和文化建设吸纳并留住人才。开发区、高新区和滨海新区各功能区要为引进人才提供必备的工作条件，促进其关键技术开发和科技成果转化。建设宽容人才、尊崇人才、厚待人才的文化环境，以人才成就事业，以特色文化留住人才。

（本报告刊载于天津市社会科学界联合会《社科界咨政要报》2018 年第 10 期。收入本书时，略有改动。）

咨询报告五　完善专利权质押制度助力科技型中小企业融资

【摘要】科技型中小企业已成为保增长、促转型、引领经济发展的主力军，但企业仍存在融资渠道较单一，融资成本较高，融资风险大，初创期企业融资难，企业专利权质押贷款多重障碍和征信体系建设滞后等问题。本报告建议：实施扶持初创期小微企业的专项计划，支持推广科技型中小企业信用共同体建设，拓展融资渠道，加强科技金融服务平台建设，健全科技型企业融资风险控制体系。同时，完善科技型中小企业知识产权质押融资体系，建立知识产权质押融资需求动态库，完善与抵押相关的各种信用担保制度，创新知识产权质押物处置办法，降低企业以专利、商标等知识产权质押和应收账款质押贷款的难度。

截至 2016 年 4 月，天津市科技型中小企业已近 8 万家，其中小巨人企业达到了 3635 家，成了天津市保增长、促转型、引领经济发展的主力军。科技型中小企业在发展过程中资金需求极大，在“十三五”时期，科技型中小企业融资仍存在瓶颈约束。

一、科技型中小企业融资面临的主要问题

1. 融资渠道比较单一，融资成本较高，融资风险大

多数科技型中小企业除了主要依靠内源性融资来解决对资金的大量需求外，外源性融资主要途径仅限于向银行或其他金融机构进行贷款，而银行以及金融机构出于对贷款风险的考虑常常会“惜贷”，造成了企业的融资困难。这类企业存在规模小、自身条件不足和信用评价等级不高等状况，还导致金融机构放贷贷款率、贷款担保费及资产评估费等明显上浮，

有的企业还被迫通过利率更高的民间借贷途径寻求资金，使其融资成本居高不下。

2. 初创期中小企业融资难问题突出

当下处于初创期的科技型中小企业数量还较大，其财务制度不够完善，固定资产不多，难以达到金融机构常规的贷款条件。资料显示，目前，天津市处于初创期的科技型中小企业占企业总数的76.8%。这些企业创收能力较低，主营业务收入仅占所有科技型中小企业收入的2.4%，同时又迫切需要资金。但因其经营风险高和资质较低，信用不足，主要融资方式仅局限于创业风险投资。在有关方面对初创企业扶持力度不足的条件下，它们得到银行贷款的比例较低，额度也较小，无法充分、有效地获得科技金融资源。内源融资与外源融资都无法保证实现从企业实有资产到资金的转换，导致很多具有潜力的科技型中小企业尚未发展成一定规模就已濒临破产。

3. 科技型中小企业专利权质押贷款存在多重约束

一般情况下，银行等金融机构对企业发放贷款主要考虑企业的固定资产情况，但初创期科技型中小企业的主要资产是由专利权等构成的无形资产，它们在向银行申请贷款时难以用固定资产作为抵押物。由于在现行制度框架内对专利权进行处置、变现的难度大，商业银行开展专利权质押贷款业务的积极性不高。同时，在知识产权交易转让市场建设不完善的环境下，产权交易程序复杂，交易成本和处置成本也较高。因还存在诸如专利权价值评估标准及价值稳定性问题，专利权评估大多还采用无形资产评估方法，难以进行精确评估。这种种情况都增加了科技型中小企业贷款融资的难度。

4. 科技型中小企业征信体系建设滞后

科技型中小企业优势之一在于其高成长性预期，但对这种预期的研判须倚重完善可靠的企业征信系统。借助于这个系统并利用大数据即可对企业运营状况及其信用状况进行评判。但目前天津市尚未针对中小微企业和初创期企业建立健全有效的征信系统，科技型中小企业缺乏权威的信用认定和信用表达途径，难以有效进行信用融资，使得许多有发展前景的项目错失了获得投资的机会，也造成信用担保机构在开展担保业务时无法对这类企业进行全面信用评价。

二、解决科技型中小企业融资难的建议

1. 政府联合银行系统建立中小企业信用信息征集机制和评价体系，政策支持推广科技型中小企业信用共同体建设

科技型中小企业融资的“软肋”之一就是难以获得恰当征信评价。首先，政府应联合银行系统为科技型中小企业建立信用信息征集机制和评价体系，加大企业信息数据的透明度，便于企业在获取融资时提供必要和真实的信用信息。在此基础上，再进一步借鉴鑫茂科技园信用共同体建设经验，为科技型中小企业开辟快速便捷、高效低廉的绿色融资平台。政府科技管理部门和财政部门可选择大型企业集团创办的小型高新区、开发区内的高科技园区以及专业性较强的大型科技成果孵化器推广信用共同体建设。财政部门应根据需要支持的科技型中小企业数量、信用贷款余额数、打包贷款企业数等指标对参与信用共同体建设的商业银行进行奖补。

2. 设立科技型中小企业政策性银行，加强中小企业科技金融服务平台建设，拓展融资渠道，增加融资资源数量

首先，设立科技型中小企业政策性银行，专门针对企业中长期融资需求，分门别类向企业发放低息、贴息或免息贷款；也可将政府专门用于支持科技型中小企业的资金与银行资金运营模式相结合，委托银行将这类专项资金放贷给该类企业。

其次，加强科技型中小企业科技金融服务平台建设。整合各级科技金融服务中心的天使资金平台、股权投资平台、贷款合作平台、企业信用平

台、产权交易平台和上市融资平台，提高平台综合融资服务能力，促进科技型中小企业与科技金融资源的有效对接，拓宽中小金融机构存款的来源和投资方向，允许证券公司、保险公司、养老基金等机构的资金介入风险投资。

3. 实施科技型中小企业信用分级，建立“担保+保险”的风险控制模式和风险补偿基金，健全企业融资风险控制体系

结合科技型中小企业实际运营情况，对其实施信用分级，根据信用等级控制其融资风险。加强银行贷后跟踪监管，定期跟踪授信企业经营管理和财务状况。以“担保+保险”的模式防范科技型中小企业融资的风险，由担保公司对企业的贷款提供担保，由保险公司对担保公司的担保提供保险，从而促进担保业的深入发展，降低银行的信贷风险，并开辟保险业的新领域，使银行、企业、保险公司和担保公司互惠共赢。保险公司可根据科技型中小企业的实际情况，综合考虑资金供求双方的成本，制定出差别化的保险费率。建立科技型中小企业融资风险补偿基金，可分担银行对这类企业提供融资业务的风险，提高银行贷款的积极性。

4. 开展知识产权质押融资先导服务，建立各种信用担保制度、专利权质押融资补助基金制度和专业人员队伍，创新知识产权质押物处置办法

第一，开展知识产权质押融资先导服务，扎实开展知识产权质押融资需求调研和分析，建立知识产权质押融资需求动态库，及时出台有关政策性文件或专项措施，逐渐扩大可质押融资的知识产权种类，进一步构建和完善知识产权质押融资制度、质押工作流程以及其他配套制度和办法。

第二，建立与抵押相关的各种信用担保制度，降低企业以专利、商标等知识产权质押贷款的难度，建立专利权质押融资补助基金制度，降低企业通过专利权质押获得贷款的成本。政府可根据担保业务和专利权变现业务面临风险的等级，利用该补偿基金向科技担保公司和从事质押贷款业务的商业银行提供相应的风险补偿，补贴企业以专利权出质获得贷款后所支

付的贷款利息，以及补贴因质押贷款所发生的评估、担保、保险等中介服务费用，并明确相应的补贴额度比例及补贴时间期限。

第三，建立一支专业素质高、业务能力强的知识产权质押融资人员队伍。充分利用知识产权服务龙头机构的人才优势，吸收资产评估、法律、财务和技术等方面的专家，统筹建立知识产权库，指导知识产权质押融资业务的创建和企业知识产权质押融资的具体操作。开办企业专利质押融资与知识产权保险实务培训班，宣传推广专利质押贷款和知识产权保险业务知识，使企业熟悉相关专利质押知识和银行业务流程，帮助企业了解更多的融资渠道，提高防范知识产权侵权的风险意识，提高专利质押融资的工作成效。

第四，创新知识产权质押物的处置办法。畅通知识产权质押融资质物变现通道，拓宽质物的处置方式、方法，通过拍卖、建立专利池、同业收购等手段提高质物变现率，降低银行的金融风险，培育知识产权质押融资质物变现专业市场，利用有关专利技术信息平台，根据企业及其相关实际情况努力实现质物的价值最大化。

（本报告刊载于中国特色社会主义经济建设协同创新中心《成果要报》2017 年第 21 期。收入本书时，略有改动。）

咨询报告六 新常态下京津冀民营企业营商环境的约束与对策建议

【摘要】市场化改革需要构建体制内外平等竞争的政策环境。经过多轮改革后，京津冀民营企业营商环境仍存在多重约束。调查发现，“放管服”改革后政府服务效率没有明显提高，民营企业融资难问题突出：中小微企业服务政策缺失，人才政策结构不合理，政策宣介不到位等抑制了民营企业的活力释放。本报告提出如下建议：实行审核清单、正面清单和负面清单制度，构建亲民亲商的公共组织文化，探索实行公务员绩效考核制度；完善互联共享的信用体系和产权质押制度，发挥商会和协会的融资担保作用；提高功能区教育医疗服务质量水平，实行民营企业高技术人才特殊政策；建立中小微企业服务政策，加大政府采购对民营企业的支持；等等。

发挥市场在资源配置中的决定性作用就要尊重和实现民营企业市场的主体地位。如何实现民企与国企平等竞争，融合发展是国有企业混改需要破解的难题。与南方省份相比，北方民营经济发展缓慢，民营企业数量占比仅为48%，税收贡献为44%，而南方民营企业数量占比达到了70%，税收占比为80%，吸纳就业达到了90%。为解决新常态下民营企业发展难题，南开大学与政府部门组成了联合调查组，分产业对京津冀民营企业营商环境进行了调查研究。调查发现，京津冀营商环境抑制了民营企业活力释放，不利于民营企业的持续快速健康发展。

一、京津冀民营企业发展面临多重约束

1. “放管服”改革后，行政效率没有明显提高，难以形成亲清政商

关系

第一，行政审批中缺乏规范明确的提交清单。“放管服”改革后，行政审批服务水平没有明显提高，109 个章变成一个一个的章后，各个部门的审批程序照旧。审批部门没有及时公布索要件的明细清单，没有公布不同审批类型的差异化审核明细，而是随机提出增补材料，导致企业跑腿多、办事难。美国行政审批中明确列示所需文件，可一次性审核通过。

第二，公务人员不敢担责，教条地执行政策。即使再详细的政策条款也难以涵盖形形色色的个体状况，政策条文仅仅界定了指导思想、政策精神和一般原则等。按照“非禁即入”原则，政策执行人员应具有一定的自由裁量空间。但在实践中，政策执行人员不愿担责、不敢担责，扭曲了政策内涵，降低了政策实施的效果。

第三，没有建立起和谐的亲清政商关系。民营企业的发展离不开政府的支持，但公务人员或者为清而疏远企业，或者因亲而受指责。政府应该制定亲的正面清单和清的负面清单，建立起符合中国国情的亲清政商关系，放开公务人员的手脚，让其大胆为民商服务。

第四，党政领导频繁调动，影响了政府服务的可持续性、可衔接性和稳定性。无论是领导熟悉企业还是企业沟通政府都需要时间，领导人员的频繁调动不利于构建稳定的政商生态。

2. 金融产品创新不足，民营企业没有突破融资困境

第一，银行等金融机构没有对民营企业放松银根，国有企业仍是放贷主流对象。部分国有企业每年将未使用的贷款以 12%~15%的利率转借给民营企业。2017 年，银行收紧银根，民营企业核准的放贷额度难以到位。

第二，轻资产的民营企业抵押物少，在企业征信体系不健全的情况下，融资难度大。

第三，农业企业蔬菜大棚等不能作为抵押物贷款，土地产权证也无法用于质押贷款（银行不认可）。虽然天津市财政局和农委成立了联合担保

公司，但担保额度小，担保费用高，农业企业受益不多。

第四，政府采购项目免抵押贷款遇到障碍。按照规定，银行免抵押给予政府采购项目 50%~80%的贷款，但大部分民营企业很难达到政府采购门槛，即使中标也会因政府采购手续不全难以获得贷款。

3. 缺乏中小微企业服务政策，中小微企业孤掌难鸣

民营企业多为中小微企业，中小微企业是经营活跃、成长前景好的市场主体。中小微企业的成长需要政府帮扶。例如，海南省、重庆市、湖北省等，政府为中小微企业提供采购服务，只要中小微企业签订了市场化服务合同，政府就为该服务买单。但京津冀没有制定相关的中小微企业服务政策，无论是金融服务还是财政支持，中小微企业获益不多。

4. 人才政策结构不合理，民营企业缺乏竞争力

第一，体制内外用工政策差异大。体制内单位有较高的住房公积金和住房补贴，员工薪酬普遍较高，而京津冀民营企业承担不起如此高的成本，人才竞争力自然不高。

第二，人才政策重引进人才、轻原有人才。歧视性政策造成了内外人才的不公平待遇，影响了内部人才的工作积极性。同样，招商引资政策重外地企业、轻本地企业，造成了本地企业落地慢。

第三，缺乏科技服务人才相关政策。京津冀大部分地区没有科技服务人才政策。据统计，国际上研发人才与中试人才比例为 1∶8，而我国仅为 1∶1，天津市全国先进制造研发基地建设需要培育大量科技成果转化服务人才。这类人才短缺，短缺人才的引进培育需要倾斜性政策支持。

第四，高技术民营企业人才税负较重。高端人才收入高，个税自然就高，税收政策出现“鞭打快牛”现象。

5. 政策宣介不到位，政企信息沟通渠道不畅

京津冀地区政策制定后没有及时进行宣介（与北京市相比，天津市政策宣介力度较弱），政策对象没有及时获取政策内容，错过了享受政策红

利的机会。民营企业没有能力设置政策研究机构和专门人员，需要建立政府信息对接平台。京津冀新政策既需要普遍宣传，也需要定向宣介（如招商引资政策等），保障政策通达到民营企业等相关对象。

二、改善民营企业营商环境的对策建议

1. 细化政策条款，构建亲民亲商的公共组织文化，实行审核清单、正面清单和负面清单制度，探索实行公务员绩效考核制度

第一，构建亲民亲商的公共组织文化，引导各级干部彻底转变服务理念。充分运用舆论工具宣传为民服务的典型事迹，机关单位的“评先创优”要与服务效率、办事效率挂钩。将公共组织文化建设与党员“两学一做”活动结合起来，优先将党员干部培育成亲民亲商文化的引领者和推进者。纪检监察部门应及时将公务员推诿扯皮、刁难民商的行为列入不担当、不作为范畴加以惩处。

第二，行政审批部门应根据法律法规、中共中央和国务院文件精神制定公布审核清单，明确规范不同类型的审批需提交的文件明细，力争一次审核办结。

第三，建立民商服务的正面清单和负面清单。正面清单即规定公务员必须履行的责任，负面清单即界定严禁触碰的底线。

第四，探索实行公务员绩效考核制度。制定实施各级公务员绩效考核制度，突出行政效率和服务业绩考核，将考核结果与公务员薪酬和晋升挂钩。

第五，建立政府部门与民营企业直通平台，实现“政策上情下达、民意下情上传”，促进政商关系和谐。

2. 充分发挥商会和协会的作用，完善互联共享的信用体系和产权质押制度，拓宽民营企业信用融资渠道

第一，建立互联共享的信用体系。完善现有的个人信用和企业信用征

信体系，实现信用信息的市域和国家联网，保障信用体系的互联共享。

第二，探索实行“轻资产民营企业信用+联合担保”的融资办法。银行等金融机构实行依据企业信用和企业家信用等级，商会或协会担保、市财政局和行政主管部门有限责任担保的联合担保贷款的管理办法，创新面向轻资产企业的金融产品。

第三，完善知识产权质押融资体系。建议成立科技担保公司，保障科技中小型企业以专利、商标、应收账款等产权证券质押贷款。政府将科技担保公司和从事质押贷款业务的商业银行纳入专利权质押补偿基金，根据担保风险和专利权变现风险的大小确定风险等级，以此确定风险补偿金标准。

第四，实施土地产权质押融资。银行等金融机构加快制定土地承包权、土地经营权证质押融资办法，探索农村钢骨架大棚及其他不动产的抵押融资办法。

3. 完善京津冀基础设施建设，健全教育医疗服务机构，提高津冀人口集聚能力，制定倾斜性人才优惠政策，提高民营企业人才竞争力

第一，完善京津冀各功能区基础设施建设，提升开发区、高新区等城市功能。例如，加强住宿、餐饮、交通、房屋租赁等城市公共服务设施建设，打造生态宜居城市，提升人口集聚能力。

第二，建立民营企业高端人才优惠政策，如降低个人所得税、实施子女上学的特殊照顾政策，健全学前教育、基础教育、社区医疗服务机构，提高教育、医疗服务质量水平。

第三，扩大蓝领公寓和白领公寓的建设规模。尤其是应建设各类面向民营企业不同阶层的租金低廉的城市公寓，保障民营企业员工的住房需求。

4. 建立中小微企业服务政策，加大政府采购对民营企业的支持力度，提升民营企业的经营活力

第一，借鉴其他地区的做法，建立中小微企业服务政策。采用“企业

定需求、市场出产品、政府来买单”的服务模式，降低中小微企业运营成本。

第二，政府采购中应拟定面向中应小微企业尤其是科技小巨人企业的定向招标项目，降低投标准入门槛，提高中小微企业竞标的竞争力。

（本报告刊载于中国特色社会主义经济建设协同创新中心《成果要报》2017 年第 44 期。收入本书时，略有改动。）

索　引

后　记

天津是老工业基地，经济体量较大，但产业结构偏重。钢铁、石化、轻工纺织等传统产业占到一半以上，工业结构亟须弃重就轻。国有企业占主导地位，民营经济占比仅在30%左右，市场活力不足。京津冀协同发展和《中国制造2025》计划给天津工业转型发展带来了机遇。天津工业正经历从传统产业向高新技术产业转型升级的嬗变。

笔者曾在南开大学滨海开发研究院从事理论经济学博士后研究工作，研究领域涉及产业科技创新、科技金融和科技人才等。基于该学术背景，笔者带领的研究团队申报并获批了2017年天津市科技发展战略研究计划重点项目“京津冀协同发展背景下推动先进制造研发基地建设研究”（课题编号：17ZLZDZF00510）。课题组成员是天津农学院人文学院和经济管理学院以及南开大学滨海开发研究院、天津财经大学经济学院的教师和研究人员。本书是课题研究的主要成果之一。

课题研究得到了南开大学滨海开发研究院原常务副院长周立群教授研究团队的鼎力支持。无论是对中关村管委会的实地调研还是对天津市科委领导的访谈，课题组与南开大学研究团队齐心协力，共同研讨，取得许多收获。南开大学滨海开发研究院周立群教授、南开大学滨海开发研究院副院长薄文广副教授、南开大学滨海开发研究院产业发展研究中心主任马云泽副教授、天津农学院经济管理学院李慧燕副教授、天津农学院人文学院李欣老师、天津农学院经济管理学院田翠杰副教授和部分研究生参与了本课题的研究工作，部分研究成果被纳入本书。

本书由天津农学院人文学院刘洪银教授和经济管理学院李慧燕副教授合著。全书分为7章。李慧燕副教授撰写了本书第1章的文献综述和政策综述部分以及第2章、第3章，其余部分由刘洪银教授撰写。全书的框架结构、研究思路、质量把关、修改定稿由刘洪银教授负责。

刘洪银

2018年10月1日